DR. OETKER
DESSERTS VON A–Z

DR. OETKER DESSERTS VON A–Z

Dr. Oetker Verlag

Abkürzungen

EL	=	Esslöffel
TL	=	Teelöffel
Msp.	=	Messerspitze
Pck.	=	Packung/Päckchen
g	=	Gramm
kg	=	Kilogramm
ml	=	Milliliter
l	=	Liter
evtl.	=	eventuell
geh.	=	gehäuft
gestr.	=	gestrichen
TK	=	Tiefkühlprodukt
°C	=	Grad Celsius

Kalorien-/Nährwertangaben

E	=	Eiweiß
F	=	Fett
Kh	=	Kohlenhydrate
kcal	=	Kilokalorie
kJ	=	Kilojoule

Hinweise zu den Rezepten

Lesen Sie vor der Zubereitung – besser noch vor dem Einkauf – das Rezept einmal vollständig durch. Oft werden Arbeitsabläufe oder -zusammenhänge dann klarer. In jedem Rezept ist die Anzahl der Portionen angegeben.

Zutatenliste

Die Zutaten sind in der Reihenfolge ihrer Bearbeitung angegeben.

Arbeitsschritte

Die Arbeitsschritte sind einzeln hervorgehoben, in der Reihenfolge, in der sie von uns ausprobiert wurden.

Backofeneinstellung

Die in den Rezepten angegebenen Gartemperaturen und -zeiten sind Richtwerte, die je nach individueller Hitzeleistung des Backofens über- oder unterschritten werden können. Die Temperaturangaben beziehen sich auf Elektrobacköfen. Die Temperatur-Einstellmöglichkeiten für Gasbacköfen variieren je nach Hersteller, sodass wir keine allgemeingültigen Angaben machen können. Beachten Sie bitte deshalb bei der Einstellung des Backofens die Gebrauchsanleitung des Herstellers.

Zubereitungszeiten

Die Zubereitungszeit ist ein Anhaltswert für die Zeit der Vorbereitung und die eigentliche Zubereitung. Die Garzeiten sind, in der Regel, gesondert ausgewiesen. Bei einigen Rezepten setzt sich die Gesamt-Garzeit aus mehreren Teil-Garzeiten zusammen. Längere Wartezeiten, z. B. Kühl- und Auftauzeiten, sind nicht einbezogen.

Vorwort

Heiß oder eiskalt, fest oder cremig, mit Früchten oder Schokolade – Desserts gibt es in vielen verschiedenen Variationen und beinahe unendlich vielen Geschmacksrichtungen. Sie sind verführerisch anzusehen und schmecken ausgesprochen lecker. Es gibt wohl kaum einen, der ihnen widerstehen könnte. Hier finden Sie für jeden Genießer-Typ das richtige Dessert.

Was macht Desserts bei Groß und Klein so beliebt?
- Sie sind das Tüpfelchen auf dem i bei einem Menü.
- Sie werten die schlichteste Suppe auf.
- Sie lassen sich meist prima vorbereiten.
- Ihr Geschmack lässt sich fast unbegrenzt variieren.

Capucccino-Schichtcreme, Eiswichtel, Haselnuss-Soufflé, Kaiserschmarrn, Mokka-Parfait, Orangen-Tiramisu, Puddingkäfer, Quark-Ofenschlupfer, Salzburger Nockerln, Welfenspeise oder Zabaione, dies ist nur eine kleine Auswahl der über 300 süßen Köstlichkeiten, die wir für Sie zusammengestellt haben.

Ob raffinierte Krönung eines besonderen Menüs, kleines Highlight für den Alltag oder Süße Mahlzeit für Naschkatzen – beim Verwöhnen sind hier keine Grenzen gesetzt.

Alle Rezepte wurden von Dr. Oetker ausprobiert und sind so beschrieben, dass sie Ihnen auf Anhieb gelingen.

Amaretti-Pfirsiche | Gut vorzubereiten

4 Portionen

Pro Portion:
E: 3,5 g, F: 5 g, Kh: 25,5 g, kJ: 757, kcal: 180

4	reife Pfirsiche
1	Bio-Zitrone (unbehandelt, ungewachst)
1	Vanilleschote
200 ml	halbtrockener Weißwein oder Traubensaft
75 ml	Wasser
1 EL	Zucker
einige	Minzeblättchen
200 g	Himbeeren oder Johannisbeeren
4 TL	Crème fraîche
etwa 8	kleine Amaretti (ital. Mandel- makronen)

Zubereitungszeit: 20 Minuten, ohne Abkühlzeit

1. Pfirsiche abspülen, kurze Zeit in kochendes Wasser legen (nicht kochen lassen), in kaltem Wasser abschrecken und enthäuten. Pfirsiche halbieren und entsteinen.

2. Die Zitrone gründlich abspülen, trocken reiben und in Scheiben schneiden. Die Vanilleschote längs aufschneiden.

3. Wein oder Saft, Wasser, Zucker, Vanilleschote und Zitronenscheiben in einem breiten Topf zum Kochen bringen. Pfirsichhälften hinzugeben, kurz aufkochen lassen und von der Kochstelle nehmen. Minze abspülen, trockentupfen, in Streifen schneiden und in den Weinsud geben. Pfirsiche im Weinsud erkalten lassen.

4. Himbeeren verlesen oder Johannisbeeren abspülen, abtropfen lassen und entstielen. Pfirsichhälften aus dem Weinsud nehmen und abtropfen lassen.

5. Pfirsichhälften mit Himbeeren oder Johannisbeeren auf Tellern anrichten und jeweils 1 Teelöffel Crème fraîche daraufgeben.

6. Amaretti in einen Gefrierbeutel geben, Beutel fest verschließen. Amaretti mit einer Teigrolle zerbröseln. Die Pfirsichhälften mit den Amarettibröseln bestreuen. Sofort servieren.

Tipp: Die Pfirsichhälften können schon am Tag vorher zubereitet werden.

Antarktische Früchtchen I

Gut vorzubereiten
8–10 Portionen

Pro Portion:
E: 3 g, F: 21 g, Kh: 43 g, kJ: 1622, kcal: 389

> 1,5 kg Erdbeeren
> 600 g Schlagsahne
> 100 g Zucker
> 100 ml Erdbeersirup
> 150 g dunkle Kuchenglasur

Zubereitungszeit: 60 Minuten, ohne Gefrierzeit

1. Erdbeeren abspülen und abtropfen lassen. 20 Erdbeeren zum Garnieren zurücklegen und auf Küchenpapier trocknen lassen. Die restlichen Erdbeeren entstielen und in einem Mixer pürieren.

2. Sahne mit Zucker steifschlagen. Erdbeerpüree und -sirup unterziehen. Die Masse in eine gefrierfeste Kastenform (25 x 11 cm) füllen und zugedeckt über Nacht gefrieren lassen.

3. Kuchenglasur nach Packungsanleitung auflösen. Die zurückgelassenen Erdbeeren zur Hälfte darin eintauchen und im Kühlschrank fest werden lassen.

4. Das Eis stürzen, in Scheiben schneiden und mit den Schoko-Erdbeeren garnieren.

Abwandlung: Für die antarktischen Früchte können anstelle der Erdbeeren auch Himbeeren, Johannisbeeren oder Heidelbeeren verwendet werden. Zum Schokolieren eignen sich Johannisbeerrispen, Mini-Bananen, Kap-Stachelbeeren, Stachelbeeren, Weintrauben und frische Orangen- und Mandarinenfilets mit Haut.

Tipp: Das Halbgefrorene kann gut bereits einige Tage vorher zubereitet werden. Sie können das Halbgefrorene auch in einer anderen Form zubereiten (etwa 2 l Inhalt).

Apfel-Karamell-Creme I
Für Kinder
4 Portionen

Pro Portion:
E: 4 g, F: 10 g, Kh: 38 g, kJ: 1144, kcal: 273

1 Pck.	*Dr. Oetker Pudding-Pulver Mandel-Geschmack*
40 g	*Zucker*
500 ml (½ l)	*Milch*
1	*kleiner Apfel*
etwas	*Butter*
30 g	*Sonnenblumenkerne*
50 g	*Zucker*
5 EL	*Schlagsahne*

Zubereitungszeit: 15 Minuten, ohne Abkühlzeit

1. Aus Pudding-Pulver, Zucker und Milch nach Packungsanleitung einen Pudding zubereiten. Frischhaltefolie auf den Pudding legen, damit sich während des Erkaltens keine Haut bildet. Pudding erkalten lassen.

2. Den Apfel abspülen, schälen, vierteln und das Kerngehäuse entfernen. Die Apfelviertel in Spalten schneiden. Butter in einer Pfanne erhitzen, Apfelspalten darin bräunen und, bis auf einige zum Garnieren, auf 4 Dessertgläser verteilen.

3. Den erkalteten Pudding mit einem Schneebesen durchschlagen und anschließend in die Dessertgläser füllen.

4. Die Sonnenblumenkerne in einer Pfanne ohne Fett goldbraun rösten. Auf einen Teller geben und abkühlen lassen.

5. Den Zucker in einem Topf hellbraun karamellisieren. Den Topf von der Kochstelle nehmen. Die Sahne in den Topf geben, die Masse unter Rühren so lange erhitzen, bis sich eine cremige Karamellmasse gebildet hat. Sonnenblumenkerne in die Karamellmasse geben. Den Topf von der Kochstelle nehmen. Restliche Apfelstücke kurz in der Karamellmasse wenden und mit der restlichen Karamellmasse auf dem Pudding anrichten.

Apfel-Kartoffel-Klöße mit Pflaumenkompott | Für Kinder

4 Portionen

Pro Portion:
E: 3 g, F: 3 g, Kh: 101 g, kJ: 2009, kcal: 480

Für das Pflaumenkompott:

1 Glas	Pflaumen (Abtropfgewicht 395 g) Pflaumensaft aus dem Glas
1 EL	Speisestärke
1–2 EL	Zucker
½	Zimtstange Schale von
½	Bio-Zitrone (unbehandelt, ungewachst)

Für den Sud:

1,5 l	Wasser
60 g	Zucker
½	Zimtstange Schale von
½	Bio-Zitrone (unbehandelt, ungewachst)

Für die Klöße:

125 ml (⅛ l)	Milch
250 g	Apfelmus (aus dem Glas)
125 g	Speisequark (20 % Fett i. Tr.)
1 gestr. TL	gemahlener Zimt

1 Msp.	Dr. Oetker Finesse Geriebene Zitronenschale
70 g	Zucker
1 Pck.	Dr. Oetker Vanillin-Zucker
½ Pck.	Kartoffelknödel halb & halb (160 g, z. B. von Pfanni)

Zubereitungszeit: 50 Minuten, ohne Abkühl- und Ruhezeit

1. Für das Pflaumenkompott Pflaumen abtropfen lassen, dabei den Saft auffangen. 4 Esslöffel Saft mit der Stärke verrühren. Restlichen Saft, Zucker, Zimt und Zitronenschale aufkochen. Angerührte Stärke einrühren und nochmals aufkochen lassen. Pflaumen unter heben. Kompott abkühlen lassen. Zimtstange und Zitronenschale entfernen.

2. Für den Sud Wasser, Zucker, Zimtstange und Zitronenschale aufkochen. Etwa 10 Minuten im geschlossenen Topf köcheln lassen.

3. Für die Klöße die Zutaten nacheinander in eine Rührschüssel geben, mit Handrührgerät mit Rührbesen verrühren und dann etwa 10 Minuten stehen lassen.

4. Aus dem Knödelteig 20 kleine Klöße formen. Klöße in den vorbereiteten Sud geben und bei schwacher Hitze etwa 20 Minuten ziehen lassen. Klöße mit einer Schaumkelle herausheben, abtropfen lassen und mit Kompott anrichten.

Apfelklöße | Für Kinder
4 Portionen

Pro Portion:
E: 13 g, F: 15 g, Kh: 85 g, kJ: 2237, kcal: 535

Für den Teig:

        2 Brötchen (Semmeln)
    50 g Butter
        2 Eier (Größe M)
1 Prise Salz
    250 g Weizenmehl
    3 EL Milch
    500 g Äpfel

Zum Garnieren:

        1 Apfel
    1 EL Zitronensaft
    40 g Zimtzucker
   einige Zitronenmelisse-
             blättchen

Zubereitungszeit: 50 Minuten, ohne Einweichzeit

1. Für den Teig die Brötchen in kaltem Wasser einweichen. Die Butter geschmeidig rühren. Die Brötchen gut ausdrücken und nach und nach mit Eiern und Salz unter die Butter rühren. Das Mehl in mehreren Portionen abwechselnd mit der Milch unterrühren.

2. Die Äpfel abspülen, schälen, vierteln, entkernen, in ganz kleine Stücke schneiden und unter den Teig rühren. Mit zwei, in heißes Wasser getauchten Esslöffeln Klöße abstechen und in kochendes Salzwasser geben. Das Wasser wieder zum Kochen bringen. Klöße in etwa 15 Minuten gar ziehen lassen (das Wasser muss sich leicht bewegen, es darf nicht sprudelnd kochen).

3. Zum Garnieren den Apfel abspülen, trocken tupfen, vierteln, entkernen, in dünne Spalten schneiden und mit Zitronensaft beträufeln. Die Klöße mit Apfelspalten anrichten, mit Zimtzucker bestreuen und mit Zitronenmelisse garnieren.

Apfel-Lasagne | Für Kinder

4–6 Portionen

Pro Portion:
E: 23 g, F: 25 g, Kh: 80 g, kJ: 2729, kcal: 653

        2   *Eier (Größe M)*
    500 g   *Speisequark (20 % Fett i. Tr.)*
  1 Becher
    (150 g) *Crème fraîche*
    125 ml
    (⅛ l)   *Milch*
     70 g   *Zucker*
        3   *Äpfel (400 g)*
    250 g   *Lasagneblätter*
            (ohne Vorkochen)
    360 g   *Apfelmus (aus dem Glas)*
     30 g   *Hagelzucker*
   1 Msp.   *gemahlener Zimt*
     30 g   *Butter*

Zubereitungszeit: 70 Minuten
Backzeit: etwa 45 Minuten

1. Eier, Quark, Crème fraîche, Milch und Zucker verrühren. Äpfel heiß abspülen, abtrocknen und die Kerngehäuse ausstechen. Die Äpfel längs halbieren und in Scheiben schneiden. Anschließend den Backofen vorheizen.

2. Lasagneblätter und Quarkmasse in je 4 Portionen, Apfelmus und Apfelscheiben in je 3 Portionen teilen. Abwechselnd je eine Schicht Lasagneblätter, Quarkmasse, Apfelkompott und Apfelscheiben in eine rechteckige Auflaufform (etwa 2 l Inhalt, gefettet) geben.

3. Diesen Vorgang noch zweimal wiederholen. Nacheinander restliche Lasagneblätter und Quarkmasse daraufgeben.

4. Hagelzucker und Zimt mischen und auf die Quarkmasse streuen. Butter in Flöckchen daraufsetzen. Die Auflaufform auf dem Rost in den vorgeheizten Backofen schieben.

Ober-/Unterhitze: etwa 180 °C
Heißluft: etwa 160 °C
Backzeit: etwa 45 Minuten.

Abwandlung: Anstelle der Äpfel können auch Aprikosen oder Pflaumen verwendet werden.

Tipp: Sie können das Apfelmus wie im Rezept auf Seite 12 beschrieben natürlich auch selbst herstellen.

Apfelmus | Preiswert
4 Portionen

Pro Portion:
E: 1 g, F: 1 g, Kh: 30 g, kJ: 553, kcal: 131

> 750 g säuerliche Äpfel
> 5 EL Wasser
> etwa 50 g Zucker

Zubereitungszeit: 25 Minuten

1. Äpfel abspülen, vierteln, entkernen und in Stücke schneiden.

2. Die Apfelstücke mit dem Wasser in einem Topf zugedeckt zum Kochen bringen und bei schwacher Hitze weich dünsten lassen, dabei gelegentlich umrühren.

3. Masse durch ein Sieb streichen oder pürieren und mit Zucker abschmecken.

Tipp: Für einen feinen Zimtgeschmack noch eine Zimtstange mitkochen lassen und nach dem Kochen wieder entfernen. Bei süßen Äpfeln die Hälfte des Wassers durch Zitronensaft ersetzen. Apfelmus kann sehr gut in größeren Mengen vorbereitet und eingefroren werden.

Apfelpfannkuchen | Schnell
4 Portionen

Pro Portion:
E: 17 g, F: 43 g, Kh: 75 g, kJ: 3234, kcal: 773

250 g	Weizenmehl
500 ml	
(½ l)	Milch
1 EL	Zucker
	Salz
4	Eier (Größe M)
3 EL	zerlassene Butter
4	säuerliche Äpfel
	(z. B. Boskop)
4 EL	Butterschmalz

Zum Bestreuen:

40 g	Zucker oder
	Zucker und Zimt gemischt

Zubereitungszeit: 50 Minuten, ohne Quellzeit

1. Aus Mehl, Milch, Zucker, Salz und Eiern einen dickflüssigen Teig rühren. Zuletzt die zerlassene Butter unterrühren. Den Teig zugedeckt etwa 20 Minuten quellen lasen.

2. Inzwischen die Äpfel abspülen, schälen und die Kerngehäuse ausstechen. Die Äpfel in dünne Scheiben schneiden.

3. ½ Esslöffel Butterschmalz in einer großen Pfanne erhitzen. ⅛ der Apfelscheiben darin fast weich dünsten, ⅛ Teig darübergießen, stocken lassen, dabei immer wieder den Teig vom Boden lösen. Den Pfannkuchen wenden und fertig backen. Auf diese Weise 8 Pfannkuchen zubereiten und warm halten.

4. Die Pfannkuchen nach Belieben mit Zucker oder Zimtzucker bestreuen.

Apfelreis | Preiswert
4 Portionen

Pro Portion:
E: 1 g, F: 1 g, Kh: 30 g, kJ: 603, kcal: 144

1 l	Wasser
1 Prise	Salz
50 g	Zucker
2 Tropfen	Zitronen-Aroma
200 g	Milchreis (Rundkornreis)
500 g	Äpfel (z. B. Elstar)

Zum Bestreuen und Garnieren:

	Zucker
	gemahlener Zimt
evtl. einige	Apfelspalten
evtl. einige	Minzeblättchen

Zubereitungszeit: 50 Minuten

1. Wasser mit Salz, Zucker und Backöl zum Kochen bringen.

2. Den Reis ins Wasser geben, zum Kochen bringen, umrühren, dann bei schwacher Hitze im geschlossenen Topf etwa 10 Minuten quellen lassen.

3. Inzwischen die Äpfel abspülen, schälen, vierteln, entkernen und in kleine Stücke schneiden. Apfelstücke unter den Reis rühren. Den Milchreis weitere 10–15 Minuten quellen lassen, dabei gelegentlich umrühren. Den Apfelreis mit Zucker abschmecken.

4. Den Apfelreis anrichten und mit Zucker und Zimt bestreuen. Nach Belieben mit Apfelspalten und Minzeblättchen garnieren.

Apfel-Zwieback-Traum | Mit Alkohol

4–6 Portionen

Pro Portion:
E: 13 g, F: 45 g, Kh: 53 g, kJ: 3002, kcal: 717

> 6 Zwiebäcke mit
> Schokoladenüberzug
> 250 g Mascarpone (ital. Frischkäse)
> 250 g Speisequark (20 % Fett i. Tr.)
> 100 g Zucker
> 125 ml
> (¹/₈ l) Milch
> 250 g Schlagsahne
> 4 EL Calvados
> 360 g Apfelkompott
> (aus dem Glas, mit Stücken)
>
> etwa 30 g Kakaopulver

Zubereitungszeit: 20 Minuten

1. Zwiebäcke in kleine Stücke brechen. Mascarpone und Quark mit Zucker und Milch verrühren. Sahne steifschlagen und unterheben.

2. Etwas von den Zwiebackstücken in eine hohe Glasschüssel geben und mit etwas Calvados beträufeln. Erst etwas Apfelkompott, dann etwas von der Mascarpone-Quark-Mischung daraufschichten.

3. In dieser Reihenfolge fortfahren, bis die Zutaten verbraucht sind. Die letzte Schicht sollte Mascarpone-Quark-Mischung sein. Die Oberfläche mit Kakao bestäuben.

Abwandlung: Für eine Variante ohne Alkohol können Sie anstelle von Calvados Apfelsaft zum Beträufeln verwenden.

Aprikosenkaltschale **|** Mit Alkohol
4 Portionen

Pro Portion:
E: 2 g, F: 0,5 g, Kh: 52 g, kJ: 1173, kcal: 280

600 g	Aprikosen
375 ml	
(³/₈ l)	Weißwein
375 ml	
(³/₈ l)	Aprikosennektar
80 g	Zucker
1 Pck.	Dr. Oetker Vanillin-Zucker
1	Zimtstange
30 g	Perlsago (gekörnte Stärke)
etwas	Zitronensaft

Zubereitungszeit: 50 Minuten

1. Aprikosen abspülen, an der Unterseite kreuzweise einritzen, kurze Zeit in kochendes Wasser legen (nicht kochen lassen), in kaltem Wasser abschrecken, enthäuten, halbieren, entsteinen und in Spalten schneiden.

2. Weißwein, Aprikosennektar, Zucker, Vanillin-Zucker und Zimtstange zum Kochen bringen. Sago unter Rühren einstreuen, kurz aufkochen lassen und zugedeckt bei schwacher Hitze etwa 15 Minuten quellen lassen. Gelegentlich umrühren. Die Zimtstange herausnehmen. Die Aprikosenspalten dazugeben, unterheben und noch etwa 5 Minuten ziehen lassen. Die Kaltschale mit Zitronensaft abschmecken und abkühlen lassen.

Tipp: Die Kaltschale kann auch statt mit Weißwein und Aprikosennektar, nur mit Apfelsaft zubereitet werden. Gut schmecken Vanille-Eis oder Schlagsahne dazu. Perlsago finden Sie im Supermarkt. Sie können die Kaltschale aber auch mit der gleichen Menge Speisestärke zubereiten. Die muss vorher mit 3 Esslöffeln kaltem Wasser verrührt werden.

Arabische Strudeltaschen I

Dauert länger – exotisch

16 Stück

Pro Portion:
E: 4 g, F: 12 g, Kh: 22 g, kJ: 875, kcal: 209

Für den Teig:

125 g	*Weizenmehl*
1	*Eigelb (Größe M)*
1	*Prise Salz*
3–4 EL	*warmes Wasser*
2 EL	*Speiseöl*

Für die Füllung:

200 g	*Marzipan-Rohmasse*
50 g	*neutraler Honig*
	(z. B. Blütenhonig)
1	*Eiweiß (Größe M)*
25 g	*gehackte Pistazien*
100 g	*gehackte Walnusskerne*
½ TL	*Rosenwasser*
	(erhältlich in türkischen
	Geschäften oder in Apotheken)

Zum Bestreichen:

20 g	*Butterschmalz*

Für den Sirup:

250 ml	
	(¼ l) Wasser
150 g	*Zucker*
4 EL	*Zitronensaft*
2–3 TL	*Rosenwasser*

Zubereitungszeit: 60 Minuten, ohne Ruhezeit
Backzeit: 25–30 Minuten

1. Für den Teig Mehl in eine Rührschüssel geben, Eigelb, Salz, Wasser und Speiseöl hinzufügen. Die Zutaten mit Handrührgerät mit Knethaken zunächst kurz auf niedrigster, dann auf höchster Stufe gut durcharbeiten, anschließend auf der Arbeitsfläche zu einem glatten Teig verkneten. Den Teig auf Backpapier in einen heißen, trockenen Kochtopf (vorher Wasser darin kochen) legen, mit einem Deckel verschließen und etwa 30 Minuten ruhen lassen.

2. Für die Füllung Marzipan-Rohmasse, Honig und Eiweiß mit Handrührgerät mit Rührbesen zu einer glatten Masse verarbeiten. Restliche Zutaten unterrühren.

3. Teig auf der bemehlten Arbeitsfläche zu einem Quadrat (etwa 50 x 50 cm) ausrollen. Mit einem Ringausstecher 16 runde Platten (ø etwa 12 cm) ausstechen. Auf die Mitte jeder Platte etwas Füllung geben. Den Backofen vorheizen.

4. Die Ränder der Platten dünn mit Wasser bestreichen. Jede Platte wie einen Beutel über der Füllung zusammendrehen. Beutel auf ein Backblech (mit Backpapier belegt) legen. Butterschmalz zerlassen, Beutel damit bestreichen. Das Backblech in den vorgeheizten Backofen schieben.

Ober-/Unterhitze: etwa 200 °C
Heißluft: etwa 180 °C
Backzeit: 25–35 Minuten.

5. Für den Sirup Wasser, Zucker und Zitronensaft etwa 20 Minuten offen kochen lassen, bis ein dickflüssiger Sirup entstanden ist. Abkühlen lassen und mit Rosenwasser würzen. Strudeltaschen mit lauwarmem Sirup beträufeln und servieren.

Tipp: Den Sirup zusätzlich mit Granatapfelkernen aromatisieren.

Arme Ritter | Preiswert
2–3 Portionen

Pro Portion:
E: 28 g, F: 61 g, Kh: 76 g, kJ: 4104, kcal: 980

300 ml	Milch
3	Eigelb (Größe M)
2 EL	Zucker
6	dicke Scheiben altbackenes Kastenweißbrot (etwa 300 g)
3	Eiweiß (Größe M)
100 g	abgezogene, gemahlene Mandeln
80 g	Butter

Zubereitungszeit: 25 Minuten

1. Milch mit Eigelb und Zucker verrühren. Das Kastenweißbrot nebeneinander in eine flache Schale legen, mit der Eiermilch übergießen und einweichen lassen, bis die Milch aufgesogen ist.

2. Das Eiweiß mit einer Gabel leicht verschlagen, die Brotscheiben erst in Eiweiß, dann in den Mandeln wenden.

3. Die Brotscheiben in jeweils etwas Butter von beiden Seiten knusprig braun braten und anschließend heiß servieren.

Tipp: Zu diesem köstlichen Dessert können Sie sehr gut Zimtzucker, Zwetschenkompott oder nach Belieben auch Apfelmus servieren.

Auflauf vom Kaiserschmarrn I
Einfach
6 Portionen

Pro Portion:
E: 21 g, F: 24 g, Kh: 83 g, kJ: 2663, kcal: 634

Für den Kaiserschmarrn:
- 300 ml Milch
- 4 Eier (Größe M)
- 2 Pck. Kaiserschmarrn nach klassischer Art (Süße Mahlzeit)
- 50 g Margarine
- 1 Glas entsteinte Pflaumen (Abtropfgewicht 370 g)

Für den Belag:
- 250 g Magerquark
- 75 g Zucker
- 50 ml Milch
- 2 Eigelb (Größe M)
- 2 Eiweiß (Größe M)
- 50 g abgezogene, gehobelte Mandeln

Für die Sauce:
- 250 ml (¹/₄ l) Pflaumensaft aus dem Glas
- 250 ml (¹/₄ l) Apfelsaft
- 1 geh. EL Speisestärke gemahlener Zimt

Zum Bestäuben:
- 1 EL Puderzucker

Zubereitungszeit: 40 Minuten
Backzeit: etwa 35 Minuten

1. Für den Kaiserschmarrn Milch, Eier und Kaiserschmarrnpulver nach Packungsanleitung verrühren. Die Hälfte der Margarine in einer Pfanne erhitzen und die Hälfte des Kaiserschmarrns nach Packungsanleitung zubereiten. Restlichen Kaiserschmarrn auf die gleiche Weise zubereiten. Backofen vorheizen.

2. Pflaumen in einem Sieb abtropfen lassen und den Saft dabei auffangen.

3. Fertigen Kaiserschmarrn mit den Pflaumen in eine flache Auflaufform (gefettet) geben.

4. Für den Belag Quark mit Zucker, Milch und Eigelb verrühren. Eiweiß steifschlagen und vorsichtig unter die Quarkmasse ziehen. Auf dem Kaiserschmarrn verteilen. Den Auflauf mit Mandeln bestreuen und auf dem Rost in den vorgeheizten Backofen schieben.

Ober-/Unterhitze: etwa 200 °C
Heißluft: etwa 180 °C
Backzeit: etwa 35 Minuten.

5. Für die Sauce Pflaumen- und Apfelsaft vermischen und Speisestärke einrühren. In einem Topf unter ständigem Rühren kurz aufkochen lassen. Mit Zimt abschmecken.

6. Den Auflauf nach dem Backen mit Puderzucker bestäuben und mit der Sauce sofort servieren.

Tipp: Lockerer wird der Auflauf vom Kaiserschmarrn wenn Sie bei der Zubereitung des Kaiserschmarrns (siehe unter Punkt 1) Eigelb und Eiweiß trennen. Zuerst nur Eigelb unter den Teig rühren. Das Eiweiß steifschlagen und dann vorsichtig unter den Kaiserschmarrnteig heben. Anschließend wie oben beschrieben weiterarbeiten.

Backobstkompott mit Klößen I

Preiswert – mit Alkohol

4 Portionen

Pro Portion:
E: 17 g, F: 30 g, Kh: 100 g, kJ: 3388, kcal: 808

Für das Kompott:

500 g gemischtes Backobst
250 ml
(¹/₄ l) Wasser
250 ml
(¹/₄ l) Rotwein
1 Zimtstange
40 g Zucker
20 g Speisestärke
2 EL Wasser

Für die Klöße:

125 g gesiebtes Weizenmehl
375 ml
(³/₈ l) Milch

100 g Butter
2 Brötchen (Semmeln)
4 Eigelb (Größe M)
40 g Weizengrieß
4 Eiweiß (Größe M)
Salz
60 g Zucker
1 TL gemahlener Zimt

Zum Garnieren:

einige Zitronenmelisseblättchen

Zubereitungszeit: 50 Minuten, ohne Einweichzeit

1. Für das Kompott Backobst etwa 1 Stunde im Wasser einweichen.

2. Mit Rotwein, Zimtstange und Zucker aufkochen. Im geschlossenen Topf bei schwacher Hitze etwa 15 Minuten weich kochen. Speisestärke mit Wasser anrühren, unter Rühren in das Kompott geben und nochmals kurz aufkochen lassen. Das Kompott abkühlen lassen. Die Zimtstange entfernen.

3. Inzwischen für die Klöße das Weizenmehl mit Milch und 20 g Butter in einem kleinen Topf verrühren, bei schwacher Hitze unter ständigem Rühren zum Kloß abbrennen und etwas ausdampfen lassen.

4. Brötchen in kleine Würfel schneiden. Restliche Butter in einer Pfanne zerlassen, Brötchenwürfel darin goldgelb rösten. Eigelb mit Handrührgerät mit Knethaken nach und nach unter den Mehlkloß rühren, Brötchenwürfel und Grieß unterheben.

5. Eiweiß steifschlagen, unter den Kloßteig heben. In einem Topf reichlich Wasser mit Salz zum Kochen bringen. Mit einem kalt abgespülten Esslöffel etwa 16 Klößchen abstechen. Die Klöße 5–8 Minuten im Wasser gar ziehen lassen. (Das Wasser darf nicht sprudelnd kochen!) Die Klöße zwischendurch wenden, mit einem Schaumlöffel herausnehmen und abtropfen lassen.

6. Zucker mit Zimt vermischen. Die Klöße portionsweise auf dem Kompott anrichten und mit Zimtzucker bestreuen. Mit Melisseblättchen garnieren.

Bananen-Quark-Creme I
Für Kinder
4 Portionen

Pro Portion:
E: 15 g, F: 16 g, Kh: 39 g, kJ: 1552, kcal: 371

3	mittelgroße reife Bananen
2–3 EL	Zitronensaft
4–5 EL	Zucker
1 TL	Dr. Oetker Vanillin-Zucker
400 g	Magerquark
200 g	Schlagsahne

Zubereitungszeit: 15 Minuten

1. 2 ½ Bananen schälen, in Stücke schneiden und mit 2 Esslöffeln Zitronensaft, Zucker und Vanillin-Zucker pürieren. Das Püree unter den Quark rühren. Die Sahne steifschlagen und unterheben.

2. Restliche Bananenhälfte schälen, in Scheiben schneiden und mit dem restlichen Zitronensaft beträufeln.

3. Die Creme in Portionsgläser füllen und mit Bananenscheiben garnieren.

2. Eigelb mit Zucker in einer Edelstahlschüssel oder einem Edelstahltopf mit einem Schneebesen verrühren. Die heiße Milch unter Rühren dazugeben. Bei mittlerer Hitze im heißen Wasserbad unter ständigem Schlagen erhitzen, bis die Masse leicht dicklich und weiß wird (Wasser und Masse dürfen aber nicht kochen, da die Masse sonst gerinnt). Die Masse von der Kochstelle nehmen.

3. Gelatine gut ausdrücken und in der noch heißen Masse unter Rühren auflösen. Die Masse anschließend durch ein feines Sieb passieren und abkühlen lassen, dabei gelegentlich durchrühren.

4. Sobald die Masse anfängt dicklich zu werden, Sahne steifschlagen und unterheben. Die Creme in 4–5 mit kaltem Wasser ausgespülte Portionsförmchen oder Tassen (150–200 ml Inhalt) füllen und im Kühlschrank etwa 3 Stunden fest werden lassen.

5. Die Creme jeweils vorsichtig mit einem spitzen Messer vom Rand lösen. Die Förmchen kurz in heißes Wasser stellen und die Creme auf Dessertteller stürzen. Nach Belieben garnieren.

Abwandlung 1: Für eine **Bayerische Cappuccinocreme** zusätzlich 5 Teelöffel Instant-Espressopulver zusammen mit der Gelatine in der Eigelb-Milch-Masse auflösen und wie oben angegeben fertig stellen. Die Creme in Cappuccinotassen füllen und kalt stellen. Vor dem Servieren 125 g Schlagsahne halb steif- oder steifschlagen, als Haube auf die Creme geben und mit Kakaopulver bestäuben.

Abwandlung 2: Für eine **Bayerische Orangencreme** zusätzlich 3 Esslöffel Orangenlikör unter die durch ein Sieb passierte Eigelb-Milch-Masse rühren und wie oben angegeben fertig stellen. Die Masse mit Orangenfilets (von 2–3 Orangen) in Glasschälchen oder Gläser einschichten und kalt stellen.

Abwandlung 3: Für eine **Bayerische Schokoladencreme** zusätzlich 150 g Zartbitter-Schokolade hacken, vor der Gelatinezugabe in die Eigelb-Milch-Masse geben und darin unter Rühren schmelzen. Dann Gelatine (nur 4 Blatt Gelatine verwenden) darin auflösen und wie oben angegeben fertig stellen.

Bayerische Creme | Klassisch
4–5 Portionen

Pro Portion:
E: 8 g, F: 24 g, Kh: 21 g, kJ: 1383, kcal: 330

1 Vanilleschote
250 ml
(¼ l) Milch
5 Blatt weiße Gelatine
3 Eigelb (Größe M)
75 g Zucker
250 g gekühlte Schlagsahne

Zubereitungszeit: 40 Minuten,
ohne Abkühl- und Kühlzeit

1. Vanilleschote aufschlitzen. Das Mark mit einem Messerrücken herausschaben, mit Milch in einen Topf geben und zum Kochen bringen. Gelatine nach Packungsanleitung in kaltem Wasser einweichen.

Bayerische Creme mit Himbeerpüree | Für Gäste – mit Alkohol
4 Portionen

Pro Portion:
E: 9 g, F: 26 g, Kh: 34 g, kJ: 1853, kcal: 442

Für die Creme:

1	Vanilleschote
250 ml	
(¼ l)	Milch
6 Blatt	weiße Gelatine
3	Eigelb (Größe M)
75 g	Zucker
250 g	Schlagsahne

Für das Himbeerpüree:

300 g	TK-Himbeeren
2 EL	gesiebter Puderzucker
2 EL	Himbeergeist

Zum Garnieren:

150 g	Himbeeren
einige	Zitronenmelisseblättchen

Zubereitungszeit: 50 Minuten,
ohne Abkühl-, Kühl- und Auftauzeit

1. Für die Creme Vanilleschote aufschlitzen. Das Mark mit einem Messerrücken herausschaben, mit Milch in einen Topf geben und zum Kochen bringen. Danach Gelatine nach Packungsanleitung in kaltem Wasser einweichen.

2. Eigelb mit Zucker in einer Edelstahlschüssel oder einem Edelstahltopf mit einem Schneebesen verrühren. Die heiße Milch unter Rühren dazugeben. Bei mittlerer Hitze im heißen Wasserbad unter ständigem Schlagen erhitzen, bis die Masse leicht dicklich und weiß wird (Wasser und Masse dürfen aber nicht kochen, da die Masse sonst gerinnt). Die Masse von der Kochstelle nehmen.

3. Gelatine gut ausdrücken und in der noch heißen Masse unter Rühren auflösen. Die Masse anschließend durch ein feines Sieb passieren und abkühlen lassen, dabei gelegentlich durchrühren.

4. Sobald die Masse anfängt dicklich zu werden, Sahne steifschlagen und unterheben. Die Creme in 4–5 mit kaltem Wasser ausgespülte Portionsförmchen oder Tassen (150–200 ml Inhalt) füllen und im Kühlschrank etwa 3 Stunden fest werden lassen.

5. Für das Himbeerpüree Himbeeren auftauen lassen, pürieren, durch ein Sieb streichen und mit Puderzucker und Himbeergeist verrühren. Zum Garnieren die Himbeeren verlesen.

6. Die Creme jeweils vorsichtig mit einem spitzen Messer vom Rand lösen. Die Förmchen kurz in heißes Wasser stellen und die Creme auf Dessertteller stürzen.

7. Das Himbeerpüree um das gestürzte Dessert anrichten und mit Himbeeren und Zitronenmelisse garnieren.

Beeren-Minz-Creme I
Raffiniert – mit Alkohol
4 Portionen

Pro Portion:
E: 12 g, F: 13 g, Kh: 21 g, kJ: 1142, kcal: 273

3 EL	Wasser
4	kleine Minzeblättchen
3 Blatt	weiße Gelatine
2	Eigelb (Größe M)
50 g	Zucker
200 g	Magerquark
2 EL	Orangenlikör
250 g	gemischte Beeren (z. B. Johannisbeeren, Heidelbeeren, Himbeeren)
10–12	kleine Minzeblättchen
2	Eiweiß (Größe M)
125 g	Schlagsahne

Zum Garnieren:
einige Minzeblättchen

Zubereitungszeit: 40 Minuten, ohne Kühlzeit

1. Wasser und Minzeblättchen aufkochen und etwas ziehen lassen. Minze entfernen.

2. Die Gelatine nach Packungsanleitung einweichen. Das heiße Minzewasser, Eigelb und Zucker mit Handrührgerät mit Rührbesen auf höchster Stufe zu einer cremig-weißen Schaummasse rühren. Quark und Orangenlikör unterrühren.

3. Die Gelatine leicht ausdrücken und tropfnass in einem kleinen Topf bei schwacher Hitze auflösen. Etwas Creme unter die aufgelöste Gelatine rühren, Gelatinemasse unter die Creme rühren, kalt stellen.

4. Johannis- und Heidelbeeren abspülen und abtropfen lassen. Himbeeren verlesen. Minzeblättchen abspülen und trocken tupfen. Wenn die Masse beginnt dicklich zu werden, Beeren (einige zum Garnieren zurücklassen) und Minzeblättchen unterheben.

5. Eiweiß und Sahne getrennt steifschlagen und ebenfalls unterheben. Die Creme mit den zurückgelassenen Beeren und den Minzeblättchen garnieren.

Hinweis: Nur ganz frische Eiweiß verwenden, die nicht älter als 5 Tage sind (Legedatum beachten!). Die fertige Speise im Kühlschrank aufbewahren und innerhalb von 24 Stunden verzehren.

Tipp: Einige Löffelbiskuits in Stücke brechen, mit Orangenlikör tränken und mit der Creme einschichten.

Beerenstark & eiskalt | Dauert länger

4 Portionen

Pro Portion:
E: 7 g, F: 17 g, Kh: 68 g, kJ: 1951, kcal: 465

800 g	gemischte Beeren
	(z. B. Erdbeeren, Himbeeren,
	Brombeeren, Johannisbeeren)
30 g	Speisestärke
500 ml	
(½ l)	Himbeersaft
150 g	Zucker
80 g	Butter oder Margarine
600 g	Schupfnudeln
	(aus der Kühltheke)
1 l	Vanille-Eiscreme
evtl.	Zitronenmelisse-
	oder Minzezweige

Zubereitungszeit: 50 Minuten

1. Beeren vorbereiten: Erdbeeren abspülen, abtropfen lassen und entstielen, Himbeeren und Brombeeren verlesen, Johannisbeeren abspülen, abtropfen lassen und die Beeren mit Hilfe einer Gabel von den Rispen streifen.

2. Speisestärke mit 4 Esslöffeln von dem Himbeersaft anrühren. Den restlichen Saft mit Zucker in einem Topf zum Kochen bringen. Die angerührte Speise-stärke unterrühren und alles nochmals aufkochen lassen. Die vorbereiteten Beeren unterrühren.

3. Butter oder Margarine in einer Pfanne erhitzen und die Schupfnudeln darin goldbraun braten.

4. Eiscreme portionieren, mit Beerenfrüchten und Schupfnudeln auf Desserttellern anrichten. Nach Belieben mit Zitronenmelisse- oder Minzezweigen garnieren.

Abwandlung: Anstelle von Vanille- können Sie auch Walnuss-Eiscreme dazureichen.

Beergötzen (Sächsische Pfannkuchen) | Für Kinder
4 Portionen

Pro Portion:
E: 18 g, F: 23 g, Kh: 103 g, kJ: 3065, kcal: 731

200 g	Kartoffeln
250 g	Weizenmehl
3	Eier (Größe M)
500 ml (1/2 l)	Milch
1 Prise	Salz
600 g	Heidelbeeren (frisch oder aus dem Glas)
125 ml (1/8 l)	Speiseöl
60 g	Zucker

Zubereitungszeit: 20 Minuten, ohne Abkühl- und Ruhezeit

1. Die Kartoffeln waschen, in Wasser gar kochen, abgießen, etwas abkühlen lassen, pellen und fein reiben.

2. Mehl in eine Schüssel sieben, in die Mitte eine Vertiefung drücken. Eier, etwas von der Milch und Salz von der Mitte ausgehend mit dem Mehl verrühren. Kartoffeln unter den Pfannkuchenteig rühren. Die restliche Milch dazugeben, gut verrühren und den Pfannkuchen-Kartoffel-Teig etwa 30 Minuten stehen lassen. Frische Heidelbeeren verlesen.

3. Etwas von dem Öl in einer Pfanne erhitzen und eine dünne Teiglage auf dem Boden der Pfanne verteilen. Einen Teil der Heidelbeeren darauf verteilen. Wenn die Ränder etwas gebräunt sind, den Pfannkuchen wenden.

4. Pfannkuchen herausnehmen und etwas Zucker auf die Heidelbeeren geben. Die anderen Pfannkuchen auf die gleiche Art zubereiten.

Birnen im Blätterteig I

Für Gäste – raffiniert

4 Portionen

Pro Portion:
E: 4 g, F: 24 g, Kh: 39 g, kJ: 1711, kcal: 409

300 g	*TK-Blätterteig*
4	*kleine Birnen*
	(am besten Butterbirnen)
2 EL	*Preiselbeerkonfitüre*
1	*Eigelb (Größe M)*
1 EL	*Wasser*

Zubereitungszeit: 40 Minuten, ohne Auftauzeit
Backzeit: 20–25 Minuten

1. Blätterteig bei Zimmertemperatur auftauen lassen. Butterbirnen abspülen, schälen, halbieren und Stiele und Kerngehäuse entfernen. Die Birnenhälften mit verrührter Preiselbeerkonfitüre füllen und wieder zusammensetzen. Den Backofen vorheizen.

2. Den Blätterteig zu einem Quadrat (etwa 40 x 40 cm) ausrollen, in 4 Quadrate schneiden und je 1 Birne auf 1 Teigplatte setzen. Den Teig darüber zusammenschlagen, die Ränder zusammendrücken. Eigelb mit Wasser verschlagen und den Teig damit bestreichen.

3. Die Blätterteigbirnen auf ein Backblech (mit Backpapier belegt) setzen. Das Backblech auf mittlerer Schiene in den vorgeheizten Backofen schieben.

Ober-/Unterhitze: etwa 200 °C
Heißluft: etwa 180 °C
Backzeit: 20–25 Minuten.

Tipp: Vanillesauce oder Preiselbeersahne dazureichen.

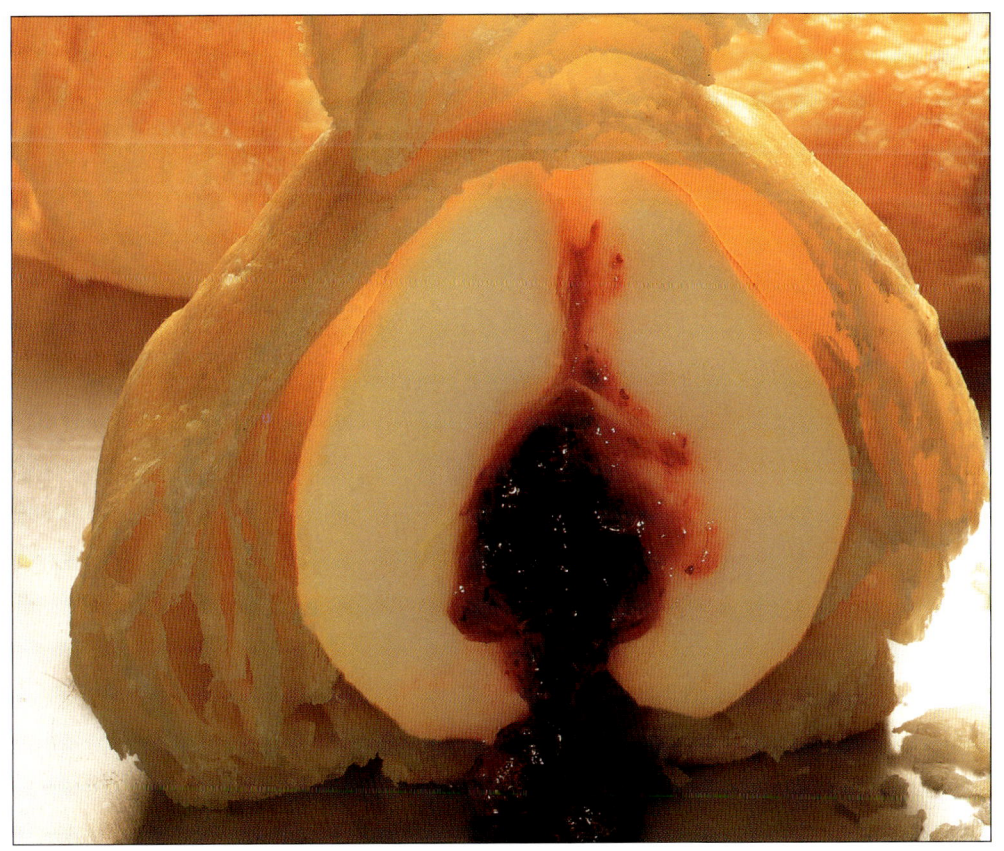

Birnen in Rotwein | Mit Alkohol
6 Portionen

Pro Portion:
E: 1 g, F: 1 g, Kh: 64 g, kJ: 1300, kcal: 310

12	kleine, saftige Birnen
500 ml	
(½ l)	Rotwein
200 g	Zucker
einige	Gewürznelken
1	Zimtstange

Zubereitungszeit: 30 Minuten, ohne Abkühlzeit
Garzeit: etwa 60 Minuten

1. Den Backofen vorheizen. Die Birnen abspülen und abtropfen lassen. Mit einem spitzen Messer den Blütenansatz am unteren Ende der Frucht entfernen. Den Stiel aber daran lassen.

2. Die ungeschälten Birnen nebeneinander in eine höhere Auflaufform (gefettet) setzen und mit dem Rotwein bis zum Stielansatz bedecken. Zucker, Nelken und Zimtstange dazugeben.

3. Birnen im Backofen weich dünsten lassen. Der Rotwein soll in der Zeit sirupartig eingedickt sein.

Ober-/Unterhitze: etwa 200 °C
Heißluft: etwa 180 °C
Garzeit: etwa 60 Minuten.

4. Die Birnen in dem Saft erkalten lassen.

Tipp: Die Birnen mit geschlagener Sahne servieren.

Birnen mit Mascarpone-Amarettini-Füllung | Für Gäste

4 Portionen

Pro Portion:
E: 7 g, F: 16 g, Kh: 41 g, kJ: 1432, kcal: 342

1 Dose	Birnenhälften (Abtropfgewicht 460 g)
1 Pck.	rote Belegkirschen (50 g)
30 g	Amarettini (ital. Mandel-makronen)
125 g	Mascarpone (ital. Frischkäse)
125 g	Magerquark
1 EL	Milch
1 gestr. EL	gesiebter Puderzucker
25 g	Zartbitter-Kuvertüre

Zubereitungszeit: 25 Minuten

1. Birnenhälften gut abtropfen lassen und trocken tupfen. Die runden Außenseiten der Birnenhälften etwas flacher schneiden. Belegkirschen in kleine Würfel schneiden. Amarettini in einen kleinen Gefrierbeutel geben und den Beutel verschließen. Amarettini mit einer Teigrolle zerbröseln.

2. Mascarpone mit Quark, Milch und Puderzucker verrühren. Kirschstückchen und Amarettinibrösel unterrühren. Die Creme in die Birnenhälften füllen.

3. Kuvertüre in kleine Stücke hacken, in einen kleinen Gefrierbeutel geben und in einem kleinen Topf im heißen Wasserbad bei schwacher Hitze auflösen.

4. Von dem Gefrierbeutel eine kleine Ecke abschneiden. Kuvertüre streifenweise auf die gefüllten Birnenhälften spritzen. Kuvertüre fest werden lassen. Die Birnenhälften auf einer Platte anrichten.

Birnen-Ananas-Auflauf | Fruchtig
12 Portionen

Pro Portion:
E: 9 g, F: 39 g, Kh: 53 g, kJ: 2574, kcal: 615

2 Dosen	*Birnenhälften*
	(Abtropfgewicht je 450 g)
2 Dosen	*Ananasscheiben*
	(Abtropfgewicht je 500 g)
1 kg	*Schlagsahne*
10 Eier	*(Größe M)*
120 g	*brauner Zucker (Rohrzucker)*
1 Fläsch-	
chen	*Rum-Aroma*
100 g	*Kokosraspel*
150 g	*Rosinen*

Zubereitungszeit: 35 Minuten
Backzeit: 40–50 Minuten je Form

1. Den Backofen vorheizen. Birnenhälften und Ananasscheiben in einem Sieb abtropfen lassen. Birnenhälf- ten jeweils längs in 3 Spalten schneiden. Ananasscheiben halbieren.

2. Sahne und Eier verschlagen. Zucker und Aroma hinzugeben. Kokosraspel unterrühren.

3. Birnenspalten und Ananashälften in 2 große, flache Auflaufformen (gefettet) abwechselnd in Reihen ein- schichten und mit Rosinen bestreuen. Jeweils die Hälfte der Eier-Kokos-Sahne hinzugießen.

4. Anschließend die Formen nacheinander (bei Heiß- luft zusammen) auf dem Rost in den vorgeheizten Backofen schieben.

Ober-/Unterhitze: etwa 180 °C
Heißluft: etwa 160 °C
Backzeit: 40–50 Minuten je Form.

Tipp: Nach Belieben den Auflauf mit Minze- oder Melisseblättchen garnieren. Birnenhälften und Ananasscheiben können auch in Würfel geschnitten und gemischt in die Auflaufformen gefüllt werden.

Birnen-Carpaccio mit Mousse à la Vanille | Einfach – mit Alkohol

4 Portionen

Pro Portion:
E: 5 g, F: 4 g, Kh: 41 g, kJ: 1061, kcal: 252

1 Pck.	*Mousse à la Vanille (Dessertpulver)*
250 ml (¼ l)	*Milch*
4	*reife Birnen (je 200 g)*
6 EL	*roter Portwein*

Zubereitungszeit: 20 Minuten, ohne Kühlzeit

1. Die Mousse à la Vanille mit Milch nach Packungsanleitung zubereiten und mindestens 2 Stunden kalt stellen.

2. Die Birnen abspülen, abtrocknen und längs halbieren. Kerngehause herausschneiden, Blütenansätze und Stiele entfernen. Die Birnenhälften der Länge nach in sehr dünne Spalten schneiden, auf 4 Tellern oder Schälchen verteilen und mit je 1 Esslöffel Portwein beträufeln.

3. Von der Mousse mit einem kalt abgespülten Löffel 8 Nocken abstechen und auf die Birnenscheiben geben. Dann mit dem restlichen Portwein beträufeln.

Tipp: Die Birnenspalten etwa 3 Minuten in Weißwein oder Portwein dünsten, in der Flüssigkeit abkühlen lassen und erst dann auf den Tellern verteilen.

Abwandlung: Das Birnen-Carpaccio anstelle mit Mousse à la Vanille mit Mousse au Chocolat servieren, das Sie wie unter Punkt 1 beschrieben zubereiten können.

Biskuit-Creme-Torte I

Für Gäste – mit Alkohol
6–8 Stücke

Pro Stück:
E: 6 g, F: 5 g, Kh: 52 g, kJ: 1245, kcal: 297

Für den Biskuitteig:

70 g	Weizenmehl
20 g	Speisestärke
2	Eier (Größe M)
60 g	Zucker
1 Prise	Salz

Für die Füllung:

1 Pck.	Dessert-Sauce Vanille-Geschmack, zum Kochen
2–3 EL	Zucker
2	Eigelb (Größe M)
275 ml	Milch
100 g	fein gewürfelte, kandierte Früchte
3–4 EL	brauner Rum

Für den Belag:

2	Eiweiß (Größe M, sehr frisch)
80 g	Zucker
1 EL	Zitronensaft
50 g	fein gewürfelte, kandierte Früchte

Zubereitungszeit: 45 Minuten, ohne Abkühlzeit
Backzeit: etwa 30 Minuten

1. Einen Bogen Backpapier auf den Boden der Springform (Ø 18 cm) legen und mit dem Springformrand straff einspannen. Den Backofen vorheizen.

2. Für den Teig Mehl und Speisestärke in eine Schüssel geben und mit einem Schneebesen verrühren. Eier mit Handrührgerät mit Rührbesen auf höchster Stufe in 1 Minute schaumig schlagen, Zucker und Salz in 1 Minute einstreuen, dann noch etwa 2 Minuten schlagen. Mehlgemisch in 2 Portionen vorsichtig unterrühren.

3. Den Teig in die Form füllen. Die Form auf dem Rost in den vorgeheizten Backofen schieben.

Ober-/Unterhitze: etwa 180 °C
Heißluft: etwa 160 °C
Backzeit: etwa 30 Minuten.

4. Die Form auf einen Kuchenrost stellen. Nach etwa 10 Minuten den Biskuitboden aus der Form lösen und auf einen mit Backpapier belegten Kuchenrost stürzen. Mitgebackenes Backpapier abziehen. Den Biskuitboden erkalten lassen.

5. Für die Füllung Saucen-Pulver, Zucker, Eigelb und Milch verrühren und unter Rühren aufkochen. Creme vom Herd nehmen und unter Rühren etwas abkühlen lassen. Die kandierten Früchte unterrühren. Die Creme zugedeckt erkalten lassen.

6. Den Biskuit zweimal waagerecht durchschneiden. Die beiden unteren Böden mit Rum beträufeln und mit der Creme bestreichen. Die Torte auf einer ofenfesten Tortenplatte wieder zusammensetzen.

7. Für den Belag Eiweiß steifschlagen, Zucker nach und nach einrieseln lassen, dabei noch etwa 1 Minute weiterschlagen, Zitronensaft unterrühren. Den Backofengrill vorheizen.

8. Torte mit Eischnee einstreichen und mit den kandierten Früchten bestreuen. Die Torte unter dem vorgeheizten Grill des Backofens kurz überbacken.

Biskuitrolle mit Preiselbeeren I

Mit Alkohol

8–10 Scheiben

Pro Stück:
E: 5 g, F: 24 g, Kh: 26 g, kJ: 1499, kcal: 358

Für den Biskuitteig:

2	Eier (Größe M)
2	Eigelb (Größe M)
1 EL	heißes Wasser
50 g	Zucker
1 Pck.	Dr. Oetker Vanillin-Zucker
40 g	Weizenmehl
10 g	Speisestärke
1 Msp.	Dr. Oetker Backin

Für die Füllung:

6 Blatt	weiße Gelatine
500 g	Preiselbeeren
125 ml	
(1/8 l)	Weißwein
70 g	Zucker
200 ml	Preiselbeerflüssigkeit
600 g	Schlagsahne

Zubereitungszeit: 50 Minuten,
ohne Abkühl- und Kühlzeit
Backzeit: 10–15 Minuten

1. Den Backofen vorheizen. Für den Teig Eier, Eigelb und Wasser mit Handrührgerät mit Rührbesen auf höchster Stufe in 1 Minute schaumig schlagen. Zucker mit Vanillin-Zucker mischen, in 1 Minute einstreuen, dann noch etwa 2 Minuten weiterschlagen.

2. Mehl mit Speisestärke und Backpulver mischen, auf die Eiercreme sieben und kurz auf niedrigster Stufe unterrühren. Den Teig auf ein Backblech (30 x 40 cm, gefettet, mit Backpapier belegt) streichen. Das Backblech in den vorgeheizten Backofen schieben.

Ober-/Unterhitze: etwa 200 °C
Heißluft: etwa 180 °C
Backzeit: 10–15 Minuten.

3. Ein Stück Backpapier in der Größe des Backblechs mit Zucker bestreuen. Die Biskuitplatte sofort nach dem Backen daraufstürzen. Das mitgebackene Backpapier mit einem feuchten Geschirrtuch anfeuchten und vorsichtig, aber schnell abziehen. Die Biskuitplatte von der kürzeren Seite her aufrollen. Die Rolle in dem gezuckerten Backpapier einrollen und erkalten lassen.

4. Für die Füllung die Gelatine nach Packungsanleitung in kaltem Wasser einweichen. Preiselbeeren verlesen, waschen und abtropfen lassen. Wein mit Zucker in einem kleinen Topf zum Kochen bringen. Preiselbeeren hinzufügen und 3–4 Minuten leicht kochen lassen. Die Preiselbeeren in einem Sieb abtropfen lassen, den Saft dabei auffangen und 200 ml davon abmessen (evtl. mit Wasser auffüllen). Gelatine ausdrücken und unter Rühren in dem heißen Saft auflösen. Kalt stellen.

5. Wenn der Saft zu gelieren beginnt, die Sahne steifschlagen und unterheben. Die abgetropften Preiselbeeren unter die Hälfte der Sahnemasse heben.

6. Die Biskuitrolle vorsichtig auseinanderrollen, mit der Preiselbeersahne bestreichen und wieder aufrollen.

7. Die Biskuitrolle mit der restlichen Sahnemasse bestreichen. Mit einer Gabel Längsstriche durch die Sahnemasse ziehen. Die Rolle etwa 2 Stunden kalt stellen. Mit einem Sägemesser in Scheiben schneiden.

Blütenzauber | Dauert länger
8 Portionen

Pro Portion:
E: 9 g, F: 26 g, Kh: 34 g, kJ: 1782, kcal: 426

Für die Mandelcreme:
- 800 ml Milch
- 100 g abgezogene, gemahlene Mandeln
- 100 g Zucker
- 12 Blatt weiße Gelatine
- 400 g Schlagsahne

Für die Erdbeerblüten:
- 1 kg Erdbeeren
- 2 EL flüssiger Honig
- 100 ml Grapefruitsaft

Zubereitungszeit: 45 Minuten,
ohne Abkühl-, Kühl- und Marinierzeit

1. Für die Mandelcreme Milch in einen Topf geben, Mandeln und Zucker hinzufügen, unter Rühren aufkochen lassen und von der Kochstelle nehmen.

2. Gelatine nach Packungsanleitung in kaltem Wasser einweichen. Gelatine ausdrücken, in der noch heißen Milchmischung auflösen und alles etwas abkühlen lassen.

3. Sobald die Flüssigkeit anfängt dicklich zu werden, Sahne steifschlagen und unterheben. Die Masse in eine Schüssel füllen und etwa 2,5 Stunden kalt stellen.

4. Für die Erdbeerblüten Erdbeeren abspülen, gut abtropfen lassen, entstielen und in Scheiben schneiden. Honig und Grapefruitsaft verrühren und die Erdbeerscheiben darin etwa 5 Minuten marinieren.

5. Die Erdbeerscheiben abtropfen lassen und blütenförmig auf 8 Teller legen. Aus der Mandelcreme mit Hilfe eines Esslöffels Nocken ausstechen und auf den Erdbeeren anrichten.

Tipp: Den Blütenzauber kurz vor dem Servieren mit Puderzucker bestäuben. Die Mandelcreme kann bereits am Vortag zubereitet werden. Die Nocken dann frisch abstechen.

Bratäpfel | Klassisch – mit Alkohol

8 Portionen

Pro Portion:
E: 1 g, F: 4 g, Kh: 20 g, kJ: 644, kcal: 154

1 EL	Rosinen
100 ml	Rum
8	mittelgroße, säuerliche Äpfel
20 g	Butter
20 g	Zucker
1 Pck.	Dr. Oetker Vanillin-Zucker
2 EL	abgezogene, gemahlene Mandeln
2 EL	abgezogene, gestiftelte Mandeln

Zubereitungszeit: 30 Minuten,
ohne Quell- und Abkühlzeit
Backzeit: 30–45 Minuten

1. Rosinen und 2 Esslöffel Rum in einen kleinen Topf geben. Rosinen bei schwacher Hitze etwa 20 Minuten quellen und dann abkühlen lassen. Den Backofen vorheizen.

2. Äpfel abspülen und abtrocknen. Kerngehäuse von der Blütenseite aus mit einem Apfelausstecher herausbohren. Äpfel dabei nicht ganz durchstechen. Die Äpfel in eine Auflaufform (gefettet) setzen.

3. Butter mit Zucker, Vanillin-Zucker, gemahlenen Mandeln und eingeweichten Rosinen mit einem Löffel verrühren. Die Masse mit einem Teelöffel in die Äpfel füllen. Mandelstifte darauf verteilen und leicht andrücken. Übrigen Rum in die Form gießen.

4. Die Form auf dem Rost in den vorgeheizten Backofen schieben.

Ober-/Unterhitze: etwa 200 °C
Heißluft: etwa 180 °C
Backzeit: 30–45 Minuten.

Tipp: Dazu passt eine Vanillesauce. Für eine Variante ohne Alkohol den Rum durch Apfelsaft ersetzen.

Bratäpfel mit Rumsauce I

Raffiniert – mit Alkohol
12 Portionen

Pro Portion:
E: 6 g, F: 31 g, Kh: 48 g, kJ: 2323, kcal: 554

Für die Rumsauce:
    500 ml
       (½ l) Milch
    500 g Schlagsahne
    200 g Zucker
       5 Eigelb (Größe M)
     25 g Speisestärke
    125 ml
       (⅛ l) brauner Rum
    200 g Schlagsahne

Für die Bratäpfel:
      12 Äpfel (z. B. Boskop)
    200 g Marzipan-Rohmasse
     80 g Rosinen
      6 EL Calvados

     1 gestr. TL gemahlener Zimt
      50 g Zucker
      50 g Butter
    200 ml Apfelsaft

Zubereitungszeit: 50 Minuten, ohne Abkühlzeit
Backzeit: 30–45 Minuten, je nach Apfelsorte

1. Für die Sauce Milch mit der Hälfte der Sahne und dem Zucker zum Kochen bringen. Eigelb mit der restlichen Sahne und Speisestärke verrühren und zu dem Milch-Sahne-Gemisch geben. Unter ständigem Rühren zum Kochen bringen und kurz aufkochen lassen. Den Rum unterrühren und die Sauce mit Frischhaltefolie zudecken. Die Sauce erkalten lassen.

2. Äpfel abspülen und trocken tupfen. Mit einem Apfelausstecher das Kerngehäuse ausstechen, die Äpfel müssen ganz bleiben.

3. Den Backofen vorheizen. Marzipan, Rosinen, Calvados und etwas Zimt verkneten und in die ausgehöhlten Äpfel füllen.

4. Zucker, Butter, restlichen Zimt und den Apfelsaft in eine große Auflaufform (gefettet) oder in eine Fettfangschale (gefettet) geben und die gefüllten Äpfel hineinsetzen. Die Form auf dem Rost oder Fettfangschale in den vorgeheizten Backofen schieben.

Ober-/Unterhitze: etwa 180 °C
Heißluft: etwa 160 °C
Backzeit: 30–45 Minuten, je nach Apfelsorte.

5. Ab und zu die Äpfel mit dem Sud begießen.

6. Die Sauce vor dem Servieren nochmals schaumig rühren. Die Sahne steifschlagen und unterheben. Je 1 Apfel auf die Mitte eines Tellers setzen und mit etwas Rumsauce begießen.

Abwandlung: Die Äpfel mit 250 g Preiselbeeren (aus dem Glas) füllen und 120 g Butter in Flöckchen auf den Äpfeln verteilen.

Tipp: Zu den Bratäpfeln kann auch Vanillesauce oder -Eis gereicht werden.

Bread-and-Butter-Pudding I

Preiswert

4 Portionen

Pro Portion:
E: 17 g, F: 25 g, Kh: 65 g, kJ: 2444, kcal: 584

200 g	*Baguettebrot*
	(oder einfache Brötchen)
150 g	*Rosinen*
1 EL	*Semmelbrösel*
50 g	*Butter*
350 ml	*Milch*
1 EL	*Zucker*
1 Pck.	*Dr. Oetker Vanillin-Zucker*
½ TL	*gemahlener Zimt*
½ TL	*Dr. Oetker Finesse*
	Geriebene Orangenschale
4	*Eier (Größe M)*
2	*Eigelb (Größe M)*

Zubereitungszeit: 70 Minuten, ohne Abkühlzeit
Garzeit: 45–55 Minuten

1. Baguettebrot oder Brötchen in sehr dünne Scheiben schneiden und im Wechsel mit den Rosinen in eine rechteckige Terrinenform (mit Deckel, etwa 1 l Inhalt, gefettet, mit Semmelbröseln ausgestreut). schichten. Die letzte Schicht sollte aus Brot bestehen. Den Backofen vorheizen.

2. Butter zerlassen. Milch, Zucker, Vanillin-Zucker, Zimt und Orangenschale dazugeben, vom Herd nehmen und etwas abkühlen lassen.

3. Eier und Eigelb verquirlen und unter die lauwarme Milch rühren. Milchgemisch in die Form gießen. Brot in die Form drücken. Den Deckel auf die Form legen.

4. Die Fettfangschale des Backofens in den vorgeheizten Backofen schieben. 2 Liter heißes Wasser hineingießen. Form in das Wasserbad stellen und den Pudding garen.

Ober-/Unterhitze: etwa 200 °C
Heißluft: etwa 180 °C
Garzeit: 45–55 Minuten.

5. Den Pudding etwa 5 Minuten in der Form stehen lassen, stürzen und in Scheiben schneiden.

Tipp: Den Brotpudding mit Vanillesauce servieren. Man kann die Masse auch in einer kleinen, dichten Kastenform backen, die mit Alufolie zugedeckt wird.

Brombeerpfannkuchen mit weißer Schokoladensauce | Raffiniert

4–6 Portionen

Pro Portion:
E: 13 g, F: 41 g, Kh: 48 g, kJ: 2641, kcal: 631

Für die Schokoladensauce:
100 g weiße Kuvertüre
200 g Schlagsahne

Für den Pfannkuchen:
250 g Brombeeren
250 ml
(¼ l) Milch
4 Eigelb (Größe M)
60 g zerlassene, abgekühlte Butter
160 g Weizenmehl
1 Vanilleschote
4 Eiweiß (Größe M)
1 Prise Salz
2 EL Zucker
25 g Butter

Zum Bestäuben und Garnieren:
Puderzucker
etwas Zitronenverbene oder einige
Minzeblättchen

Zubereitungszeit: 25 Minuten
Backzeit: etwa 15 Minuten

1. Für die Sauce Kuvertüre in grobe Stücke schneiden. Sahne in einem kleinen Topf bei mittlerer Hitze erwärmen (nicht kochen). Kuvertürestücke darin unter Rühren schmelzen. Die Sauce warm oder kalt zu dem Pfannkuchen servieren. Den Backofen vorheizen.

2. Für den Pfannkuchen Brombeeren putzen, abspülen und trocken tupfen. Milch, Eigelb und Butter verrühren. Mehl sieben und nach und nach mit einem Schneebesen unter die Eigelbmilch rühren. Vanilleschote aufschneiden, das Mark herauskratzen und unter den Teig rühren.

3. Eiweiß mit Salz steifschlagen. Zucker nach und nach unter den Eischnee schlagen. Eischnee vorsichtig unter den Teig heben.

4. Butter in einer ofenfesten Pfanne (Ø etwa 28 cm) zerlassen. Den Teig hineingeben und die Brombeeren (einige Brombeeren zum Garnieren beiseitelegen) darauf verteilen. Die Pfanne auf dem Rost in den vorgeheizten Backofen schieben.

Ober-/Unterhitze: etwa 180 °C
Heißluft: etwa 160 °C
Backzeit: etwa 15 Minuten.

5. Die Pfanne aus dem Backofen nehmen. Den Pfannkuchen auf einen großen Teller stürzen, sofort in gleich große Tortenstücke schneiden und auf Desserttellern anrichten. Mit Puderzucker bestäuben.

6. Die warme oder kalte Schokoladensauce angießen. Den Pfannkuchen mit den beiseitegelegten Brombeeren und Zitronenverbene oder Minze garnieren.

Tipp: Der Pfannkuchen lässt sich sehr gut variieren, z. B. mit Zwetschen, Aprikosen oder Heidelbeeren. Dazu passt auch sehr gut Vanille- oder Joghurt-Eis.

Buchteln mit Nougat-Aprikosen I

Für Kinder

6 Portionen

Pro Portion:
E: 10 g, F: 33 g, Kh: 67 g, kJ: 2580, kcal: 617

25 g *frische Hefe*
etwa 180 ml *lauwarme Milch*
4 EL *Zucker*
250 g *Weizenmehl*
3 *Eigelb (Größe M)*
50 g *zerlassene Butter*
evtl. *Milch*
etwa 18 *kleine Aprikosen*
150 g *Nuss-Nougat-Creme*
100 g *Butter*

Zubereitungszeit: 70 Minuten, ohne Teiggehzeit
Backzeit: etwa 35 Minuten

1. Hefe mit 5 Esslöffeln der Milch und 1 Esslöffel Zucker verrühren und zugedeckt etwa 10 Minuten an einem warmen Ort gehen lassen.

2. Mehl, restlichen Zucker, Eigelb, Butter, restliche Milch und Hefe-Milch in eine Rührschüssel geben. Zutaten mit den Knethaken des Handrührgerätes in etwa 5 Minuten zu einem geschmeidigen Teig verarbeiten, wenn nötig etwas Milch zugeben.

3. Den Teig zugedeckt an einem warmen Ort gehen lassen, bis er sich sichtbar vergrößert hat. Den Teig nochmals durchkneten und auf bemehlter Arbeitsfläche etwa ½ cm dick ausrollen.

4. Aprikosen abspülen und trocken tupfen. Aprikosen an einer Seite einschneiden, die Steine entfernen. Die Früchte mit Nuss-Nougat-Creme füllen und zusammendrücken. Teigplatte in etwa 18 Rechtecke schneiden, die groß genug für die Aprikosen sind. Jede Frucht mit Teig umhüllen. Den Backofen vorheizen.

5. Butter zerlassen, jede Buchtel in Butter wälzen und dicht nebeneinander in eine Springform (Ø 26 cm, gefettet) legen. 15–20 Minuten an einem warmen Ort gehen lassen, bis sie sich sichtbar vergrößert haben. Die Form auf dem Rost in den vorgeheizten Backofen schieben.

Ober-/Unterhitze: etwa 200 °C
Heißluft: etwa 180 °C
Backzeit: etwa 35 Minuten.

6. Die Buchteln in der geöffneten Springform abkühlen lassen.

Bunte Früchte- und Apfelspieße |
Fruchtig
Jeweils 20 Stück

Früchtespieße, je Spieß:
E: 1 g, F: 2 g, Kh: 18 g, kJ: 398, kcal: 95
Apfelspieße, je Spieß:
E: 1 g, F: 3 g, Kh: 12 g, kJ: 327, kcal: 78

Für die Früchtespieße:
 20 getrocknete Ananasstücke
   (etwa 160 g)
 20 entsteinte, getrocknete Datteln
   (etwa 200 g)
 10 getrocknete Aprikosen
   (etwa 100 g)
 75 g weiße Schokolade
 1 TL Speiseöl
   geriebene Zartbitter-Schokolade
   Sesamsamen
   kleine Zuckerperlen (Liebesperlen)

Für die Apfelspieße:
 20 getrocknete Apfelringe
   (etwa 200 g)
 20 entsteinte, getrocknete
   Soft-Pflaumen (etwa 160 g)
 75 g Zartbitter-Schokolade
 1 TL Speiseöl
etwa 2 EL Kokosraspel (etwa 30 g)

Außerdem:
 40 kleine Holzspieße

Zubereitungszeit: 30 Minuten, ohne Zeit zum Festwerden

1. Für die Früchtespieße auf jeden Holzspieß 1 Ananasstück, 1 Dattel und 1 halbierte Aprikose stecken. Die Spieße auf Backpapier legen.

2. Schokolade in Stücke brechen und mit dem Öl in einem kleinen Topf im Wasserbad bei schwacher Hitze geschmeidig rühren.

3. Auf jedem Spieß etwa 1 Teelöffel Schokolade verteilen und mit geriebener Schokolade, Sesam und/oder Zuckerperlen bestreuen. Die Schokolade fest werden lassen.

4. Für die Apfelspieße auf jeden Holzspieß jeweils 1 Apfelring und 1 Pflaume stecken und auf Backpapier legen.

5. Schokolade in Stücke brechen und mit dem Öl in einem kleinen Topf im Wasserbad bei schwacher Hitze geschmeidig rühren.

6. Auf jedem Spieß etwa 1 Teelöffel Schokolade verteilen. Die Schokolade mit Kokosraspeln bestreuen und fest werden lassen.

7. Anschließend die Spieße in einer gut schließenden Dose kühl aufbewahren.

Tipp: Statt weißer Schokolade kann auch Vollmilch-Schokolade verwendet werden. Zum Bestreuen eignen sich auch gehackte Pistazienkerne, Mandeln oder Nusskerne. Die Spieße halten 2–3 Tage.

Buttermilchpudding mit Tee-Sahne-Sauce | Raffiniert – für Gäste

4 Portionen

Pro Portion:
E: 18 g, F: 36 g, Kh: 83 g, kJ: 3199, kcal: 764

Für den Pudding:

100 g	entsteinte Backpflaumen
200 g	Butterkekse
1 gestr. TL	Dr. Oetker Finesse Geriebene Zitronenschale
50 g	Weizenmehl
1 gestr. TL	Dr. Oetker Backin
3	Eier (Größe M)
1–2 TL	Zitronensaft
50 g	Zucker
300 ml	Buttermilch
1–2 EL	Semmelbrösel

Für die Tee-Sahne-Sauce:

125 ml	(¹/₈ l) Wasser
125 ml	(¹/₈ l) Milch
2 gestr. EL	schwarze Teeblätter
1–2 EL	Speisestärke
250 g	Schlagsahne
30 g	Zucker
1 Prise	gemahlener Ingwer

Zubereitungszeit: 30 Minuten
Garzeit: etwa 50 Minuten

1. Für den Pudding Pflaumen in Streifen schneiden. Butterkekse in einen Gefrierbeutel geben und mit der Teigrolle zerkrümeln. Keksrümel, Pflaumenstreifen, Zitronenschale, Mehl und Backpulver in einer Schüssel mischen.

2. Eier trennen. Eiweiß zu steifem Schnee schlagen. Eigelb, Zitronensaft und Zucker zu einer dicken Creme aufschlagen, Buttermilch unterrühren und mit der Krümelmasse mischen. Eischnee unterheben. Den Teig in eine Puddingform (Wasserbadform Ø 16 cm, etwa 1,5 l Inhalt, gefettet, mit Semmelbröseln ausgestreut) füllen und die Form verschließen.

3. Form in einen hohen Topf setzen, so viel heißes Wasser hineingießen, dass die Form bis etwa 3 cm unter den Rand im Wasser steht. Den Topfdeckel auflegen. Wasser aufkochen lassen. Den Pudding in schwach kochendem Wasser etwa 50 Minuten garen.

4. Für die Sauce Wasser und Milch aufkochen. Teeblätter hineingeben, Topf vom Herd nehmen und den Tee etwa 5 Minuten ziehen lassen. Tee durch ein Sieb gießen.

5. Die Speisestärke mit der Sahne verrühren. Tee aufkochen, angerührte Stärke einrühren und aufkochen lassen. Mit Zucker und Ingwer würzen.

6. Pudding aus dem Wasserbad nehmen. Auf einem Kuchenrost etwa 5 Minuten stehen lassen, aus der Form stürzen und mit der Sauce servieren.

Cannelloni mit Mohnfüllung I

Raffiniert

4 Portionen

Pro Portion:

E: 35 g, F: 61 g, Kh: 131 g, kJ: 5182, kcal: 1238

Für die Füllung:

2 Dosen	Mandarinen
	(Abtropfgewicht je 175 g)
1 Pck.	
(250 g)	backfertige Mohnfüllung
20 g	Hartweizengrieß
2	Eier (Größe M)
300 g	Doppelrahm-Frischkäse
20	Cannelloni (etwa 200 g), ohne Vorkochen

Für den Guss:

3	Eier (Größe M)
250 ml	
(¼ l)	Milch
200 g	Schlagsahne
30 g	Zucker
1 Msp.	geriebene Bio-Zitronen-schale

Für die Sauce:

500 ml	
(½ l)	Orangensaft
2 gestr. EL	Speisestärke
100 g	Orangenmarmelade
2–3 EL	Zitronensaft
1–2 EL	Zucker

Zubereitungszeit: 60 Minuten

Backzeit: etwa 35 Minuten

1. Den Backofen vorheizen. Für die Füllung Mandarinen abtropfen lassen. Mohnfüllung, Grieß, Eier und Frischkäse mit Handrührgerät mit Rührbesen verrühren. Mandarinen unterrühren. In einen Spritzbeutel (ohne Tülle) geben, in die Cannelloni spritzen. Diese in eine flache Auflaufform (etwa 2,5 l, gefettet) legen.

2. Für den Guss die Zutaten verrühren und in die Auflaufform gießen. Die Cannelloni sollten bedeckt sein. Die Form auf den Rost in den vorgeheizten Backofen schieben.

Ober-/Unterhitze: etwa 200 °C

Heißluft: etwa 180 °C

Backzeit: etwa 35 Minuten.

3. Für die Sauce 100 ml Orangensaft und Speisestärke verrühren. Orangenmarmelade und restlichen Orangen- und Zitronensaft aufkochen. Angerührte Speisestärke einrühren und aufkochen lassen. Mit Zucker abschmecken. Die Sauce heiß oder kalt zu den Cannelloni servieren.

Cappuccino-Parfait | Mit Alkohol
4 Portionen

Pro Portion:
E: 6 g, F: 33 g, Kh: 24 g, kJ: 1833, kcal: 437

3	Eigelb (Größe M)
70 g	Zucker
1 EL	Instant-Espressopulver
20 ml	Tia Maria (Kaffeelikör)
1 Tasse	Espresso
375 g	Schlagsahne
	Kakaopulver

Zubereitungszeit: 20 Minuten, ohne Gefrierzeit

1. Eigelb mit Zucker, Espressopulver, Likör und Espresso im heißen Wasserbad aufschlagen. Danach die Masse kalt schlagen.

2. 250 g Sahne steifschlagen und in 2 Portionen unterheben. Die Masse in 4 große, gefrierfeste Kaffeetassen ¾ voll einfüllen. Die Tassen abdecken. Die Creme zum Gefrieren ins Gefrierfach stellen. Gut durchkühlen lassen.

3. Das Parfait etwa 15 Minuten vor dem Servieren aus dem Gefrierfach nehmen. Die restliche Sahne halb steifschlagen und auf das Parfait geben. Leicht mit Kakao bestäubt servieren.

Tipp: Tia Maria ist ein jamaikanischer Kaffeelikör, Sie können ihn durch einen anderen Kaffee- oder Mokkalikör ersetzen.

Hinweis: Nur ganz frische Eier verwenden, die nicht älter als 5 Tage sind (Legedatum beachten!). Das fertige Cappuccino-Parfait innerhalb von 24 Stunden verzehren.

Cappuccino-Schichtcreme I
Raffiniert
6 Portionen

Pro Portion:
E: 4 g, F: 13 g, Kh: 24 g, kJ: 975, kcal: 233

4 Blatt	weiße Gelatine
375 ml	
(³/₈ l)	Milch
50 g	Zucker
1 Pck.	Dr. Oetker Vanillin-Zucker
200 g	Schlagsahne
2 EL	Milch
1–2 EL	Instant-Espressopulver
1 EL	Karamellsirup
	(in der Kaffeeabteilung
	großer Kaufhäuser)

Zum Beträufeln und Garnieren:

1–2 EL	Karamellsirup
2 TL	Schokostückchen
	gesiebter Puderzucker

Zubereitungszeit: 20 Minuten,
ohne Abkühl- und Kühlzeit

1. Gelatine nach Packungsanleitung in kaltem Wasser einweichen. Milch, Zucker und Vanillin-Zucker aufkochen, von der Kochstelle nehmen. Die Gelatine ausdrücken und in der heißen Milch auflösen. Abkühlen lassen und kalt stellen.

2. Sobald die Milch zu gelieren beginnt, die Sahne steifschlagen und unterheben. Die Hälfte der Creme abnehmen. Milch und Espressopulver erhitzen, mit einem Schneebesen aufschlagen und unter eine Hälfte der Creme rühren. Mit Sirup abschmecken.

3. Helle und dunkle Creme abwechselnd, in jeweils 2 Schichten, in 6 Grappa-Gläser füllen. Die Creme kühl stellen. Vor dem Servieren die Creme mit Sirup beträufeln und mit Schokostückchen und Puderzucker garnieren.

Tipp: Anstelle von Karamellsirup können Sie auch Amaretto oder Kaffeelikör verwenden.

Cassata | Beliebt – mit Alkohol
6 Portionen

Pro Portion:
E: 5 g, F: 26 g, Kh: 54 g, kJ: 2017, kcal: 481

> 400 ml **Himbeer-Sorbet**
> 2 EL **Maraschino**
> **(ital. Kirschlikör)**
> 300 ml **Karamell-Eis**
> 2 EL **Krokant**
> 50 g **Amarenakirschen**
> **(aus dem Glas)**
> 300 ml **Vanille-Eis**

Zum Garnieren:
> 250 g **Schlagsahne**
> 1–2 EL **Amarenakirschen (aus dem Glas)**

Zubereitungszeit: 35 Minuten, ohne Gefrierzeit

1. Eine gefrierfeste Rehrückenform (etwa 1 l Inhalt) etwa 1 Stunde ins Gefrierfach stellen. Himbeer-Sorbet und Likör verrühren, mit einem Teigschaber an die Wände der Form drücken, glattstreichen und etwa 30 Minuten ins Gefrierfach stellen.

2. Karamell-Eis und Krokant verrühren, auf die Schicht Himbeer-Sorbet streichen und etwa 30 Minuten ins Gefrierfach stellen.

3. Amarenakirschen abtropfen lassen, fein hacken, unter das Vanille-Eis rühren, in die Form füllen und glattstreichen. Das Ganze zugedeckt etwa 1 Stunde gefrieren lassen.

4. Vor dem Servieren die Form kurz in heißes Wasser tauchen, das Eis auf eine Platte stürzen. Die Sahne steifschlagen und in einen Spritzbeutel mit großer Sterntülle füllen. Die Cassata mit Schlagsahne und abgetropften Amarenakirschen garnieren.

Cassis-Sorbet | Einfach – mit Alkohol
4 Portionen

Pro Portion:
E: 1 g, F: 0 g, Kh: 21 g, kJ: 427, kcal: 102

> 150 g rote Johannisbeeren
> 150 g schwarze Johannisbeeren
> 50 g Zucker
> 2 cl Crème de cassis
> (Johannisbeerlikör)

Zum Garnieren:
> einige Johannisbeerrispen

Zubereitungszeit: 20 Minuten,
ohne Gefrier- und Antauzeit

1. Die Johannisbeeren abspülen, abtropfen lassen und von den Rispen streifen. Beeren mit Zucker im Mixer pürieren. Mit Likör abschmecken.

2. Das Püree durch ein Sieb streichen, in einen gefrierfesten Behälter füllen und zugedeckt mindestens 3 Stunden gefrieren lassen.

3. Sorbet etwa 15 Minuten vor dem Servieren im Kühlschrank antauen lassen, in einen Spritzbeutel mit großer Sterntülle füllen und in 4 Gläser spritzen. Das Sorbet mit Johannisbeerrispen garnieren.

Tipp: Das Püree etwa 2 Stunden gefrieren lassen und mit den Rührbesen des Handrührers kurz durchrühren. Das Halbgefrorene mit einem Eisportionierer oder Löffel in Gläser füllen, mit etwas Sekt auffüllen.

Charlotte Russe I
Etwas aufwändiger – mit Alkohol
6–8 Portionen

Pro Portion:
E: 10 g, F: 36 g, Kh: 37 g, kJ: 2246, kcal: 537

12 Blatt	*weiße Gelatine*
1	*Vanilleschote*
500 ml	
(½ l)	*Milch*
4	*Eigelb (Größe M)*
100 g	*Zucker*
1 Dose	*Aprikosen (Abtropfgewicht 250 g)*
2–3 EL	*Marillengeist*
12–15	*Löffelbiskuits*
500 g	*Schlagsahne*

Zum Garnieren:
150 g *Schlagsahne*

Zubereitungszeit: 45 Minuten,
ohne Abkühl- und Kühlzeit

1. 10 Blatt Gelatine nach Packungsanleitung einweichen.

2. Vanilleschote der Länge nach aufschneiden, das Mark herauskratzen. Milch mit Vanillemark zum Kochen bringen.

3. Eigelb und Zucker schaumig schlagen. Die heiße Milch nach und nach unter die Eigelbmasse schlagen. Die Gelatine ausdrücken und unter Rühren in der heißen Eigelb-Milch-Masse auflösen. Die Masse abkühlen lassen und kühl stellen.

4. Restliche Gelatine (2 Blatt) nach Packungsanleitung einweichen. Aprikosen abtropfen lassen und pürieren. Gelatine ausdrücken. Marillengeist und Gelatine in einem kleinen Topf bei schwacher Hitze erwärmen, bis die Gelatine aufgelöst ist. (Nicht kochen lassen!) Nach und nach das Aprikosenpüree unterrühren.

5. Eine Charlotte-Form mit geraden Wänden (etwa 1,5 l Inhalt) mit Löffelbiskuits auslegen. Den Boden der Charlotte-Form mit 3–4 Esslöffeln Aprikosenpüree bedecken. Die Form kalt stellen. Restliches Püree bei Zimmertemperatur aufbewahren.

6. Sobald die Eigelb-Milch-Masse zu gelieren beginnt, die Sahne steifschlagen und unterheben.

7. Ein Drittel der Creme in die Charlotte-Form geben, mit der Hälfte des restlichen Aprikosenpürees bestreichen, ⅓ der Creme, restliches Püree und übrige Creme nacheinander in die Form geben und mindestens 5 Stunden kalt stellen.

8. Die Charlotte-Form kurz in heißes Wasser tauchen. Die Charlotte aus der Form auf eine Platte stürzen.

9. Zum Garnieren die Sahne steifschlagen und in einen Spritzbeutel mit großer Sterntülle füllen. Die Charlotte mit Sahne garnieren.

Tipp: Wer die Charlotte ganz klassisch mag, verzichtet auf Marillengeist und Aprikosenmus.

Hinweis: Nur ganz frische Eier verwenden, die nicht älter als 5 Tage sind (Legedatum beachten!). Die fertige Speise im Kühlschrank aufbewahren und innerhalb von 24 Stunden verzehren.

Clafoutis (Französischer Kirschauflauf) | Raffiniert

4 Portionen

Pro Portion:
E: 11 g, F: 8 g, Kh: 96 g, kJ: 2207, kcal: 525

3 EL	Weizenmehl
2 EL	Puderzucker
200 ml	Milch
4	Eier (Größe M)
1 Pck.	Dr. Oetker Vanillin-Zucker
400 g	Kirschen

Zum Bestäuben:

2 EL Puderzucker

Zubereitungszeit: 55 Minuten
Backzeit: etwa 35 Minuten

1. Mehl und Puderzucker in eine Schüssel sieben. Mit Milch glattrühren. Eier und Vanillin-Zucker ebenfalls unterrühren. Den Backofen vorheizen.

2. Kirschen waschen, abtropfen lassen und entsteinen. In einer großen, flachen, Auflaufform (ø 28 cm, gefettet) verteilen, Teig darübergeben. Die Form auf dem Rost in den vorgeheizten Backofen schieben, auf mittlerer Schiene goldbraun backen.

Ober-/Unterhitze: etwa 180 °C
Heißluft: etwa 160 °C
Backzeit: etwa 35 Minuten.

3. Mit Puderzucker bestäuben, lauwarm servieren.

Tipp: In Frankreich werden die Kirschen meist nicht entsteint, dadurch bekommt der Auflauf noch mehr Aroma.

Cointreau-Creme auf
Ingwerbananen | Raffiniert – mit Alkohol
4–6 Portionen

Pro Portion:
E: 5 g, F: 20 g, Kh: 31 g, kJ: 1543, kcal: 369

Für die Ingwerbananen:

     3 Bananen
     3 Ingwerpflaumen
       (aus dem Glas)
  3–4 EL Orangensaft
  2–3 EL Cointreau (Orangenlikör)

Für die Cointreau-Creme:

  1 geh. TL gemahlene, weiße Gelatine
     2 EL kaltes Wasser
      ¹/₂ Vanilleschote
  125 ml
     (¹/₈ l) Milch
        2 Eigelb (Größe M)
     1 EL Zucker
     3 EL Cointreau (Orangenlikör)
   250 g Schlagsahne

Zum Garnieren:

     etwas Borkenschokolade

Zubereitungszeit: 30 Minuten,
ohne Durchzieh-, Quell- und Abkühlzeit

1. Bananen schälen, längs halbieren, in Scheiben schneiden. Ingwerpflaumen in kleine Würfel schneiden, mit den Bananenscheiben, Orangensaft und Cointreau vermengen und gut durchziehen lassen.

2. Gelatine und Wasser verrühren, Gelatine etwa 10 Minuten quellen lassen. Vanilleschote aufschlitzen, das Mark herauskratzen. Vanillemark und -stange in die Milch geben und aufkochen. Die Milch etwas abkühlen lassen. Vanilleschote entfernen.

3. Die Milch in eine Metallschüssel geben, Eigelb und Zucker hinzufügen. Zutaten im heißen Wasserbad 6–7 Minuten aufschlagen, bis die Masse dicklich ist. Gelatine dazugeben und unter Rühren darin auflösen.

4. Schüssel in ein kaltes Wasserbad setzen, die Masse gelegentlich durchschlagen, bis sie zu gelieren beginnt.

5. Likör unterrühren. Sahne steifschlagen und unterheben. Die Ingwerbananen in 4–6 Gläser verteilen, die Creme auf die Bananen geben und mindestens 1 Stunde kalt stellen. Das Dessert mit Borkenschokolade garnieren.

Crème au Caramel | Klassisch
6–8 Portionen

Pro Portion:
E: 6 g, F: 18 g, Kh: 32 g, kJ: 1321, kcal: 316

Für den Karamell:
>   100 g Zucker
>   1 EL Wasser
>   ½ TL Zitronensaft

Für die Creme:
>   250 ml
>   (¼ l) warme Milch
>   250 g warme Schlagsahne
>   100 g Zucker
>   ½ Pck. Dr. Oetker Bourbon-Vanille-Zucker
>   3 Eier (Größe M)
>   3 Eigelb (Größe M)

Zubereitungszeit: 20 Minuten,
ohne Abkühl- und Kühlzeit
Garzeit: etwa 50 Minuten

1. Für den Karamell Zucker, Wasser und Zitronensaft verrühren und unter Rühren erhitzen, bis sich der Zucker gelöst hat und braun ist. Den noch heißen Karamell in eine vorgewärmte, backofengeeignete Form geben und ausschwenken, bis die gesamte Form mit Karamell benetzt ist. Den Backofen vorheizen.

2. Für die Creme Milch, Sahne, Zucker und Vanille-Zucker aufkochen, umrühren und etwas abkühlen lassen. Eier und Eigelb verrühren, nach und nach die heiße Sahne-Milch unterrühren. Abkühlen lassen, bis sie lauwarm ist. Die Eier-Sahne-Milch in die Form gießen.

3. Form in die Fettfangschale des Backofens oder einen Bräter stellen. Die Fettfangschale oder den Bräter auf dem Rost in den vorgeheizten Backofen schieben.

4. So viel heißes Wasser in die Fettfangschale oder den Bräter gießen, dass die Form zu ⅓ oder ½ im Wasser steht. Die Creme im Wasserbad garen (das Wasser darf nicht kochen!).

Ober-/Unterhitze: etwa 140 °C
Heißluft: etwa 120 °C
Garzeit: etwa 50 Minuten.

5. Die Creme abkühlen lassen. Dann mindestens 4 Stunden kalt stellen.

6. Die Creme mit einem Messer vorsichtig am Formrand lösen und auf eine Platte stürzen.

Crème brûlée | Raffiniert

4 Portionen

Pro Portion:
E: 7 g, F: 28 g, Kh: 39 g, kJ: 1912, kcal: 457

Für die Creme:

60 g	Zucker
125 ml	
(1/8 l)	Milch
1/2	Vanilleschote
250 g	Schlagsahne
1 Prise	Salz
5	Eigelb (Größe M)
1–2	Orangen
1	rosa Grapefruit
40 g	brauner Zucker (Rohrzucker)
	Minzeblättchen

Zubereitungszeit: 35 Minuten,
ohne Abkühl- und Kühlzeit
Garzeit: etwa 25 Minuten

1. Für die Creme die Hälfte des Zuckers goldbraun karamellisieren und mit der Milch ablöschen. Das ausgekratzte Vanillemark und die -schote, Sahne und Salz zugeben. Die Sahnemilch so lange schwach kochen lassen, bis der Karamell gelöst ist. Gelegentlich umrühren. Den Backofen vorheizen.

2. Eigelb mit dem restlichen Zucker mit einem Schneebesen gut verrühren (nicht schaumig schlagen), die Karamellflüssigkeit nach und nach unterrühren. Die Masse durch ein feines Sieb in 4 backofengeeignete Förmchen oder kleine Suppenteller füllen (die Masse sollte etwa 3 cm hoch sein).

3. Eine Fettfangschale dick mit Papier auslegen, die Förmchen daraufstellen und so viel heißes Wasser zugießen, dass die Förmchen (Teller) zu 1/3 im Wasser stehen. Die Fettfangschale in den vorgeheizten Backofen schieben.

Ober-/Unterhitze: etwa 160 °C
Heißluft: etwa 140 °C
Garzeit: etwa 25 Minuten.

4. Die Förmchen (Teller) herausnehmen, abkühlen lassen, dann im Kühlschrank gut durchkühlen lassen.

5. Orangen und Grapefruit mit einem Messer so schälen, dass die weiße Haut ganz entfernt wird. Die Filets aus den Trennhäuten schneiden. Den Grill des Backofens vorheizen.

6. Die Oberfläche der Creme mit Rohrzucker bestreuen und unter dem vorgeheizten Grill des Backofens überbacken, bis der Zucker karamellisiert. Die Fruchtfilets auf der Oberfläche anrichten, mit Minze garnieren und sofort servieren.

Cremeschnitten mit Blätterteig I

Schnell – einfach – mit Alkohol

10 Stück

Pro Stück:
E: 4 g, F: 28 g, Kh: 54 g, kJ: 2087, kcal: 499

    1 Pck.
(450 g) TK-Blätterteig
        (10 quadratische Scheiben)

Für den Guss:
    100 g gesiebter Puderzucker
      2 EL Zitronensaft
      50 g Zartbitter-Kuvertüre

Für die Füllung:
    300 g Himbeeren
    300 g Himbeerkonfitüre
    500 g Schlagsahne
    2 Pck. Dr. Oetker Sahnesteif

    2 Pck. Dr. Oetker Vanillin-Zucker
      2 EL Himbeergeist

Zubereitungszeit: 30 Minuten,
ohne Auftau-, Ruhe- und Kühlzeit
Backzeit: etwa 15 Minuten je Backblech

1. Blätterteigplatten nebeneinander nach Packungs-anleitung auftauen lassen und auf 2 Backbleche (mit Backpapier belegt) legen. Teigplatten mit einer Gabel mehrfach einstechen. Teigkanten mit einem Messer gerade schneiden. Platten etwa 15 Minuten ruhen lassen. Den Backofen vorheizen.

2. Die Backbleche nacheinander (bei Heißluft zusam-men) in den vorgeheizten Backofen schieben.

Ober-/Unterhitze: etwa 180 °C
Heißluft: etwa 160 °C
Backzeit: etwa 15 Minuten je Backblech.

3. Die Blätterteigplatten mit dem Backpapier von den Backblechen auf einen Kuchenrost ziehen und erkalten lassen. Jede Blätterteigplatte mit einem Sägemesser vorsichtig waagerecht durchschneiden.

4. Für den Guss Puderzucker mit Zitronensaft ver-rühren und in einen kleinen Gefrierbeutel füllen. Eine kleine Ecke abschneiden. Den Zitronenguss auf die oberen Gebäckhälften sprenkeln. Etwas antrocknen lassen.

5. Kuvertüre grob hacken, in einem kleinen Topf im Wasserbad bei schwacher Hitze zu einer geschmei-digen Masse verrühren. Kuvertüre in einen kleinen Gefrierbeutel füllen, eine kleine Spitze abschneiden. Die Kuvertüre ebenfalls auf die oberen Gebäckhälften sprenkeln. Trocknen lassen.

6. Für die Füllung die Himbeeren verlesen, evtl. ab-spülen und trocken tupfen. Himbeerkonfitüre auf die unteren Gebäckteile streichen. Himbeeren darauf verteilen. Sahne mit Sahnesteif und Vanillin-Zucker steifschlagen. Himbeergeist unterrühren. Die Sahne in einen Spritzbeutel mit Sterntülle füllen und auf die mit Himbeeren belegten Blätterteighälften spritzen. Obere Teighälften darauflegen und sofort servieren.

Crêpes mit Quark-Bananen-Füllung | Für Kinder

6 Stück

Pro Stück:
E: 12 g, F: 24 g, Kh: 46 g, kJ: 1911, kcal: 456

Für die Crêpes:

40 g	Butter
130 g	Weizenmehl
2	Eier (Größe M)
150 ml	Milch
100 g	Schlagsahne
2 EL	Zucker

Für die Füllung:

250 g	Magerquark
2 EL	Schlagsahne
2 EL	brauner Zucker (Rohrzucker)
1 Pck.	Dr. Oetker Vanillin-Zucker
1 EL	Zitronensaft
2	Bananen
60 g	Rosinen
60 g	Butter
3 EL	Raspelschokolade

Zubereitungszeit: 40 Minuten, ohne Ruhezeit

1. Für die Crêpes Butter in einer kleinen Pfanne zerlassen und etwas abkühlen lassen. Mehl in eine Rührschüssel sieben. Eier mit Milch, Sahne und Zucker verschlagen. Eiermilch nach und nach unter Rühren zum Mehl geben. Darauf achten, dass keine Klümpchen entstehen. Flüssige Butter unter den Teig rühren. Teig etwa 30 Minuten ruhen lassen.

2. Für die Füllung Quark mit Sahne, Zucker, Vanillin-Zucker und Zitronensaft verrühren. Bananen schälen, in dünne Scheiben schneiden und mit den Rosinen unter die Quarkmischung heben.

3. Etwas Butter in einer Pfanne (Ø 28 cm) zerlassen. Teig gut durchrühren und 1 dünne Teiglage mit einer drehenden Bewegung gleichmäßig auf dem Boden der Pfanne verteilen. Crêpe von beiden Seiten goldgelb backen und warm stellen. Bevor die Crêpe gewendet wird, etwas Butter in die Pfanne geben. Danach aus dem restlichen Teig weitere 5 Crêpes backen.

4. Jede Crêpe zur Hälfte mit der Quark-Bananen-Füllung belegen. Die unbelegte Hälfte auf die Füllung klappen und dann zu einem Dreieck zusammenklappen, so dass eine Tasche entsteht.

5. Crêpes mit Raspelschokolade bestreut servieren.

Crêpes Suzette | Klassisch – mit Alkohol
4 Portionen

Pro Portion:
E: 11 g, F: 44 g, Kh: 51 g, kJ: 2768, kcal: 663

Für die Crêpes:

2	Eier (Größe M)
125 ml	
(1/8 l)	Milch
100 g	Weizenmehl
1 Prise	Salz
	Mineralwasser
20 g	Butter
1	Bio-Orange
	(unbehandelt, ungewachst)
40 g	Butter
2 EL	Zucker
1 EL	Zitronensaft
40 ml	Orangenlikör

Für die Schokoladensauce:

150 g	Zartbitter-Schokolade
6 EL	Wasser
1 EL	Butter
1 Becher	
(150 g)	Crème fraîche
1 EL	gesiebter Puderzucker

Zubereitungszeit: 45 Minuten, ohne Ruhezeit

1. Eier mit Milch, gesiebtem Mehl und Salz zu einem Teig verrühren und etwa 30 Minuten ruhen lassen. Den Teig mit Wasser verdünnen.

2. Etwas Butter in einer Pfanne (Ø 28 cm) zerlassen und darin nach und nach 8 dünne Crêpes ausbacken. Jede Crêpe zu einem Dreieck zusammenschlagen.

3. Die Orange heiß abspülen und trocken tupfen. Die Schale mit einem Zestenreißer in dünnen Streifen abziehen. Butter mit Zucker und Zitronensaft in einer Pfanne zerlassen. Orangenschale dazugeben.

4. Zusammengelegte Crêpes darin wenden. Orangenlikör erhitzen, über die heißen Crêpes gießen und anzünden.

5. Für die Schokoladensauce Schokolade in Stücke brechen, mit Wasser in einem kleinen Topf unter Rühren auflösen. Butter hinzufügen.

6. Crème fraîche leicht aufschlagen und den Puderzucker unterrühren. Die Creme unter die Schokoladenmasse rühren und unter Rühren kurz erhitzen.

7. Schokoladensauce zu den Crêpes servieren.

Crêpes-Auflauf mit Sauerkirschen
I Dauert länger
4 Portionen

Pro Portion:
E: 13 g, F: 36 g, Kh: 58 g, kJ: 2635, kcal: 629

Für die Crêpes:
- 50 g Weizenmehl
- 1 Prise Salz
- 1 Ei (Größe M)
- 125 ml
- (⅛ l) Flüssigkeit (halb Milch, halb Mineralwasser)
- 20 g Butter
- 50 g weiche Butter
- 40 g Zucker
- 4 Eier (Größe M)
- 125 ml
- (⅛ l) Milch
- 125 g Schlagsahne
- 2 Gläser Sauerkirschen (Abtropfgewicht je 350 g)

Zum Bestreuen:
- 1 EL Puderzucker

Zubereitungszeit: 40 Minuten, ohne Ruhezeit
Backzeit: etwa 40 Minuten

1. Für die Crêpes Mehl sieben, mit Salz mischen und mit Ei und Milch-Wasser-Gemisch zu einem glatten Teig verrühren. Etwa 1 Stunde ruhen lassen.

2. Etwas Butter in einer Pfanne zerlassen, eine dünne Teiglage hineingeben und von beiden Seiten goldgelb backen. Aus dem übrigen Teig auf die gleiche Weise 3 weitere Crêpes backen.

3. Butter mit Zucker in einer Schüssel verrühren, die Eier nach und nach unterrühren. Milch und Sahne unter Rühren zu der Masse geben.

4. Die Kirschen in einem Sieb abtropfen lassen.

5. Die Crêpes in Streifen schneiden. Den Backofen vorheizen.

6. Die Kirschen (nach Belieben einige zum Garnieren zurücklassen) und die Crêpesstreifen in eine Auflaufform (gefettet) geben, die Milch-Sahne-Masse darauf verteilen und auf dem Rost in den vorgeheizten Backofen schieben.

Ober-/Unterhitze: etwa 180 °C
Heißluft: etwa 160 °C
Backzeit: etwa 40 Minuten
(evtl. die letzten 10 Minuten mit Backpapier zudecken).

7. Dann den Auflauf evtl. mit den zurückgelassenen Kirschen garnieren, mit Puderzucker bestreuen und servieren.

Dattelcreme | Raffiniert

4–6 Portionen

Pro Portion:
E: 10 g, F: 22 g, Kh: 46 g, kJ: 1820, kcal: 435

200 g	*Datteln*
250 ml	
(¹/₄ l)	*Wasser*
2 EL	*schwarzer Tee (Teeblätter)*
4	*Eier (Größe M)*
100 g	*brauner Zucker (Rohrzucker)*
4 Blatt	*weiße Gelatine*
250 ml	
(¹/₄ l)	*Milch*
	geriebene Muskatnuss
250 g	*Schlagsahne*

Zubereitungszeit: 20 Minuten, ohne Abkühlzeit

1. Die Datteln enthäuten, halbieren und entkernen. Das Wasser aufkochen und auf die Teeblätter gießen.

Den Tee etwa 3 Minuten ziehen lassen, durch ein Sieb auf die Datteln gießen und erkalten lassen.

2. Die Datteln im Tee pürieren. Eier mit Rohrzucker schaumig schlagen. Die Gelatine nach Packungsanleitung in kaltem Wasser einweichen. Die Milch erhitzen und nach und nach unter die Eiermasse rühren.

3. Die Eiermilch und das Dattelpüree in eine Rührschüssel geben und über dem heißen Wasserbad zu einer dicklichen Creme aufschlagen. Die Gelatine ausdrücken und unter Rühren in der Creme auflösen.

4. Die Creme aus dem Wasserbad nehmen, mit Muskat abschmecken und unter gelegentlichem Rühren abkühlen lassen, bis sie zu gelieren beginnt.

5. Die Sahne steifschlagen und unter die Dattelcreme heben. Die Dattelcreme kalt stellen.

Tipp: Die Creme als Nocken auf Orangenscheiben anrichten und mit Orangenschale garnieren.

Datteln in Marsala I

Gut vorzubereiten – mit Alkohol

4 Portionen

Pro Portion:
E: 12 g, F: 9 g, Kh: 48 g, kJ: 1103, kcal: 264

500 g	*Datteln*
500 ml	
(½ l)	*Marsala (ital. Dessertwein)*
1	*Zimtstange*
1 EL	*Zucker*
1 EL	*Ingwersirup*
einige	*Minzeblättchen*

Zum Garnieren:

geröstete Pinienkerne
1 *Minzezweig*

Zubereitungszeit: 20 Minuten, ohne Kühlzeit

1. Datteln längs aufschneiden und entkernen.

2. Wein mit Zimtstange, Zucker, Ingwersirup und Minzeblättchen erhitzen.

3. Datteln in eine Schüssel geben, mit dem gewürzten Wein übergießen und im Kühlschrank auskühlen lassen.

4. Vor dem Servieren mit gerösteten Pinienkernen und einem Minzezweig garnieren.

Tipp: Marsalawein ist ein italienischer Dessertwein. Sollten Sie ihn nicht bekommen, können Sie auch einen roten Portwein oder Sherry verwenden. Das Dessert lässt sich gut im Voraus zubereiten und schmeckt gut zu Vanille-Eis oder Grießcreme. Die Pinienkerne sollten erst kurz vor dem Servieren auf die Datteln gestreut werden, damit sie knusprig bleiben.

Dattel-Weincreme auf Florentinern | Raffiniert – mit Alkohol
12 Stück

Pro Stück:
E: 7 g, F: 29 g, Kh: 44 g, kJ: 1995, kcal: 477

Für den Knetteig:
- 180 g Weizenmehl
- 1 Prise Salz
- 80 g Zucker
- 100 g kalte Butter
- 1 Ei (Größe M)

Für den Belag:
- 40 g Butter
- 80 g Zucker
- 2 EL Honig
- 125 g Schlagsahne
- 200 g Mandelblättchen
- 5 geschälte, gehackte Datteln

Für die Dattel-Weincreme:
- 3 Blatt weiße Gelatine
- 100 ml Weißwein
- 250 g Schlagsahne
- 2 EL Zucker

- 12 geschälte, halbierte Datteln

Zubereitungszeit: 60 Minuten, ohne Kühl- und Abkühlzeit
Backzeit: etwa 15 Minuten

1. Für den Teig Mehl mit Salz, Zucker, Butter und Ei zu einem Teig verkneten. Teig zugedeckt mindestens 2 Stunden kühl ruhen lassen. Den Teig dünn ausrollen, Kreise (Ø etwa 11 cm) daraus ausstechen und auf ein Backblech (mit Backpapier belegt) legen.

2. Für den Belag Butter, Zucker und Honig in einen Topf geben, bei mittlerer Hitze unter Rühren karamellisieren lassen, mit Schlagsahne verrühren, wieder zum Kochen bringen und kochen lassen, bis die Masse dicklich wird. Mit Mandeln und Datteln vermengen. Die Masse abkühlen lassen und auf die Teigkreise geben. Den Backofen vorheizen.

3. Das Backblech auf der mittleren Schiene in den vorgeheizten Backofen schieben.

Ober-/Unterhitze: etwa 180 °C
Heißluft: etwa 160 °C
Backzeit: etwa 15 Minuten.

4. Für die Dattel-Weincreme Gelatine nach Packungsanleitung in kaltem Wasser einweichen. Weißwein erwärmen. Gelatine ausdrücken, zum Weißwein geben und bei schwacher Hitze erwärmen, bis sich die Gelatine gelöst hat. Im kalten Wasserbad abkühlen lassen.

5. Sobald der Wein zu gelieren beginnt, die Sahne mit Zucker steifschlagen und unterheben.

6. Kurz bevor die Creme fest wird, die Creme in einen Spritzbeutel mit Sterntülle füllen und auf die Florentiner spritzen. Mit halbierten Datteln garnieren.

Dickmilch-Himbeer-Speise I

Erfrischend

4–6 Portionen

Pro Portion:
E: 6 g, F: 4 g, Kh: 29 g, kJ: 741, kcal: 178

    450 g TK-Himbeeren
    6 Blatt weiße Gelatine
    500 g Dickmilch
    75 g gesiebter Puderzucker
    2 EL Zitronensaft

Zum Garnieren:
    1 Bio-Zitrone
    (unbehandelt, ungewachst)

Zubereitungszeit: 25 Minuten,
ohne Antau-, Abkühl- und Kühlzeit

1. Himbeeren etwas antauen lassen. Gelatine in kaltem Wasser nach Packungsanleitung einweichen. Dickmilch mit 50 g Puderzucker und Zitronensaft verrühren.

2. Gelatine leicht ausdrücken, in einem kleinen Topf unter Rühren erwärmen (nicht kochen lassen), bis sie völlig gelöst ist. Gelatine etwas abkühlen lassen und mit etwas von der Dickmilchmischung verrühren, dann unter die restliche Dickmilchmischung rühren.

3. Die Hälfte der Himbeeren mit dem restlichen Puderzucker pürieren, nach Belieben durch ein Sieb streichen und als Sauce beiseitestellen.

4. Sobald die Dickmilchmasse anfängt zu gelieren, die restlichen Himbeeren unterrühren und die Masse in 4–6 Förmchen oder Tassen geben. Die Förmchen oder Tassen etwa 2 Stunden kalt stellen, bis die Masse fest geworden ist.

5. Die Förmchen kurz in heißes Wasser tauchen. Die Creme am Rand evtl. mit einem schmalen Messer vorsichtig lösen und die Dickmilch-Himbeer-Speise auf Dessertteller stürzen.

6. Die Zitrone heiß abspülen und trocken tupfen. Die Zitronenschale dünn schälen, in feine Streifen schneiden und auf das Dessert streuen. Mit den pürierten Himbeeren als Sauce servieren.

Abwandlung: Anstelle von Himbeeren können Sie die Spelse auch mit Erdbeeren oder Heidelbeeren zubereiten.

Dinkelpfannkuchen mit Äpfeln I

Raffiniert

4 Portionen

Pro Portion:

E: 19 g, F: 43 g, Kh: 73 g, kJ: 3295, kcal: 786

4	Eier (Größe M)
200 g	Dinkelvollkornmehl
375 ml	
(3/8 l)	Milch
1 Prise	Salz
500 g	säuerliche Äpfel
1–2 EL	Zitronensaft
50 g	Zucker
80 g	Apfelkraut
	(fruchtiger Brotaufstrich)
1 EL	Wasser
50 g	Butterschmalz
1 Becher	
(250 g)	Schmand (Sauerrahm)

Zubereitungszeit: 45 Minuten, ohne Ruhezeit

1. Eier trennen. Mehl in eine Rührschüssel geben, nach und nach Milch, Eigelb und Salz hinzufügen und zu einem glatten Teig verrühren. etwa 15 Minuten stehen lassen.

2. Äpfel waschen und vierteln. Kerngehäuse entfernen. Apfelviertel auf dem Gemüsehobel der Länge nach in dünne Scheiben hobeln. Zitronensaft und 30 g Zucker untermischen. Apfelkraut und Wasser verrühren.

3. Eiweiß steifschlagen. Übrigen Zucker unter Rühren einstreuen. Eischnee unter den Dinkelteig heben. Für jeden Pfannkuchen etwas Butterschmalz in einer Pfanne (ø 18 cm) erhitzen. 1/8 des Teiges hineingeben und von beiden Seiten etwa 4 Minuten goldbraun backen.

4. Jeden Pfannkuchen mit Schmand bestreichen, Apfelscheiben daraufgeben und mit Apfelkraut beträufeln.

Tipp: Statt Schmand Crème fraîche verwenden.

Diplomatencreme I

Für Gäste – mit Alkohol

6 Portionen

Pro Portion:

E: 7 g, F: 20 g, Kh: 54 g, kJ: 1881, kcal: 449

1 Pck.	Dr. Oetker Pudding-Pulver Vanille-Geschmack
50 g	Zucker
500 ml	
(½ l)	Milch
40 g	gewürfeltes Zitronat (Sukkade)
125 g	Rosinen
1 TL	Zucker
4 EL	Wasser
250 g	Schlagsahne
1 Pck.	Dr. Oetker Vanillin-Zucker
100–125 g	Löffelbiskuits
2–3 EL	brauner Rum
50 g	Zartbitter-Raspelschokolade

Zubereitungszeit: 50 Minuten, ohne Abkühlzeit

1. Aus Pudding-Pulver, Zucker und Milch nach Packungsanleitung einen Pudding zubereiten. Pudding in eine Schüssel füllen, direkt Frischhaltefolie auf die Puddingoberfläche legen. Pudding abkühlen lassen.

2. Zitronat mit Rosinen, Zucker und Wasser bei schwacher Hitze so lange kochen lassen, bis das Wasser verdampft ist.

3. Sahne mit Vanillin-Zucker steifschlagen. Den Pudding durchrühren und anschließend Sahne in mehreren Portionen unter den erkalteten, noch weichen Pudding heben.

4. Löffelbiskuits auf der ungezuckerten Seite mit Rum beträufeln. Abwechselnd jeweils ⅓ der Creme, ⅓ der Löffelbiskuits, der Zitronat-Rosinen-Mischung und der Schokolade in eine Glasschale schichten. Die Creme mit Zitronat-Rosinen-Mischung garnieren.

Dornröschencreme I
Kalorienarm – erfrischend

4 Portionen

Pro Portion:
E: 7 g, F: 9 g, Kh: 18 g, kJ: 772, kcal: 185

5 Blatt	weiße Gelatine
500 ml	
(½ l)	Buttermilch
150 g	Himbeeren (frisch oder TK)
	abgeriebene Schale von etwa
½	Bio-Zitrone (unbehandelt, ungewachst)
40 g	feiner Zucker
1	Vanilleschote
100 g	Schlagsahne

Zubereitungszeit: 20 Minuten, ohne Abkühl- und Kühlzeit

1. Die Gelatine in etwas kaltem Wasser einweichen. Die Vanilleschote aufschlitzen und das Mark herauskratzen.

2. Buttermilch und Himbeeren (frische Himbeeren verlesen, tiefgekühlte auftauen lassen) mischen und mit Zitronenschale, Zucker und dem ausgekratzten Vanillemark abschmecken.

3. Die Gelatine leicht ausdrücken, in einem kleinen Topf bei schwacher Hitze auflösen und etwas abkühlen lassen. Die Gelatine unter die Beerenmilch rühren und kalt stellen.

4. Die Sahne steifschlagen. Sobald die Beerenmilch dicklich wird, die Schlagsahne mit einem Schneebesen unterheben.

Tipp: Die Creme mit Himbeeren, Puderzucker und Keksröllchen, z.B. Cigarettes Russes, garnieren.

Drei-Schichten-Pudding I
Etwas aufwändiger – mit Alkohol
18–20 Portionen

Pro Portion:
E: 7 g, F: 57 g, Kh: 25 g, kJ: 2846, kcal: 680

Für die Schokoladencreme:
5 Blatt weiße Gelatine
300 g Blockschokolade
250 ml
(¼ l) Milch
1 kg Schlagsahne
evtl. etwas Zucker oder Puderzucker

Für die Eierlikörcreme:
6 Blatt weiße Gelatine
1 kg Schlagsahne
2 Pck. Dr. Oetker Vanillin-Zucker
250 ml
(¼ l) Eierlikör

Für die Kirschlikörcreme:
5–6 Blatt weiße Gelatine
1 kg Schlagsahne
150 ml Kirschlikör

Zum Bestreuen:
Raspelschokolade

Zubereitungszeit: 60 Minuten, ohne Kühlzeit

1. Für die Schokoladencreme die Gelatine etwa 10 Minuten in kaltem Wasser einweichen.

2. Die Schokolade in heißer Milch unter Rühren auflösen. Die Gelatine nach Packungsanleitung auflösen und unterrühren. Anschließend die Schokoladencreme kalt stellen.

3. Sobald die Schokoladencreme beginnt dicklich zu werden, Sahne steifschlagen und vorsichtig unterheben. Nach Belieben mit Zucker oder Puderzucker nachsüßen.

4. Die Schokoladenmasse in eine große Glasschale oder 2 mittelgroße Glasschalen füllen und kalt stellen.

5. Für die Eierlikörcreme die Gelatine etwa 10 Minuten in kaltem Wasser einweichen. Die Sahne steifschlagen und Vanillin-Zucker und Eierlikör unterrühren.

6. Die Gelatine nach Packungsanleitung auflösen und vorsichtig unter die Eierlikörsahne heben. Die Masse vorsichtig auf die Schokoladencreme streichen und kalt stellen.

7. Für die Kirschlikörcreme Gelatine in kaltem Wasser etwa 10 Minuten einweichen. Die Sahne steifschlagen und mit Kirschlikör unterrühren, evtl. süßen.

8. Die Gelatine nach Packungsanleitung auflösen und vorsichtig unter die Kirschlikörsahne heben. Die Creme auf die Eierlikörsahne streichen und wieder kalt stellen. Vor dem Servieren mit Raspelschokolade bestreuen.

Tipp: Sie können den Pudding auch in Portionsschälchen anrichten.

Eierpfannkuchen mit Erdbeerjoghurt | Mit Alkohol – für Gäste
4–6 Portionen

Pro Portion:
E: 18 g, F: 31 g, Kh: 59 g, kJ: 2552, kcal: 610

Für die Pfannkuchen:

250 g	Weizenmehl
500 ml	
(½ l)	Milch
4	Eigelb (Größe M)
1 Prise	Salz
1 Prise	Ingwerpulver
1 EL	Zucker
4	Eiweiß (Größe M)
60–80 g	Butterschmalz oder Speiseöl

Für den Erdbeerjoghurt:

500 g	Erdbeeren
2 EL	Zucker
1 Pck.	Dr. Oetker Vanillin-Zucker
einige	
Tropfen	Weinbrand
250 g	Joghurt
2 EL	gehackte Haselnusskerne
2 EL	gehackte Pistazienkerne

Zubereitungszeit: 50 Minuten, ohne Quell- und Durchziehzeit

1. Mehl in eine Schüssel sieben, mit Milch, Eigelb, Salz, Ingwerpulver und Zucker zu einem glatten Teig verrühren und etwa 30 Minuten quellen lassen.

2. Eiweiß sehr steifschlagen und unter den Teig heben. Für jeden Pfannkuchen etwas Fett in einer beschichteten Pfanne (Ø etwa 24 cm) erhitzen und 1 Portion Teig hineingeben. Etwa 12 Pfannkuchen backen und warm stellen.

3. Für den Erdbeerjoghurt die Erdbeeren putzen, waschen, gut abtropfen lassen und halbieren oder in Scheiben schneiden. Die Erdbeeren mit Zucker und Vanillin-Zucker bestreuen und mit Weinbrand beträufeln. Zugedeckt im Kühlschrank mindestens 10–15 Minuten ziehen lassen.

4. Anschließend die Erdbeeren mit dem Joghurt, den Haselnusskernen und den Pistazienkernen vermischen. Die Erdbeeren je nach Geschmack mit Zucker süßen.

5. Die Pfannkuchen mit Erdbeerjoghurt anrichten und servieren.

Eierpfannkuchentürmchen | Beliebt

4 Portionen

Pro Portion:
E: 21 g, F: 41 g, Kh: 63 g, kJ: 2925, kcal: 698

Für den Pfannkuchenteig:

75 g	Weizenmehl
8	Eier (Größe M)
100 ml	Milch
40 g	Puderzucker
1 Prise	Salz

Für die Füllung:

4 EL	Nuss-Nougat-Creme
3 EL	Milch oder Schlagsahne

Außerdem:

5 EL	Speiseöl (z. B. Sonnenblumenöl)
120 g	Vitalis Knusper Honeys

Zubereitungszeit: 40 Minuten, ohne Ruhezeit

1. Für den Pfannkuchenteig Mehl in eine Rührschüssel sieben. Eier mit Milch, Puderzucker und Salz verschlagen, nach und nach unter Rühren zum Mehl geben. Darauf achten, dass keine Klümpchen entstehen. Den Teig 20–30 Minuten ruhen lassen.

2. Für die Füllung Nuss-Nougat-Creme mit Milch oder Sahne glattrühren.

3. Etwas Öl in einer beschichteten Pfanne (Ø 20 cm) erhitzen. Teig gut durchrühren und 1 Teiglage mit einer drehenden Bewegung gleichmäßig auf dem Boden der Pfanne verteilen. Den Pfannkuchen bei mittlerer Hitze von beiden Seiten goldbraun backen. Bevor der Pfannkuchen gewendet wird, etwas Öl in die Pfanne geben. Aus dem Teig insgesamt 8 Pfannkuchen backen und warm stellen.

4. Jeden Pfannkuchen auf einer Seite mit der Nuss-Nougat-Creme bestreichen, die Pfannkuchen zu einem Türmchen aufeinanderlegen. Das Türmchen mit Knusper Honeys bestreuen und sofort servieren.

Eisbergtorte „Titanic" I

Für Gäste – für Kinder
4–6 Portionen

Pro Portion:
E: 6 g, F: 18 g, Kh: 45 g, kJ: 1544, kcal: 369

4 Baiserschalen (je 25 g)
100 g Zartbitter-Schokolade
500 ml (½ l) Schokoladen-Eiscreme
300 ml Vanille-Eiscreme mit
Schokoladensplittern

Zubereitungszeit: 20 Minuten,
ohne Kühl-, Antau- und Gefrierzeit

1. Die Baiserschalen grob zerkrümeln. Gut die Hälfte davon auf dem Boden einer Springform (Ø 24 cm, gefettet, mit Backpapier belegt) verteilen.

2. Die Schokolade im Wasserbad schmelzen. Einen Teil der Schokolade picassoartig über die Krümel sprenkeln, etwa 20 Minuten in den Kühlschrank stellen.

3. Die Hälfte der Schokoladen-Eiscreme antauen lassen, etwas geschmeidig rühren, und auf die Baiserkrümel streichen. Restliche Schokoladen-Eiscreme und Vanille-Eiscreme in Scheiben schneiden und durcheinander, zu einem Berg auf die Schokoladen-Eiscreme legen.

4. Restliche Baiserkrümel daraufstreuen, mit restlicher Schokolade besprenkeln.

5. Mehrere Stunden gefrieren lassen.

Tipp: Aufgetaute und wieder eingefrorene Eiscreme können Sie nicht noch einmal einfrieren und sollten Sie möglichst innerhalb eines Tages verwenden.

Eisbombe „Bismarck" I

Für Gäste – mit Alkohol
8 Portionen

Pro Portion:
E: 5 g, F: 43 g, Kh: 57 g, kJ: 2759, kcal: 659

4	*Eigelb (Größe M)*
150 g	*Zucker*
2 Pck.	*Dr. Oetker Vanillin-Zucker*
75 ml	*Milch*
500 g	*Schlagsahne*
2 EL	*Aprikosenlikör*
25 g	*abgezogene, gemahlene Mandeln*
1 Dose	*Aprikosen (Abtropfgewicht 480 g)*
2	*Eigelb (Größe M)*
50 g	*Zucker*
500 g	*Schlagsahne*

Für das Baiser:

2	*Eiweiß (Größe M)*
100 g	*feiner Zucker*

Zum Garnieren:

steifgeschlagene Schlagsahne
Aprikosenspalten
gehobelte Schokolade

Zubereitungszeit: 35 Minuten, ohne Gefrierzeit
Backzeit: 70–100 Minuten

1. Eigelb mit Zucker, Vanillin-Zucker und Milch im heißen Wasserbad etwa 5 Minuten mit Handrührgerät mit Rührbesen cremig schlagen. Schüssel aus dem Wasserbad nehmen und Masse kalt schlagen.

2. Sahne steifschlagen. Aprikosenlikör, Mandeln und Sahne unter die Masse heben und in 2 Portionen in der Eismaschine gefrieren lassen. Die Wände einer Eisbombenform (etwa 1,5 l Inhalt) mit einer Eisportion ausstreichen, so dass die Mitte leer bleibt.

3. Aprikosen in einem Sieb abtropfen lassen und pürieren. Eigelb mit Zucker im heißen Wasserbad cremig schlagen und das Aprikosenpüree unterheben.

4. Sahne steifschlagen und unterheben, so dass Schlieren sichtbar bleiben. Die Masse in die Mitte der Eisbombenform füllen, glattstreichen und mindestens 6 Stunden gefrieren lassen.

5. Den Backofen vorheizen. Für das Baiser Eiweiß mit Handrührgerät mit Rührbesen auf höchster Stufe steifschlagen. Nach und nach Zucker unterschlagen. So steifschlagen, dass ein Messerschnitt sichtbar bleibt. Die Masse in einen Spritzbeutel mit Sterntülle füllen und Tupfen auf ein Backblech (mit Backpapier belegt) spritzen. Das Backblech in den vorgeheizten Backofen schieben.

Ober-/Unterhitze: etwa 120 °C
Heißluft: etwa 100 °C
Backzeit: 70–100 Minuten.

6. Die Baisertupfen erkalten lassen. Nach Belieben einige Baiser zerbröseln. Die Eisbombe auf eine Servierplatte stürzen, mit Sahne, Aprikosenspalten, Baisertupfen und gehobelter Schokolade garnieren.

Tipp: Schneller und einfacher ist es, gekaufte Baiserschalen zu verwenden. Wer keine Eismaschine besitzt, kann die Eisbombe auch in einer Schüssel gefrieren lassen, dabei alle 30 Minuten kräftig mit dem Schneebesen durchschlagen.

Hinweis: Nur ganz frische Eier verwenden, die nicht älter als 5 Tage sind (Legedatum beachten!).

Eiscreme-Torteletts I

Schnell – mit Alkohol

4 Portionen

Pro Portion:

E: 4 g, F: 13 g, Kh: 33 g, kJ: 1290, kcal: 308

4	Knetteig-Torteletts
2 EL	Himbeerkonfitüre
4	Kugeln Himbeer- oder Vanille-Eis
80 g	geschlagene Sahne
1 EL	abgezogene, gehobelte Mandeln
80 ml	Eierlikör
einige	verlesene Himbeeren

Zubereitungszeit: 15 Minuten

1. Die Torteletts mit Himbeerkonfitüre ausstreichen. Darauf das Eis portionieren und jeweils einen Sahnering auf die Tortelettränder spritzen.

2. Die Mandelblättchen in den Sahnerand einstecken und die Torteletts jeweils zu einem Drittel mit dem Eierlikör überziehen. Mit frischen Himbeeren servieren.

Tipp: Für eine herbstliche Variante können Sie die Törtchen auch mit Feigenkonfitüre ausstreichen und anstelle von Vanille-Eis Walnuss- oder Pecannuss-Eiscreme oder Eis mit Schokoladen-Chips verwenden. Zum Garnieren eignen sich dann frische Feigen, Orangenspalten oder reife Birnen.

Eisfrüchte | Raffiniert

4 Portionen

Pro Portion:
E: 3 g, F: 27 g, Kh: 37 g, kJ: 1746, kcal: 418

je 125 g Johannisbeeren, Himbeeren
und Heidelbeeren
(frisch oder TK)
6 EL Zucker
350 g Schlagsahne

Zum Garnieren:
frische Früchte
Schokoblätter
Zitronenmelisseblättchen
Puderzucker

Zubereitungszeit: 30 Minuten, ohne Gefrierzeit

1. Beeren vorsichtig waschen, abtropfen lassen. Johannisbeeren von den Rispen zupfen. Himbeeren und Heidelbeeren entkelchen oder die Beeren auftauen lassen, einige zum Garnieren zurücklassen.

2. Beeren, jede Sorte getrennt für sich, mit je 2 Esslöffeln Zucker pürieren.

3. Sahne steifschlagen und in 3 Portionen aufteilen. Jeweils 1 Portion Sahne mit einem der Fruchtpürees verrühren.

4. Kleine Eisformen aus Metall mit der Masse füllen. Im Gefrierfach zugedeckt 2 Stunden gefrieren lassen.

5. Zum Servieren Formen kurz in heißes Wasser tauchen. Eisfrüchte herausstürzen, auf Teller legen. Eisfrüchte mit Früchten, Schokoblättern und Zitronenmelisse garnieren und mit Puderzucker bestäuben.

Eisgugelhupf mit Grand Marnier I
Für Gäste – mit Alkohol
4 Portionen

Pro Portion:
E: 12 g, F: 50 g, Kh: 67 g, kJ: 3579, kcal: 855

750 ml
(³/₄ l) *Vanille-Eiscreme*
500 ml
(¹/₂ l) *Haselnuss-Eiscreme*

Zum Garnieren:
6 *Orangen*
6 EL *Grand Marnier (Orangenlikör)*
250 g *Schlagsahne*
50 g *gehobelte, geröstete*
Haselnussblätter
Kakaopulver

Zubereitungszeit: 30 Minuten,
ohne Antau- und Gefrierzeit

1. Die Eiscremesorten antauen lassen, jede für sich etwas cremig rühren.

2. Vanille-Eis in eine vorgekühlte, gefrierfeste Gugel-hupfform (Ø 20 cm) füllen, darauf die Nuss-Eiscreme geben. Mit einer Gabel marmorieren und zugedeckt mehrere Stunden gefrieren lassen.

3. Die Orangen filetieren. Die Filets mit dem Likör beträufeln.

4. Sahne steifschlagen.

5. Die Gugelhupfform kurz in heißes Wasser tauchen. Eisgugelhupf auf einen großen Teller stürzen. Mit Nussblättchen bestreuen und mit Orangenfilets um-legen. Sahne als Rosetten auf die Orangen spritzen. Mit Kakao bestäuben.

Tipp: Aufgetaute und wieder eingefrorene Eiscreme können Sie nicht noch einmal einfrieren und sollten Sie möglichst innerhalb eines Tages verwenden.

Eisroulade | Gut vorzubereiten – mit Alkohol

4–6 Portionen

Pro Portion:
E: 7 g, F: 14 g, Kh: 56 g, kJ: 1865, kcal: 445

      120 g Löffelbiskuits
        8 EL kalter Espresso
              (oder starker Kaffee)
       30 g abgezogene, gemahlene Mandeln
      150 g Sauerkirschkonfitüre
         1 Eiweiß (Größe M)
       30 g Zucker
      125 g Schlagsahne
        1 TL Dr. Oetker Vanillin-Zucker
        1 TL Dr. Oetker Sahnesteif
      1–2 EL Kirschwasser
      300 g Süßkirschen
      150 ml Eierlikör

Zubereitungszeit: 35 Minuten,
ohne Abkühl- und Gefrierzeit

1. Für die Eisroulade Löffelbiskuits quer in sehr dünne Scheiben schneiden und mit Espresso und Mandeln mischen. In der Mitte eines Stückes Backpapier (etwa 50 cm Länge) ein etwa 25 x 25 cm großes Quadrat markieren. Die Biskuitmasse auf das Quadrat geben und leicht andrücken. Konfitüre aufkochen, auf die Biskuitmasse träufeln und abkühlen lassen.

2. Eiweiß steifschlagen, Zucker nach und nach unterrühren. Sahne mit Vanillin-Zucker und Sahnesteif steifschlagen. Kirschwasser und Eischnee unter die Sahne heben. Die Sahnemasse auf die Biskuitschicht streichen, dabei rundherum einen etwa 2 cm breiten Rand frei lassen.

3. Biskuitschicht und Sahnemasse mit Hilfe des Backpapiers aufrollen. Das Backpapier an den Enden wie ein Bonbon zusammendrehen. Die Roulade in dem Backpapier mindestens 3 Stunden gefrieren lassen.

4. Kirschen waschen, abtropfen lassen und entsteinen. Das Backpapier entfernen, die Eisroulade in Scheiben schneiden und mit Kirschen und Eierlikör portionsweise anrichten.

Abwandlung: Anstelle des Löffelbiskuitbodens kann auch eine Biskuitplatte selber gebacken werden. Dazu 2 Eier und 1 Eigelb mit Handrührgerät mit Rührbesen auf höchster Stufe in 1 Minute schaumig schlagen. 40 g Zucker mit 1 Päckchen Vanillin-Zucker mischen, in 1 Minute einstreuen, dann noch etwa 2 Minuten weiterschlagen. 50 g Weizenmehl mit 1 Messerspitze Backpulver mischen, auf die Eiercreme sieben und kurz auf niedrigster Stufe unterrühren. Den Teig auf ein Backblech (30 x 40 cm, gefettet, mit Backpapier belegt) streichen, das Backpapier unmittelbar vor dem Teig zur Falte knicken so dass ein Rand entsteht. Das Backblech in den vorgeheizten Backofen schieben und sofort backen (Ober-/Unterhitze: etwa 200 °C, Heißluft: etwa 180 °C, Backzeit: etwa 8 Minuten). Sofort nach dem Backen den Biskuit auf ein mit Zucker bestreutes Geschirrtuch stürzen. Das Backpapier abziehen und die Biskuitplatte erkalten lassen. Dann wie in Punkt 2 beschrieben weiterverfahren.

Eistorte mit Zitronen-Eis I

Raffiniert – gut vorzubereiten

8–10 Portionen

Pro Portion:
E: 6 g, F: 17 g, Kh: 76 g, kJ: 2053, kcal: 490

Für das Baiser:

5 Eiweiß (Größe M)
200 g Zucker
150 g Puderzucker
20 g Speisestärke

150 g Zartbitter-Kuvertüre

Für die Füllung:
750 ml
(¾ l) Zitronen-Eiscreme
250 g Schlagsahne

Zum Garnieren:
2 Bio-Zitronen
(unbehandelt, ungewachst)

Zubereitungszeit: 50 Minuten,
ohne Abkühl-, Kühl- und Antauzeit
Trockenzeit: etwa 3 Stunden

1. Den Backofen vorheizen. Eiweiß mit Handrührgerät mit Rührbesen steifschlagen. Zucker nach und nach zugeben. Puderzucker mit Speisestärke sieben und unter den Eischnee ziehen.

2. Die Hälfte der Eischneemasse in einen Spritzbeutel mit mittelgroßer Tülle füllen. Spiralförmig auf einen Springformboden (Ø 24 cm, am Boden und Rand mit Backpapier ausgelegt) spritzen, bis der Boden ganz bedeckt ist. Dabei in der Mitte beginnen. 3 Ringe als Rand übereinanderspritzen.

3. Einen Kreis aus Backpapier (Ø etwa 24 cm) ausschneiden. Diesen in 8–10 Tortenstücke teilen und schneiden. Diese mit Abstand auf ein Backblech (gefettet) legen. Den Baiserrest mit dem Spritzbeutel wellenförmig auf die Dreiecke spritzen. Backblech und Springform auf dem Rost in den vorgeheizten Backofen schieben und trocknen lassen.

Ober-/Unterhitze: etwa 80 °C
Heißluft: etwa 60 °C
Trockenzeit: etwa 3 Stunden.

4. Im ausgeschalteten Backofen erkalten lassen. Aus der Form lösen, Backpapier abziehen. Kuvertüre im Wasserbad schmelzen. Baiserboden und Rand damit auspinseln und kühl stellen.

5. Zitronen-Eiscreme antauen lassen und geschmeidig rühren.

6. Sahne steifschlagen, mit Eiscreme vermengen und in den Boden füllen. Bis zum Servieren zugedeckt in das Gefrierfach stellen.

7. Mit den Baiserdreiecken belegen. Die Zitronen heiß abspülen und trocken tupfen. Eine Zitrone in halbe Scheiben schneiden. Von der anderen die Schale mit einem Zestenreißer abziehen. Die Torte mit Zitronenscheiben und -schale garnieren.

Tipp: Nach Belieben mit grob geschnittenem Obstsalat servieren. Aufgetaute und wieder eingefrorene Eiscreme können Sie nicht noch einmal einfrieren und sollten Sie möglichst innerhalb eines Tages verwenden.

Eiswichtel | Gut vorzubereiten

6 Portionen

Pro Portion:
E: 7 g, F: 17 g, Kh: 51 g, kJ: 1621, kcal: 387

500 ml (¹/₂ l) Eiscreme (z. B. Cappuccino-
Eiscreme, Schokoladen-
Eiscreme)
6 Schokoladenschälchen
70 g Vollmilch-Schokolade
6 Baiserschalen (Ø 6 cm)

Zubereitungszeit: 15 Minuten,
ohne Antau- und Gefrierzeit

1. Die Eiscreme so lange antauen lassen, bis sie cremig ist. Sie dann kuppelartig in die Schokoladen-schälchen streichen. Die Eisschalen gefrieren lassen.

2. Vor dem Servieren die Schokolade in Stücke bre-chen und im heißen Wasserbad schmelzen.

3. Die Schokolade über das Eis geben. Die Baiser-schalen über das Eis stülpen.

Tipp: Für Kinder anstelle der Cappuccino-Eiscreme Vanille-Eiscreme verwenden.

Abwandlung: Eisgugelhupf. Für einen Eisgugelhupf 4 Baiserschalen grob zerhacken. Die angetaute Eis-creme damit vermengen, die Masse in eine gefrier-feste Napfkuchenform (Ø 16 cm) füllen und gefrieren lassen (am besten über Nacht). Die Form etwa 10 Mi-nuten vor dem Servieren herausnehmen und bei Zim-mertemperatur stehen lassen. Den Eisgugelhupf auf einen Teller stürzen und nach Belieben mit frischen, vorbereiteten Früchten oder mit geschlagener Sahne servieren.

Erdbeeren à la Piemont I

Einfach – mit Alkohol

4 Portionen

Pro Portion:
E: 5 g, F: 8 g, Kh: 39 g, kJ: 1172, kcal: 280

750 g	Erdbeeren
2	Orangen
75–100 g	Zucker
150 ml	trockener Weißwein
etwa 50 g	abgezogene, gehobelte, gesöstete Mandeln
	Eiswürfel

Zubereitungszeit: 20 Minuten

1. Erdbeeren waschen, gut abtropfen lassen und entstielen. Orangen schälen, halbieren und in dünne Scheiben schneiden. Beide Zutaten mit Zucker vermengen und in eine Glasschale füllen.

2. Wein über das Obst gießen und mit den Mandeln bestreuen.

3. Die Schale auf Eiswürfeln anrichten.

Tipp: Wenn Sie das Dessert ohne Alkohol zubereiten möchten, schälen Sie die Orangen über einer Schüssel und fangen den abtropfenden Saft auf. Geben Sie dann so viel Maracuja-Mango-Nektar, Preiselbeer- oder Kirschsaft dazu, dass es 150 ml Flüssigkeit ergibt.

Erdbeeren in Krokantblätterteig I

Dauert länger – mit Alkohol
4 Portionen

Pro Portion:
E: 8 g, F: 38 g, Kh: 46 g, kJ: 2413, kcal: 576

250 g	TK-Blätterteig
	Puderzucker

Für die Creme:

2 Blatt	weiße Gelatine
100 g	Schlagsahne
40 g	Zucker
3	Eigelb (Größe M)
20 ml	Orangenlikör
1 TL	Zitronensaft
100 g	Schlagsahne
350–400 g	Erdbeeren

Zum Garnieren:

evtl.	Puderzucker
evtl.	Minzeblättchen

Zubereitungszeit: 50 Minuten,
ohne Auftau-, Ruhe- und Abkühlzeit
Backzeit: 10–12 Minuten

1. Blätterteig nach Packungsanleitung zugedeckt bei Zimmertemperatur auftauen lassen. Den Backofen vorheizen.

2. Blätterteigscheiben aufeinanderlegen, etwa 3 mm dick ausrollen und etwa 10 Minuten ruhen lassen. Mit einer runden Ausstechform 8 Platten (Ø etwa 10 cm) ausstechen, auf ein Backblech (mit Backpapier belegt) legen. Platten mit einem Gitter beschweren, damit der Teig nicht so stark aufgeht. Das Backblech in den vorgeheizten Backofen schieben.

Ober-/Unterhitze: etwa 200 °C
Heißluft: etwa 180 °C
Backzeit: 10–12 Minuten.

3. Den Blätterteig abkühlen lassen. Die Blätterteigplatten dick mit Puderzucker bestreuen und unter dem Grill des Backofens goldgelb karamellisieren lassen. Wenn die Blätterteigplatten abgekühlt sind, den Vorgang von der anderen Seite wiederholen.

4. Für die Creme Gelatine nach Packungsanleitung einweichen. Sahne und Zucker aufkochen lassen, von der Kochstelle nehmen und nach und nach mit Eigelb verrühren.

5. Die Gelatine ausdrücken, unter die Creme geben und die Creme etwas abkühlen lassen. Wenn die Creme anfängt dicklich zu werden, Orangenlikör und Zitronensaft unterrühren. Sahne steifschlagen und unterheben.

6. Erdbeeren abspülen, trocken tupfen und entstielen. Zum Anrichten je 1 Blätterteigplatte in die Mitte eines Tellers legen, die Creme daraufgeben. Die Erdbeeren vorsichtig in die Creme drücken. Nochmals etwas Creme daraufgeben und eine zweite Blätterteigplatte daraufsetzen. Die Teller nach Belieben mit Puderzucker bestäuben und mit Minzeblättchen garnieren.

Tipp: Die Erdbeeren in Krokantblätterteig nach Belieben mit Vanillesauce und Erdbeerpüree servieren.

Erdbeeren mit Apfel-Zabaione I
Fruchtig

12 Portionen

Pro Portion:
E: 9 g, F: 11 g, Kh: 58 g, kJ: 1579, kcal: 378

2,5 kg	Erdbeeren
4–5 EL	Hagelzucker
100 g	abgezogene, gehobelte Mandeln
2	helle Biskuitböden (je 200 g)
6 EL	Apfelsaft

Für die Apfel-Zabaione:

4	Eier (Größe M)
3	Eigelb (Größe M)
200 g	Zucker
375 ml (³/₈ l)	naturtrüber Apfelsaft
4–5 EL	Zitronensaft

Zum Garnieren:

Minzeblättchen
Puderzucker

Zubereitungszeit: 50 Minuten
Backzeit: etwa 10 Minuten je Form

1. Erdbeeren abspülen, abtropfen lassen, entstielen und evtl. halbieren (einige Erdbeeren mit Grün beiseitelegen). Die Erdbeeren mit Hagelzucker und Mandeln mischen.

2. Die Biskuitböden in 2 große Gratinformen (gefettet) legen und mit etwas Apfelsaft beträufeln. Erdbeeren darauf verteilen. Den Backofen vorheizen.

3. Eier, Eigelb, Zucker, Apfel- und Zitronensaft in einem Topf im Wasserbad bei schwacher Hitze schaumig schlagen, bis die Masse dicklich wird (etwa 8 Minuten).

4. Die Sauce über die Erdbeeren gießen. Die Formen auf dem Rost nacheinander (bei Heißluft zusammen) in den vorgeheizten Backofen schieben.

Ober-/Unterhitze: etwa 200 °C
Heißluft: etwa 180 °C
Backzeit: etwa 10 Minuten je Form.

5. Minzeblättchen abspülen und trocken tupfen. Das Gratin mit Puderzucker bestäuben und mit den beiseitegelegten Erdbeeren und Minze garnieren.

Tipp: Anstelle der Biskuitböden können Sie auch die gleiche Menge Löffelbiskuits in die Formen legen. Der Apfelsaft kann durch Marsala-Wein (ital. Dessertwein) ersetzt werden.

Abwandlung: Statt der Erdbeeren können auch Himbeeren und Kiwi oder gemischte Zitrusfrüchte, wie Grapefruit, Orangen oder Mandarinen, verwendet werden. Die Früchte dann vor dem Übergießen mit etwas Puderzucker nach Geschmack bestäuben.

Erdbeeren mit Cashewcreme I
Fruchtig
12–16 Portionen

Pro Portion:
E: 1 g, F: 2 g, Kh: 1 g, kJ: 132, kcal: 32

> 30 g *ungesalzene Cashewkerne*
> 10 g *Korinthen*
> 60 g *entrindeter Weichkäse*
> *(60 % Fett i. Tr.)*
> *Ingwerpulver*
> 6–8 *mittelgroße Erdbeeren*

Zum Garnieren:
> *Korinthen*
> einige *dünne Schalenstreifen von*
> 1 *Bio-Orange*
> *brauner Zucker (Kandisfarin)*

Zubereitungszeit: 15 Minuten

1. Cashewkerne, Korinthen und Weichkäse pürieren. Mit Ingwerpulver würzen.

2. Erdbeeren abspülen, trocken tupfen und putzen. Erdbeeren halbieren.

3. Cashewcreme mit einem Teelöffel auf die Erdbeer-hälften geben. Mit Korinthen, Orangenschale und braunem Zucker garnieren.

Tipp: Für die Creme eignen sich Weichkäse wie Camembert oder Brie. Je reifer sie sind, desto cre-miger und aromatischer sind sie. Als würzige Alter-native schmecken auch Blauschimmelkäse, dann evtl. auf den Ingwer verzichten. Wer anderes Obst verwenden möchte, kann die Creme auf Pfirsiche, Nektarinen, Birnen oder Äpfel geben. Dafür sollten reife Früchte verwendet werden, die abgespült und entkernt oder entsteint in Spalten geschnitten wer-den. Sie eignen sich prima als Dessert zusammen mit einem roten Portwein.

Erdbeeren mit Keksen und Sahnepudding | Raffiniert – mit Alkohol

4 Portionen

Pro Portion:
E: 10 g, F: 30 g, Kh: 73 g, kJ: 2746, kcal: 657

750 g	Erdbeeren
100 g	Mini-Butterkekse
20 g	gesiebter Puderzucker
125 ml	
(¹/₈ l)	Orangensaft
1 Pck.	Dr. Oetker Pudding-Pulver Vanille-Geschmack
40 g	Zucker
400 ml	Milch
100 ml	Eierlikör
250 g	Schlagsahne
1–2 EL	Haselnuss-Krokant

Zubereitungszeit: 25 Minuten, ohne Abkühlzeit

1. Erdbeeren waschen, gut abtropfen lassen, entstielen, halbieren oder vierteln.

2. Erdbeeren mit Mini-Keksen, Puderzucker und Orangensaft mischen und in einer flachen Schüssel verteilen.

3. Aus Pudding-Pulver, Zucker und Milch einen Pudding nach Packungsanleitung (aber mit den hier angegebenen Zutatenmengen) zubereiten. Den gekochten Pudding sofort mit Frischhaltefolie zudecken und erkalten lassen.

4. Eierlikör unter den erkalteten Pudding rühren. Sahne steifschlagen und unterheben. Creme auf den Erdbeeren verteilen. Das Dessert mit Haselnuss-Krokant garnieren.

Tipp: Wenn der Pudding zu fest geworden ist, ihn evtl. durch ein Sieb streichen. Wenn Kinder mitessen, statt Eierlikör die Milchmenge auf 500 ml (¹/₂ l) erhöhen.

Erdbeeren mit Pistaziencreme I

Erfrischend – mit Alkohol

4–6 Portionen

Pro Portion:
E: 7 g, F: 27 g, Kh: 23 g, kJ: 1681, kcal: 401

750 g	Erdbeeren
6 EL	Orangenlikör

Für die Pistaziencreme:

2 Blatt	weiße Gelatine
1	Vanilleschote
50 g	gemahlene Pistazien-kerne
125 ml	
(¹/₈ l)	Milch
2	Eigelb (Größe M)
30 g	Zucker
1 Prise	Salz
250 g	Schlagsahne
25 g	Pistazienkerne

Zubereitungszeit: 40 Minuten, ohne Kühlzeit

1. Erdbeeren waschen, abtropfen lassen, entstielen, evtl. halbieren und mit Orangenlikör beträufeln.

2. Für die Pistaziencreme Gelatine nach Packungs-anleitung in kaltem Wasser einweichen. Vanilleschote längs aufschneiden und das Mark herauskratzen. Vanillemark und -schote mit der Hälfte der gemahlenen Pistazienkerne (1 Esslöffel davon zum Garnieren beiseitestellen) in der Milch zum Kochen bringen, etwa 3 Minuten ziehen lassen. Die Vanilleschote entfernen und die gut ausgedrückte Gelatine unter Rühren darin auflösen.

3. Eigelb mit Zucker und Salz cremig schlagen und die heiße Vanillemilch nach und nach unterschlagen. Die restlichen gemahlenen Pistazienkerne hinzufügen.

4. Die Creme im kalten Wasserbad so lange schlagen, bis sie dicklich wird. Sahne steifschlagen und unter-heben. Zugedeckt etwa 1 Stunde kalt stellen.

5. Die Erdbeeren in einer Schale anrichten, die Creme darauf verteilen und mit ganzen und gemahlenen Pistazienkernen garnieren.

Erdbeer-Parfait | Gut vorzubereiten

4 Portionen

Pro Portion:
E: 4 g, F: 23 g, Kh: 36 g, kJ: 1602, kcal: 383

500 g	*Erdbeeren*
2	*Eigelb (Größe M)*
75–100 g	*Zucker*
1 Pck.	*Dr. Oetker Vanillin-Zucker*
2 EL	*Zitronensaft*
250 g	*Schlagsahne*
250 g	*Erdbeeren*
einige	*Zitronenmelisseblättchen*

Zubereitungszeit: 30 Minuten, ohne Gefrierzeit

1. Erdbeeren vorsichtig waschen, entstielen und etwa 400 g pürieren. Übrige Erdbeeren in kleine Stücke schneiden und zum Püree geben.

2. Eigelb mit Zucker und Vanillin-Zucker cremig schlagen. Erdbeerpüree und Zitronensaft unterrühren.

3. Sahne steifschlagen und unter die Erdbeermasse heben.

4. Die Masse in eine Eisschale geben, zugedeckt im Gefrierfach des Kühlschranks etwa 3 Stunden gefrieren lassen.

5. Zum Garnieren die Erdbeeren waschen, entstielen und in Scheiben schneiden. Melisse abspülen und trocken tupfen.

6. Das Eis in Scheiben schneiden, auf 4 Teller verteilen und mit Erdbeerscheiben und Melisseblättchen garnieren.

Hinweis: Nur ganz frische Eier verwenden, die nicht älter als 5 Tage sind (Legedatum beachten!).

Erdbeer-Pfirsich-Kaltschale I

Für Gäste – mit Alkohol

4 Portionen

Pro Portion:

E: 2 g, F: 1 g, Kh: 39 g, kJ: 911, kcal: 218

500 ml	
(½ l)	*Orangensaft*
200 ml	*Weißwein*
50 g	
(3 EL)	*Perlsago (gekörnte Stärke)*
3	*Pfirsiche*
500 g	*Erdbeeren*
etwas	*Zucker*
1 Prise	*gemahlener Zimt*

Zum Garnieren:

Zitronenmelisseblättchen

Zubereitungszeit: 20 Minuten,
ohne Abkühl- und Kühlzeit

1. Orangensaft mit Weißwein in einem Topf zum Kochen bringen, Sago einrühren, wieder zum Kochen bringen und zugedeckt 15–20 Minuten bei schwacher Hitze kochen lassen, gelegentlich umrühren.

2. Pfirsiche abspülen, kurz in kochendes Wasser tauchen, enthäuten und halbieren. Steine entfernen. Das Fruchtfleisch in Würfel schneiden.

3. Erdbeeren putzen, abspülen, abtropfen lassen, Stielansätze entfernen. Große Früchte halbieren. Pfirsiche etwa 5 Minuten, Erdbeeren 2 Minuten vor Ende der Kochzeit in die Kochflüssigkeit geben.

4. Kaltschale mit Zucker und etwas Zimt abschmecken. Abkühlen lassen. Gut gekühlt mit einigen Melisseblättchen bestreut servieren.

Tipp: Für Kinder den Weißwein durch Apfelsaft ersetzen. Statt frischen Pfirsichen können auch Pfirsiche aus der Dose (Abtropfgewicht 240 g) verwendet werden.

Erdbeerpüree mit Saurer-Sahne-Creme I

Fruchtig – mit Alkohol

4 Portionen

Pro Portion:

E: 5 g, F: 13 g, Kh: 26 g, kJ: 1098, kcal: 262

Für die Creme:

4 Blatt	weiße Gelatine
150 ml	Milch
2–3 EL	gesiebter Puderzucker
150 g	saure Sahne (10 % Fett i. Tr.)
1 Pck.	Dr. Oetker Bourbon-Vanille-Zucker
100 g	Schlagsahne

Für das Püree:

500 g	Erdbeeren
2–3 EL	gesiebter Puderzucker
	Saft von
1	Zitrone
1 EL	Orangenlikör
	(z. B. Grand Marnier
	oder Cointreau)
½ Tasse	Mineralwasser mit Kohlensäure

Zubereitungszeit: 45 Minuten, ohne Kühlzeit

1. Für die Creme die Gelatine nach Packungsanleitung einweichen. Dann Milch, Puderzucker, saure Sahne und Vanillezucker mit dem Pürierstab aufschlagen. Die Gelatine ausdrücken und bei schwacher Hitze in einem Topf auflösen. Nach und nach die Milchmischung unterrühren und anschließend kalt stellen.

2. Wenn die Creme zu gelieren beginnt, die Sahne steifschlagen und unterziehen.

3. Für das Püree die Erdbeeren waschen und abtropfen lassen. Die Hälfte der Erdbeeren entstielen und mit Puderzucker und Zitronensaft pürieren. Das Püree durch ein Sieb streichen. Likör und Mineralwasser unterrühren. Die übrigen Erdbeeren zum Garnieren beiseitelegen.

4. Den Rand von 4 Tellern mit Puderzucker bestäuben. Auf jeden Teller etwas Erdbeerpüree gießen. Dann mit einem nassen Esslöffel spitze Creme-Nocken abstechen und daraufsetzen. Mit den beiseitegelegten Erdbeeren garnieren.

Erdbeer-Sahne-Creme I

Klassisch – für Kinder

4 Portionen

Pro Portion:

E: 3 g, F: 16 g, Kh: 18 g, kJ: 997, kcal: 239

2 Blatt	weiße Gelatine
3 Blatt	rote Gelatine
75 ml	Orangensaft
500 g	Erdbeeren
1 EL	Zitronensaft
30 g	Zucker
200 g	Schlagsahne

Zum Garnieren:

etwas	Hagelzucker
einige	Erdbeeren

Zubereitungszeit: 35 Minuten, ohne Gelierzeit

1. Gelatine nach Packungsanleitung einweichen und in Orangensaft auflösen.

2. Erdbeeren waschen, gut abtropfen lassen, entstielen, in Stücke schneiden und mit Zitronensaft und Zucker pürieren. Die lauwarme, aufgelöste Gelatine langsam unter die pürierten Erdbeeren geben.

3. Wenn die Masse anfängt dicklich zu werden, die steifgeschlagene Sahne unterheben. Die Masse in eine Schüssel geben und kalt stellen. Mit Hagelzucker bestreuen und mit ganzen Erdbeeren garnieren.

Tipp: Die Erdbeeren zum Garnieren können Sie auch zuerst in verquirltem Eiweiß, dann in Zucker oder Hagelzucker wälzen.

Erdbeersauce | Einfach – mit Alkohol
4 Portionen

Pro Portion:
E: 1 g, F: 0 g, Kh: 6 g, kJ: 178, kcal: 42

> 300 g Erdbeeren
> 1–2 EL brauner Rum
> 1 Pck. Dr. Oetker Vanillin-Zucker
> Zitronensaft

Zubereitungszeit: 10 Minuten

1. Erdbeeren verlesen, waschen, abtropfen lassen und entstielen.

2. Erdbeeren mit Rum und Vanillin-Zucker pürieren, durch ein Sieb streichen und anschließend mit Zitronensaft abschmecken. Kalt stellen.

Abwandlung: Sehr gut schmeckt es auch, wenn Sie das Rezept mit Himbeeren, Johannisbeeren oder Kiwis zubereiten.

Tipp: Für eine **Orangensauce** (Foto rechts) Saft von 2 Orangen mit 3 Esslöffel Zuckersirup in einem Topf aufkochen. Das Fruchtfleisch von 1 Orange fein würfeln, im Orangen-Sirup-Saft kurz aufkochen und abkühlen lassen. 1 Eigelb (Größe M) und 1 Esslöffel Orangenlikör verrühren, unter den Sirup rühren. Bei geringer Hitze weiterschlagen, bis die Sauce dicklich wird. Im kalten Wasserbad kalt schlagen. Dann mit Orangenschale garnieren.
Für eine **Avocadosauce** (Foto links) Saft von 6 Mandarinen mit 1 Esslöffel Honig verrühren, 1 Avocado halbieren, entkernen und das Fruchtfleisch mit einem Löffel aus der Schale lösen. Mit dem Honig-Mandarinen-Saft und 1 Prise gemahlenen Nelken pürieren, kalt stellen und servieren.

Erdbeer-Sekt-Dessert I

Erfrischend – mit Alkohol

12 Portionen

Pro Portion:
E: 2 g, F: 18 g, Kh: 22 g, kJ: 1291, kcal: 308

> 1 Flasche
> (0,7 l) halbtrockener Sekt
> 2 Pck. Gala Pudding-Pulver Sahne
> 6 EL Zucker
> 750 g Erdbeeren
> 2 EL Zucker
> 500 g Mascarpone (ital. Frischkäse)
> evtl. 12 Schoko-Gebäckstäbchen

Zubereitungszeit: 50 Minuten, ohne Kühlzeit

1. Vom Sekt 100 ml abnehmen und damit Pudding-Pulver und den Zucker anrühren. Restlichen Sekt zum Kochen bringen. Topf von der Kochstelle nehmen, das angerührte Pudding-Pulver einrühren und unter Rühren aufkochen lassen.

2. Den Sektpudding sofort in eine Schüssel geben und mit Frischhaltefolie zudecken, damit sich keine Haut bildet. Den Pudding erkalten lassen.

3. Erdbeeren abspülen, abtropfen lassen und entstielen. 1/3 der Erdbeeren mit Zucker pürieren. Restliche Erdbeeren vierteln.

4. Den Pudding und Mascarpone mit Handrührgerät mit Rührbesen zu einer glatten Creme verrühren. Erdbeerpüree auf 12 Sektgläser verteilen. Gut die Hälfte der Sektcreme in einen Spritzbeutel mit großer Lochtülle füllen und vorsichtig auf das Erdbeerpüree spritzen.

5. Erdbeerviertel (12 zum Garnieren zurücklassen) auf die Creme in den Gläsern legen, restliche Sektcreme mit dem Spritzbeutel darauf verteilen. Die Gläser bis zum Servieren kalt stellen.

6. Vor dem Servieren die Gläser mit den zurückgelassenen Erdbeervierteln und nach Belieben mit Schoko-Gebäckstäbchen garnieren.

Erdbeer-Tiramisu | Fruchtig – mit Alkohol

4 Portionen

Pro Portion:
E: 8 g, F: 51 g, Kh: 47 g, kJ: 2980, kcal: 713

150 g	Cantuccini
	(ital. Mandelgebäck)
50 ml	frisch gepresster Orangensaft
50 ml	Orangenlikör
250 g	Erdbeeren
25 g	gesiebter Puderzucker
400 g	Schlagsahne
150 g	Joghurt
1 Becher	
(125 g)	Crème double

Zubereitungszeit: 20 Minuten, ohne Kühlzeit

1. Cantuccini in eine große Auflaufform legen. Orangensaft und -likör mischen und die Cantuccini damit beträufeln.

2. Erdbeeren waschen, gut abtropfen lassen, entstielen. Die Erdbeeren halbieren und mit der Schnittfläche nach unten auf die Cantuccini legen. Mit Puderzucker bestreuen.

3. Sahne steifschlagen, Joghurt und Crème double unterrühren, die Masse auf die Erdbeeren streichen und etwa 3 Stunden kalt stellen.

Tipp: Nach Belieben mit Erdbeeren garnieren.

Exotische Früchte
aus dem Limettendampf | Fruchtig

4 Portionen
(Zubereitung im Bambusdämpfer Ø 26 cm)

Pro Portion:
E: 4 g, F: 5 g, Kh: 41 g, kJ: 998, kcal: 238

> 4 *Bio-Limetten*
> *(unbehandelt, ungewachst)*
> 2 *kleine Bananen*
> 2 *Kiwis*
> 1 *Sternfrucht (Karambole)*
> 1 *Granatapfel*
> etwa 10 *Zitronenmelissestängel*

Für die Limettensauce:

> 80 g *Zucker*
> 3 *Eigelb (Größe M)*
> 75 ml *Limettensaft*
> 50 ml *Wasser*

Zubereitungszeit: 30 Minuten

1. Die Limetten heiß abspülen und abtrocknen. Von 2 Limetten die Schale mit einem Sparschäler dünn abschälen. Von den restlichen Limetten die Schale dünn abreiben. Limetten halbieren und auspressen. 75 ml Limettensaft abmessen und beiseitestellen.

2. Die Bananen schälen, längs halbieren und mit Limettensaft beträufeln. Kiwis dünn schälen und in etwa 1 cm dicke Scheiben schneiden. Sternfrucht abspülen, trocken tupfen und ebenfalls in etwa 1 cm dicke Scheiben schneiden. Das Obst auf die beiden Dampfeinsätze (dünn mit Speiseöl ausgestrichen) verteilen.

3. Den Granatapfel mit einem Messer halbieren und die Kerne herauspulen. Zitronenmelisse abspülen, trocken tupfen und die Blättchen von den Stängeln zupfen. Einige Blättchen zum Garnieren beiseitelegen.

4. In einer großen Pfanne oder einem Wok etwa 3 cm hoch Wasser einfüllen, abgeschälte Limettenschale, Zitronenmelisseblättchen, evtl. restlichen Limettensaft hinzufügen und zum Kochen bringen.

5. Für die Limettensauce in einem breiten Stieltopf Zucker, Eigelb, den abgemessenen Limettensaft, abgeriebene Limettenschale und Wasser mit einem Schneebesen verschlagen. Die Mischung bei mittlerer Hitze unter ständigem Rühren mit dem Schneebesen zu einer Schaumsauce aufschlagen, die Sauce darf dabei nicht kochen.

6. Die Dämpfeinsätze aufeinandersetzen, mit dem Deckel verschließen und in die Pfanne oder den Wok mit dem kochenden Limettenwasser stellen. Früchte etwa 4 Minuten dämpfen. Limettensauce und Früchte auf 4 Tellern anrichten, mit Granatapfelkernen bestreuen und mit beiseitegelegten Zitronenmelisseblättchen garnieren.

Feigen-Parfait | Raffiniert
6–8 Portionen

Pro Portion:
E: 4 g, F: 17 g, Kh: 33 g, kJ: 1282, kcal: 306

            500 g Feigen
       1–2 EL Zitronensaft
             4 Eigelb (Größe M)
       125 g Zucker
       250 g Schlagsahne

Zum Garnieren:
         1–2 Feigen
                Zitronenmelisseblättchen
        40 g Waffelröllchen

Außerdem:
                Alufolie

Zubereitungszeit: 40 Minuten, ohne Gefrierzeit

1. Feigen waschen, vierteln, das Fruchtfleisch mit einem Löffel herauslösen. ¾ des Fruchtfleisches mit Zitronensaft pürieren und durch ein Sieb streichen.

2. Eigelb mit den Rührbesen des Handrührgerätes schlagen, nach und nach den Zucker unterrühren. Bei geringer Hitze oder im Wasserbad weiter zu einer schaumigen Creme schlagen. Die Mischung darf nicht kochen. Creme in eine Schüssel füllen, Schüssel in Eiswasser stellen. Weiterschlagen, bis die Creme kalt ist.

3. Das Feigenpüree in die Creme geben. Restliches Fruchtfleisch in kleine Würfel schneiden. Sahne steifschlagen. Schlagsahne mit den Feigenstücken unter die kalte Creme ziehen.

4. Alles in eine gefrierfeste Form geben, mit Alufolie zudecken. Im Gefrierfach des Kühlschrankes oder in der Tiefkühltruhe 3–4 Stunden gefrieren lassen.

5. Kurz vor dem Servieren die Form in warmes Wasser tauchen. Parfait mit dem Messer vom Rand der Form lösen und auf eine Platte stürzen.

6. Feigen und Zitronenmelisse abspülen und trocken tupfen. Feigen in Scheiben schneiden. Das Parfait mit Waffelröllchen, aufgeschnittenen Feigen und Zitronenmelisse garnieren.

Florentiner-Türmchen | Raffiniert

4 Portionen

Pro Portion:
E: 6 g, F: 28 g, Kh: 29 g, kJ: 1743, kcal: 416

<pre>
200 g Himbeeren
3–4 EL Zucker
150 g Mascarpone
       (ital. Frischkäse)
3 EL Maracujanektar
24 Mini-Florentiner (etwa 120 g)
    Puderzucker
</pre>

Zubereitungszeit: 20 Minuten

1. Himbeeren verlesen (nicht waschen) und putzen. Die Hälfte der Himbeeren durch ein Sieb streichen und mit 1–2 Esslöffeln Zucker verrühren.

2. Mascarpone kurz aufschlagen. Maracujanektar und den restlichen Zucker dazugeben und aufschlagen.

3. Jeweils 2 Mini-Florentiner mit etwas Mascarpone-creme zusammensetzen. Pro Portion 3 Florentiner-Türmchen auf einen Teller setzen. Himbeerpüree und restliche Himbeeren auf die Teller verteilen und mit Puderzucker bestäuben.

Tipp: Anstelle von Mascarpone kann ersatzweise auch Crème double verwendet werden.

Frittierte Feigenröllchen I
Raffiniert
4 Portionen

Pro Portion:
E: 8 g, F: 57 g, Kh: 41 g, kJ: 3104, kcal: 742

Für die Füllung:

> 250 g getrocknete Feigen
> 200 ml Wasser
> 1–2 EL Zitronensaft
> 1–2 EL Orangenblütenwasser
> (aus der Apotheke)

> 12 dreieckige Yufkateigblätter
> (türkische Geschäfte)
> 1 l Speiseöl zum Frittieren
> 300 g Joghurt
> 25 g gehackte Pistazienkerne

Zubereitungszeit: 30 Minuten, ohne Abkühlzeit

1. Feigen in Streifen schneiden. Dabei die Stiele entfernen. Feigen mit Wasser und Zitronensaft aufkochen. Bei schwacher Hitze so lange köcheln lassen, bis die Flüssigkeit verdampft ist. Füllung mit Orangenblütenwasser abschmecken. Abkühlen lassen.

2. Füllung in 12 Portionen teilen. Ein Teigblatt mit der kurzen Seite nach unten auf die Arbeitsfläche legen. 1 Portion Füllung an die untere Teigkante legen. Restlichen Teig um die Füllung herum dünn mit heißem Wasser bestreichen. Seiten nach innen klappen und ebenfalls einstreichen. Füllung einrollen. Die restlichen Teigblätter auf die gleiche Weise füllen.

3. Rollen im heißen Öl in mehreren Portionen goldbraun frittieren. Auf einem Kuchengitter abtropfen lassen und mit Joghurt und Pistazien servieren.

Tipp: Röllchen vor dem Frittieren mit verquirltem Eiweiß bestreichen und in geschälten Sesamsamen (aus dem Reformhaus) wälzen.

Froschquark | Für Kinder

4 Portionen

Pro Portion:
E: 10 g, F: 10 g, Kh: 61 g, kJ: 1592, kcal: 380

1 Blatt	weiße Gelatine
250 g	Magerquark
125 ml	
(¹/₈ l)	Orangensaft
100 g	gesiebter Puderzucker
6 cl	Waldmeistersirup
	Saft von
1	Zitrone
125 g	Schlagsahne
100 g	Weingummi-Frösche

Zubereitungszeit: 20 Minuten, ohne Kühlzeit

1. Die Gelatine nach Packungsanleitung einweichen. Den Quark mit Orangensaft, Puderzucker und Waldmeistersirup glattrühren.

2. Den Zitronensaft erhitzen, Gelatine ausdrücken, in dem Zitronensaft auflösen. 4 Esslöffel der Quarkmasse unter die Gelatine rühren, dann mit restlichem Quark verrühren.

3. Die Sahne steifschlagen und unterheben. Die Quarkmasse in Dessertschalen füllen und einige Zeit kalt stellen. Die Quarkspeise mit Weingummi-Fröschen belegen und servieren.

Tipp: Garnieren Sie den Quark zusätzlich mit frischem Obst, z. B. 300 g Erdbeeren, 2 klein geschnittenen Bananen oder 2 klein geschnittenen Birnen. Den Waldmeistersirup durch Himbeersirup ersetzen.

Früchte in Cassis-Gelee mit Heidelbeersahne I

Raffiniert – mit Alkohol

4 Portionen

Pro Portion:
E: 23 g, F: 8 g, Kh: 49 g, kJ: 2009, kcal: 477

6 Blatt	weiße oder rote Gelatine
1	Bio-Orange (unbehandelt, ungewachst)
250 ml	
(¹/₄ l)	schwarzer Johannisbeerlikör (Cassis)
250 ml	
(¹/₄ l)	trockener Rotwein
100 g	Zucker
je 125 g	Brombeeren und Himbeeren

Für die Heidelbeersahne:

150 g	Heidelbeeren
250 g	Schlagsahne
1 Pck.	Dr. Oetker Vanillin-Zucker

Zum Garnieren:

einige	Johannisbeerrispen
einige	Minzeblättchen

Zubereitungszeit: 35 Minuten, ohne Kühl- und Abkühlzeit

1. Gelatine in kaltem Wasser einweichen. Orange waschen, abtrocknen und dünn schälen. Etwa 10 cm von der Schale sehr fein schneiden, mit Johannisbeerlikör, Rotwein und Zucker zum Kochen bringen. Topf von der Kochstelle nehmen.

2. Die Gelatine ausdrücken und unter Rühren in der Weinflüssigkeit auflösen. Etwa ¹/₃ davon als Spiegel in eine Schüssel geben, kalt stellen und fest werden lassen. Restliche Weinflüssigkeit bei Zimmertemperatur abkühlen lassen.

3. Brombeeren und Himbeeren verlesen. Brombeeren abspülen und abtropfen lassen. Früchte und restliche Weinflüssigkeit in die Schüssel auf den Spiegel geben, mindestens 2 Stunden kalt stellen und fest werden lassen.

4. Für die Heidelbeersahne die Heidelbeeren verlesen, vorsichtig waschen, gut abtropfen lassen und nach Belieben im Mixer pürieren.

5. Sahne mit dem Vanillin-Zucker steifschlagen, das Heidelbeerpüree oder die ganzen Früchte vorsichtig unterheben.

6. Die Schüssel mit dem Gelee kurz in heißes Wasser tauchen, das Gelee auf einen Teller stürzen. Das Gelee mit Heidelbeersahne, Johannisbeerrispen und Minze garnieren.

Früchte-Clafoutis | Einfach

12 Portionen

Pro Portion:
E: 9 g, F: 6 g, Kh: 33 g, kJ: 972, kcal: 232

200 g	Weizenmehl
80 g	Puderzucker
400 ml	Milch
8	Eier (Größe M)
1 Pck.	Dr. Oetker Vanillin-Zucker
1 Dose	Mandarinen
	(Abtropfgewicht 480 g)
400 g	TK-Beerenobst
2–3 geh. EL	Puderzucker

Zubereitungszeit: 20 Minuten
Backzeit: etwa 30 Minuten

1. Den Backofen vorheizen. Mehl und Puderzucker in eine Rührschüssel sieben. Milch hinzufügen und die Zutaten mit Handrührgerät mit Rührbesen glattrühren. Eier und Vanillin-Zucker unterrühren.

2. Die Mandarinen in einem Sieb abtropfen lassen. Anschließend mit dem unaufgetauten Beerenobst in einer Fettfangschale (30 x 40 cm, gefettet) verteilen. Den Teig darübergeben. Das Backblech auf der mittleren Schiene in den vorgeheizten Backofen schieben und den Früchte-Clafoutis goldbraun backen.

Ober-/Unterhitze: etwa 200 °C
Heißluft: etwa 180 °C
Backzeit: etwa 30 Minuten.

3. Den Früchte-Clafoutis mit Puderzucker bestäuben und lauwarm servieren.

Abwandlung: Sie können den Clafoutis auch mit Sauerkirschen aus dem Glas, Äpfeln oder anderen Früchten zubereiten.

Tipp: Ein Clafoutis ist ein Auflauf aus mit einer Eiermasse überbackenen Früchten. Ursprünglich wurde er mit unentsteinten Süßkirschen zubereitet. Der Früchte-Clafoutis schmeckt auch kalt ausgesprochen lecker.

Früchte-Mix mit Kokosschaum I
Fruchtig
4 Portionen

Pro Portion:
E: 7 g, F: 12 g, Kh: 37 g, kJ: 1257, kcal: 300

Für den Früchte-Mix:
- 2 Orangen
- 1 rosa Grapefruit
- 1 Ogen- oder Galia-
  Melone

Für den Kokosschaum:
- 50 g Kokosraspel
- 500 ml
  (1/2 l) Milch
- 40 g Zucker
- 40 g Hartweizengrieß
- 1–2 TL Zitronensaft

Zubereitungszeit: 35 Minuten, ohne Abkühlzeit

1. Orangen und Grapefruit schälen, dabei die weiße Haut vollständig entfernen. Das Fruchtfleisch zwischen den Trennhäuten herausschneiden.

2. Die Melone waagerecht halbieren. Die Kerne mit einem Löffel herauskratzen. Melonenhälften in Spalten schneiden, die Schale abschneiden und das Fruchtfleisch würfeln. Melonenwürfel und Orangen- und Grapefruitspalten in 4 Gläsern anrichten.

3. 20 g der Kokosraspel in einer Pfanne ohne Fett goldbraun rösten, auf einem Teller abkühlen lassen.

4. Für den Kokosschaum Milch und Zucker aufkochen, Grieß und die restlichen Kokosraspel unterrühren und etwa 4 Minuten kochen lassen. Die Grießmasse von der Kochstelle nehmen, mit Handrührgerät mit Rührbesen etwa 3 Minuten schaumig schlagen. Mit Zitronensaft abschmecken, etwas abkühlen lassen.

5. Den Kokosschaum lauwarm über die Früchte geben und mit den gerösteten Kokosraspeln bestreuen.

Früchtepizza | **Fruchtig – für Kinder**
4 Portionen

Pro Portion:
E: 6,5 g, F: 2 g, Kh: 60,5 g, kJ: 1230, kcal: 294

> *1 Pizzaboden (aus dem Kühlregal,*
> *Ø etwa 32 cm, etwa 230 g)*

Für den Belag:
> 250 g *Pfirsiche*
> 250 g *Aprikosen*
> 250 g *Erdbeeren*
> 150 g *Erdbeerkonfitüre*

Zubereitungszeit: 25 Minuten
Backzeit: etwa 25 Minuten

1. Den Backofen vorheizen. Den ausgerollten Pizza-boden auf ein Backblech (gefettet, mit Backpapier belegt) legen.

2. Für den Belag Pfirsiche und Aprikosen abspülen, abtropfen lassen, halbieren, entsteinen und in Spalten schneiden. Erdbeeren abspülen, abtropfen lassen, entstielen und halbieren.

3. Die Konfitüre durch ein Sieb streichen und auf dem Pizzaboden verteilen, rundherum 1 cm Rand dabei frei lassen. Den Boden mit den Pfirsichen und Aprikosen belegen. Das Backblech in den vorgeheizten Backofen schieben und die Pizza goldgelb backen.

Ober-/Unterhitze: etwa 200 °C
Heißluft: etwa 180 °C
Backzeit: etwa 25 Minuten.

4. Die Pizza vor dem Servieren mit den Erdbeerhälften belegen.

Tipp: Servieren Sie dazu steifgeschlagene Sahne. Sie können auch Pfirsiche und Aprikosen aus der Dose nehmen.

Früchtepudding | Klassisch – mit Alkohol
8 Portionen

Pro Portion:
E: 7 g, F: 7 g, Kh: 81 g, kJ: 1795, kcal: 429

200 g	getrocknete Birnen
200 g	getrocknete, entsteinte Pflaumen
200 g	getrocknete Aprikosen
375 ml	
(³/₈ l)	heißes Wasser
200 g	Weizenmehl
4 gestr. TL	Dr. Oetker Backin
30 g	Zucker
1 Pck.	Dr. Oetker Vanillin-Zucker
1 Msp.	gemahlener Ingwer
1 Msp.	gemahlene Nelken
1 Msp.	gemahlener Zimt
1 EL	Kirschwasser
150 ml	erkaltete Fruchtflüssigkeit
65 g	grob gehackte Haselnusskerne
65 g	gewürfeltes Zitronat (Sukkade)
100 g	verlesene Rosinen
	Semmelbrösel

Zubereitungszeit: 40 Minuten, ohne Quellzeit
Garzeit: 80–90 Minuten

1. Die Birnen, Pflaumen und Aprikosen mit Wasser übergießen und über Nacht quellen lassen.

2. Die gequollenen Früchte im heißen Wasser zum Kochen bringen, etwa 2 Minuten kochen, abtropfen lassen (dabei die Fruchtflüssigkeit auffangen), die erkalteten Früchte in kleine Stücke schneiden.

3. Das Weizenmehl mit dem Backpulver mischen, in eine Schüssel sieben, in die Mitte eine Vertiefung eindrücken, Zucker, Vanillin-Zucker, Ingwer, Nelken, Zimt, Kirschwasser und die Fruchtflüssigkeit hineingeben. Alle Zutaten schnell zu einem glatten Teig verrühren, zuletzt die klein geschnittenen Früchte, die Haselnusskerne, das Zitronat und die Rosinen unterheben.

4. Die Masse in eine Puddingform (Wasserbadform, 1,5 l Inhalt, gefettet, mit Semmelbröseln ausgestreut) füllen, mit dem Deckel verschließen. Die Form in einen Topf stellen und so viel Wasser hinzugießen, dass die Form bis zu ¹/₃ im Wasser steht.

5. Den Topf schließen, das Wasser zum Kochen bringen. Den Pudding im geschlossenen Topf bei schwacher Hitze 80–90 Minuten garen.

Beilage: Vanille- oder Weinschaumsauce.

Früchtequark | Klassisch
10–12 Portionen

Pro Portion:
E: 21 g, F: 13 g, Kh: 50 g, kJ: 1772, kcal: 424

1,5 kg	Magerquark
500 ml	
(¹/₂ l)	Milch
3 EL	
(75 g)	flüssiger Honig
150 g	Zucker
200 g	entsteinte, getrocknete Datteln
400 g	Schlagsahne
3–4	Äpfel (z. B. Golden Delicious)
2 EL	Zitronensaft
600 g	kleine, kernlose Weintrauben

Zubereitungszeit: 35 Minuten

1. Quark mit Milch, Honig und Zucker cremig rühren. Sahne steifschlagen. Datteln in Würfel schneiden und mit der Sahne unter den Quark heben.

2. Äpfel abspülen, abtrocknen, vierteln, entkernen, in kleine Stücke schneiden und mit Zitronensaft beträufeln. Weintrauben waschen und abtropfen lassen. Große Weintrauben halbieren. Die beiden Zutaten unter den Sahnequark heben.

3. Den Früchtequark in eine große Glasschüssel oder in Dessertgläser füllen.

Tipp: Sie können auch andere Früchte, wie z. B. Feigen, Bananen oder Erdbeeren, verwenden.

Fruchtige Vanille-Quark-Creme I
Mit Alkohol
4 Portionen

Pro Portion:
E: 14 g, F: 3 g, Kh: 25 g, kJ: 858, kcal: 205

Für die Creme:

400 g	Magerquark
100 g	saure Sahne
1 Pck.	Dr. Oetker Bourbon-Vanille-Zucker
50 g	Zucker
1–2 EL	Zitronensaft
3 EL	Maraschino (ital. Kirschlikör)
200 g	Erdbeeren
100 g	gemischte Beeren (Himbeeren, Brombeeren, Heidelbeeren)
	Zitronenmelisseblättchen

Zubereitungszeit: 20 Minuten

1. Für die Creme den Quark mit saurer Sahne cremig rühren, Vanille-Zucker, Zucker, Zitronensaft und Maraschino-Likör unterrühren.

2. Die Erdbeeren waschen, den Blütenansatz entfernen, die Erdbeeren vierteln. Gemischte Beeren verlesen, evtl. abspülen und trocken tupfen.

3. Drei Viertel der Erdbeeren mit der Hälfte der gemischten Beeren unter die Quarkcreme heben.

4. Die Creme in Dessertschalen geben, mit den restlichen Früchten und Zitronenmelisse garnieren.

Tipp: Noch fruchtiger wird das Dessert, wenn Sie den Quark mit pürierten Beeren anstelle von saurer Sahne verrühren. Dafür einfach 150 g geputzte Beeren pürieren, durch ein Sieb streichen und mit Vanille-Zucker und Zucker verrühren. Zitronensaft evtl. weglassen.

Fruchtiger Zwiebackauflauf I

Raffiniert – mit Alkohol

4 Portionen

Pro Portion:
E: 13 g, F: 26 g, Kh: 51 g, kJ: 2158, kcal: 515

2	*säuerliche Äpfel (400 g)*
2 EL	*Zitronensaft*
200 g	*Sauerkirschen*
2 EL	*Zucker*
1 Pck.	*Dr. Oetker Vanillin-Zucker*
2 EL	*Rum-Rosinen*
1 EL	*Butter*
8 Scheiben	*Aniszwieback*
150 g	*Joghurt*
125 g	*Schlagsahne*
3	*Eier (Größe M)*
	gemahlener Zimt
2–3 EL	*Zucker*
2 EL	*gehackte Haselnusskerne*
2 EL	*gehobelte Schokolade*

Zubereitungszeit: 40 Minuten
Backzeit: etwa 35 Minuten

1. Äpfel schälen, vierteln, entkernen, in Scheiben schneiden und mit Zitronensaft beträufeln.

2. Sauerkirschen waschen, entsteinen, zu den Äpfeln geben und mit Zucker und Vanillin-Zucker bestreuen. Rum-Rosinen darübergeben. Dann den Backofen vorheizen.

3. In eine flache Auflaufform (gefettet) 4 Scheiben Aniszwieback legen.

4. Joghurt mit Sahne und Eiern in einer Schüssel verrühren und mit Zimt und Zucker nach Geschmack abschmecken. Etwas Joghurt-Sahne-Masse über die Zwiebäcke geben.

5. Die Früchte darauf verteilen, restliche Zwiebäcke daraufgeben. Mit der Joghurt-Sahne-Masse bedecken. Die Form auf dem Rost in den vorgeheizten Backofen schieben.

Ober-/Unterhitze: 180–200 °C
Heißluft: 160–180 °C
Backzeit: etwa 35 Minuten.

6. Zwiebackauflauf mit Nusskernen und Schokolade bestreut servieren.

Tipp: Es können auch Sauerkirschen aus dem Glas verwendet werden.

Abwandlung: 250 ml (¼ l) Milch erhitzen, 8 Zwiebäcke damit beträufeln, 800 g stückiges Apfelkompott in eine Gratinform (gefettet) geben, darauf die eingeweichten Zwiebäcke legen. Nach Packungsanleitung aus 1 Päckchen Pudding-Pulver Vanille-Geschmack, 500 ml (½ l) Milch und 2 Eigelb einen Pudding zubereiten, darübergeben. Im vorgeheizten Backofen (Ober-/Unterhitze 200 °C, Heißluft 180 °C) etwa 20 Minuten überbacken.

Gebratene Ananasringe I

Einfach – mit Alkohol
4 Portionen

Pro Portion:
E: 8 g, F: 20 g, Kh: 43 g, kJ: 1742, kcal: 416

1 Dose	Ananasscheiben
	(Abtropfgewicht 490 g)
	Ananassaft aus der Dose
30 g	*Kokosraspel*
1–2 EL	*brauner Rum*
70 g	*Cornflakes*
30 g	*Weizenmehl*
2	*Eiweiß (Größe M)*
50 g	*Butterschmalz*
300 g	*Joghurt*
1–2 EL	*Zucker*

Zubereitungszeit: 30 Minuten, ohne Durchziehzeit

1. Ananas abtropfen lassen, dabei den Saft auffangen. 6 Esslöffel Ananassaft und Kokosraspel verrühren und 1 Stunde stehen lassen.

2. Ananasscheiben mit Rum beträufeln und ebenfalls 1 Stunde stehen lassen.

3. Cornflakes, Mehl und Eiweiß in je einen tiefen Teller geben. Cornflakes mit den Händen zerdrücken. Eiweiß mit einer Gabel verquirlen.

4. Ananasscheiben nochmals abtropfen lassen. Den restlichen aufgefangenen Saft unter die eingeweichten Kokosraspel mischen. Ananasscheiben trocken tupfen und nacheinander in Mehl, Eiweiß und Cornflakes wenden. Cornflakes leicht andrücken.

5. Dann etwas Butterschmalz in einer Pfanne erhitzen. Einige Ananasscheiben hineinlegen und etwa 1 Minute von jeder Seite im Fett braten. Auf Küchenpapier abtropfen lassen. Übrige Ananasscheiben im restlichen Butterschmalz braten.

6. Eingeweichte Kokosraspel, Joghurt und Zucker verrühren und zu den Ringen servieren.

Tipp: Dazu können Sie eine Vanillecremesauce servieren.

Gedämpfte Espresso-Creme I
Für Gäste
4 Portionen

Pro Portion:
E: 9 g, F: 17 g, Kh: 25 g, kJ: 1260, kcal: 301

Für die Creme:

400 ml	Milch
100 g	Schlagsahne
2	Eier (Größe M)
2	Eigelb (Größe M)
1 Pck.	Dr. Oetker Vanillin-Zucker
40 g	Zucker
1–2 TL	Instant-Espressopulver
3 EL	Puderzucker
einige	Erdbeeren
einige	Minzeblättchen

Zubereitungszeit: 30 Minuten, ohne Abkühl- und Kühlzeit
Garzeit: etwa 25 Minuten

1. Für die Creme Milch und Sahne aufkochen. Eier, Eigelb, Vanillin-Zucker und Zucker verrühren. Nach und nach das heiße Milch-Sahne-Gemisch dazugeben und unterschlagen, Espressopulver unterrühren.

Die Espresso-Milch durch ein Sieb gießen und in 4 backofengeeignete Tassen (jede mindestens 150 ml Inhalt) füllen.

2. Einen breiten Topf etwa 3 cm hoch mit Wasser füllen. Das Wasser aufkochen. Die Tassen in einen passenden Siebeinsatz stellen, den Siebeinsatz in den Topf hängen. Den Deckel auflegen. Die Espresso-Milch bei schwacher Hitze etwa 25 Minuten stocken lassen.

3. Die Tassen aus dem Sieb nehmen. Die Creme mit Frischhaltefolie bedecken, abkühlen lassen und mindestens 2 Stunden kalt stellen.

4. Kurz vor dem Servieren die Creme mit Puderzucker bestäuben und den Puderzucker mit einem kleinen Bunsenbrenner goldbraun karamellisieren. Die Creme anschließend mit Erdbeeren und Pfefferminze garniert servieren.

Tipp: Die Creme kann auch im Backofen gegart werden. Dafür den Backofen vorheizen (Ober-|Unterhitze: 160 °C, Heißluft: 140 °C). Die gefüllten Tassen in die Fettfangschale des Backofens stellen. Die Fettfangschale in den vorgeheizten Backofen schieben und etwa 3 cm hoch warmes Wasser einfüllen. Den Pudding etwa 35 Minuten stocken lassen.

Gefächerter Apfelauflauf I

Dauert länger
12 Portionen

Pro Portion:
E: 12 g, F: 24 g, Kh: 94 g, kJ: 2709, kcal: 647

3 kg	Äpfel
	(z. B. Boskop)
3 EL	Zitronensaft
2 EL	Wasser
2	helle, Biskuitböden
	(Wiener Böden, je 400 g,
	fertig gekauft)
1 l	Milch
10	Eier (Größe M)
120 g	Zucker
½ Fläsch-	
chen	Bittermandel-Aroma
200 g	Amarettini (ital. Mandel-
	makronen)
200 g	abgezogene, gestiftelte
	Mandeln
80 g	Butter oder Margarine

Zubereitungszeit: 60 Minuten
Backzeit: 50–60 Minuten

1. Äpfel schälen, vierteln, entkernen und in Achtel schneiden. Zitronensaft und Wasser verrühren und die Äpfel damit mischen. Den Backofen vorheizen.

2. Böden von 2 runden Auflaufformen (Ø 28–30 cm, gefettet) mit jeweils 1 Wiener Boden (3 Lagen) auslegen.

3. Milch mit Eiern verschlagen. Zucker und Aroma unterrühren. Amarettini in einen Gefrierbeutel geben. Beutel fest verschließen. Amarettini mit einer Teigrolle grob zerbröseln.

4. Apfelachtel dachziegelartig auf den Biskuitböden (in den Formen) verteilen, mit den Mandeln bestreuen und mit Amarettini belegen. Eiermilch darübergießen. Butter in Flöckchen darauf verteilen. Die Formen nacheinander (bei Heißluft zusammen) auf dem Rost in den vorgeheizten Backofen schieben.

Ober-/Unterhitze: etwa 180 °C
Heißluft: etwa 160 °C
Backzeit: 50–60 Minuten je Form.

Dazu passt: Vanille- oder Frucht-Eis und steifge-schlagene Sahne.

Abwandlung: Sie können auch 2,5 kg Birnen schälen, vierteln, entkernen und in Spalten schneiden, etwa 8 Minuten in 250 ml (¼ l) Weißwein dünsten und anstelle der Äpfel verwenden. Statt mit Biskuit-böden können Sie den Auflauf auch mit 500 g Löffel-biskuits zubereiten.

Tipp: Den Auflauf nach etwa 40 Minuten mit Back-papier zudecken, damit er nicht zu dunkel wird.

Gefüllte Weincremepilze I

Für Gäste – mit Alkohol

12 Stück

Pro Stück:
E: 4 g, F: 13 g, Kh: 25 g, kJ: 1010, kcal: 241

Für den Biskuitteig:

        3 Eier (Größe M)
        2 EL Weißwein
      125 g Zucker
      1 Pck. Dr. Oetker Vanillin-Zucker
      100 g Weizenmehl
        25 g Speisestärke
1 gestr. TL Dr. Oetker Backin
        50 g abgezogene, gemahlene Mandeln
        50 g zerlassene, abgekühlte Butter
              oder Margarine

Für die Füllung:

      200 g Schlagsahne
      1 Pck. Dr. Oetker Sahnesteif
      1 Pck. Dr. Oetker Vanillin-Zucker
        3 EL Weißwein
      200 g grüne und blaue kernlose
              Weintrauben

      etwas Puderzucker

Zubereitungszeit: 35 Minuten,
ohne Abkühl- und Kühlzeit
Backzeit: etwa 20 Minuten

1. Den Backofen vorheizen. Für den Teig Eier und Wein mit Handrührgerät mit Rührbesen auf höchster Stufe in 1 Minute schaumig schlagen. Zucker und Vanillin-Zucker mischen, in 1 Minute einstreuen, dann noch etwa 2 Minuten weiterschlagen.

2. Mehl mit Speisestärke und Backpulver mischen, die Hälfte davon auf die Eiercreme sieben und kurz auf niedrigster Stufe unterrühren. Den Rest des Mehlgemisches auf die gleiche Weise unterarbeiten. Zuletzt Mandeln und Butter oder Margarine vorsichtig unterrühren. Den Teig in eine Muffinform (für 12 Muffins, gefettet, gemehlt) füllen. Die Form auf dem Rost in den vorgeheizten Backofen schieben.

Ober-/Unterhitze: etwa 180 °C
Heißluft: etwa 160 °C
Backzeit: etwa 20 Minuten.

3. Die Muffins etwa 10 Minuten in der Form stehen lassen, dann aus der Form lösen und auf einem Kuchenrost erkalten lassen. Von den Muffins je einen Deckel abschneiden und beiseitelegen.

4. Für die Füllung Sahne mit Sahnesteif und Vanillin-Zucker steifschlagen. Den Wein vorsichtig unterheben. 2 Esslöffel der Sahnemasse abnehmen und in ein großes Papiertütchen oder einen Spritzbeutel mit sehr kleiner Lochtülle füllen. Restliche Sahnemasse mit einem Teelöffel auf die unteren Gebäckteile geben.

5. Weintrauben waschen, entstielen, evtl. halbieren (einige zum Garnieren beiseitestellen). Trauben auf der Sahnemasse verteilen. Die Deckel darauflegen und etwas andrücken. Vom Papiertütchen eine große Ecke abschneiden und Tuffs auf die Deckel spritzen. Die Deckel mit den beiseitegestellten Weintrauben garnieren.

6. Muffins etwa 30 Minuten kalt stellen und vor dem Servieren mit Puderzucker bestäuben.

Tipp: Für Kinder statt Wein Apfelsaft, hellen Traubensaft oder Zitronenlimonade verwenden.

Gegrillte Bananen mit Crème-fraîche-Sauce | Schnell

2 Portionen

Pro Portion:
E: 3 g, F: 38 g, Kh: 46 g, kJ: 2286, kcal: 549

2	*Bananen*
2 EL	*Zitronensaft*
2 EL	*Zucker*
½ TL	*gemahlener Zimt*
30 g	*Butter*
1 Becher	
(150 g)	*Crème fraîche*
1 TL	*Dr. Oetker Vanillin-Zucker*
2 EL	*Schlagsahne*
2 TL	*Wild-Preiselbeeren*
	(aus dem Glas)
einige	*Minzeblättchen*

Zubereitungszeit: 15 Minuten, ohne Kühlzeit

1. Bananen schälen, längs halbieren. Bananenhälften mit dem Zitronensaft beträufeln. Den Backofengrill vorheizen.

2. Zucker und Zimt vermischen. Bananen im Zimt-Zucker-Gemisch wenden, mit zerlassener Butter bestreichen.

3. Im Backofen unter dem vorgeheizten Grill 3–5 Minuten grillen.

4. Crème fraîche mit Vanillin-Zucker und Sahne verrühren, kühl stellen und anschließend zu den Bananen servieren.

5. Die Bananen mit Preiselbeeren und Minzeblättchen anrichten.

Gestockte Mandelcreme | Für Gäste

4 Portionen

Pro Portion:
E: 17 g, F: 39 g, Kh: 44 g, kJ: 2611, kcal: 623

1	Vanilleschote
200 g	Schlagsahne
400 ml	Milch
100 g	abgezogene, gemahlene Mandeln
4	Eier (Größe M)
140 g	Zucker
einige	
Tropfen	Bittermandel-Aroma

Zubereitungszeit: 90 Minuten
Garzeit: etwa 40 Minuten

1. Vanilleschote der Länge nach aufschneiden und das Mark herauskratzen. Vanilleschote und -mark, Sahne, Milch und Mandeln in einem Topf mischen, zum Kochen bringen und etwa 1 Minute kochen lassen.

2. Das Ganze durch ein Sieb gießen, dabei das Milch-Sahne-Gemisch auffangen. Die Mandeln im Sieb ausdrücken.

3. Eier mit 70 g Zucker und Bittermandel-Aroma verrühren. Das Milch-Sahne-Gemisch nach und nach unterrühren.

4. Masse in den gewässerten Römertopf® gießen, den Topf mit dem Deckel verschließen und auf dem Rost in den kalten Backofen schieben.

Ober-/Unterhitze: etwa 180 °C
Heißluft: etwa 160 °C
Garzeit: etwa 40 Minuten.

5. Mandeln mit dem restlichen Zucker mischen und nach Beendigung der Garzeit auf die Creme streuen. Unter dem Grill des Backofens (oder bei 250 °C) ohne Deckel in 3–4 Minuten goldbraun gratinieren. Die Creme im Römertopf® abkühlen lassen.

Tipp: Die gestockte Mandelcreme mit frischen, gezuckerten Beeren servieren.

Gestürzte Rieslingcreme mit süßem Kürbis | Für Gäste – mit Alkohol

4–6 Portionen

Pro Portion:
E: 6 g, F: 24 g, Kh: 69 g, kJ: 2456, kcal: 587

Für die Rieslingcreme:

4 Blatt	weiße Gelatine
1	Bio-Zitrone (unbehandelt, ungewachst)
1	Vanilleschote
200 g	Schlagsahne
50 g	Zucker
300 ml	Rieslingwein
150 g	weiße Kuvertüre

Für das Kürbiskompott:

300 g	Kürbisfleisch vom Muskatkürbis (ohne Schale, Kerne und grobe Fasern)
4	Passionsfrüchte
150 g	Zucker
100 ml	Weißwein
100 ml	Orangensaft
	Mark von
1	Vanilleschote

Zum Garnieren:

1	Bio-Zitrone (unbehandelt, ungewachst)
evtl.	Weinblätter

Zubereitungszeit: 40 Minuten, ohne Kühl- und Abkühlzeit

1. Für die Creme Gelatine nach Packungsanleitung in kaltem Wasser einweichen. Zitrone heiß abspülen, abtrocknen und die Schale abreiben. Vanilleschote aufschneiden, das Mark herauskratzen.

2. Sahne mit Zucker, Vanillemark und -schote und Zitronenschale in einem Topf aufkochen. Riesling hinzugießen und nochmals kurz aufkochen lassen. Den Topf von der Kochstelle nehmen. Gelatine leicht ausdrücken, in die Riesling-Sahne geben und unter Rühren darin auflösen. Vanilleschote entfernen.

3. Kuvertüre grob hacken, zu der Riesling-Sahne geben und unter Rühren schmelzen. Die Creme kalt schlagen (am besten in einer Schüssel im Eiswasserbad), bis sie abgekühlt und leicht gebunden ist.

4. Die Creme in 4–6 Förmchen (je etwa 150 ml Inhalt) füllen und anschließend mindestens 3 Stunden kalt stellen.

5. Für das Kompott Kürbisfleisch in kleine Würfel schneiden. Passionsfrüchte halbieren, das Fruchtfleisch mit einem Löffel herauslösen.

6. Zucker in einem Topf goldbraun karamellisieren. Mit Wein und Orangensaft ablöschen. Den Sud aufkochen. Kürbiswürfel, Fruchtfleisch der Passionsfrüchte und Vanillemark hinzugeben. Die Zutaten zum Kochen bringen und 5–10 Minuten bei mittlerer Hitze kochen lassen. Die Kürbismasse in eine Schüssel füllen, abkühlen lassen und kalt stellen.

7. Die Förmchen mit der Creme kurz in heißes Wasser tauchen. Die Rieslingcreme aus den Förmchen auf Teller stürzen. Das Kürbiskompott jeweils um die Creme herum verteilen.

8. Zum Garnieren die Zitrone heiß abspülen und trocken tupfen. Zitronenschale mit einem Zestenreißer in Streifen abziehen. Die Creme und das Kompott damit garnieren. Nach Belieben zusätzlich Weinblätter auf den Teller legen.

Abwandlung: Sehr gut schmeckt die Rieslingcreme auch mit einem Traubenkompott. Dazu 1 Vanilleschote aufschneiden und das Mark herauskratzen. 150 ml Weißwein mit 100 ml Wasser, Vanilleschote, -mark und 75 g Zucker in einem Topf aufkochen und ohne Deckel etwa 15 Minuten auf mittlerer Hitze auf die Hälfte sirupartig einkochen lassen. 400 g kernlose, grüne Weintrauben abspülen, abtropfen lassen und der Länge nach halbieren. Den Topf von der Kochstelle nehmen und die halbierten Weintrauben in die Sauce geben. Das Traubenkompott erkalten lassen. Die Vanilleschote herausnehmen und anschließend das Traubenkompott mit der gestürzten Rieslingcreme servieren.

Gestürzter Pudding mit Aprikosen I
Beliebt
4 Portionen

Pro Portion:
E: 5 g, F: 4 g, Kh: 61 g, kJ: 1363, kcal: 325

1 Pck.	Mandella Pudding-Pulver Vanille-Mandel
2 schwach geh. EL	Zucker
500 ml (¹/₂ l)	kalte Milch
1 Dose	Aprikosen (Abtropfgewicht 480 g)
3 EL	Zucker
1 Pck.	Tortenguss, klar
250 ml (¹/₄ l)	Aprikosensaft aus der Dose

Zubereitungszeit: 30 Minuten, ohne Abkühl- und Kühlzeit

1. Mandella Pudding-Pulver mit Zucker und 6 Esslöffeln von der Milch anrühren. Die übrige Milch in einem Topf erhitzen.

2. Das angerührte Pudding-Pulver unter Rühren hineingeben, erhitzen und in etwa 5 Minuten ausquellen lassen.

3. Aprikosen abtropfen lassen, den Saft dabei auffangen, 250 ml (¹/₄ l) davon abmessen. Die Hälfte der Aprikosen in kleine Stücke schneiden, unter den Pudding heben. Den Pudding in eine mit kaltem Wasser ausgespülte Puddingform oder Glasschüssel füllen, abkühlen lassen und mindestens 2 Stunden kalt stellen. Den Pudding auf einen Teller stürzen.

4. Aus Zucker, Tortenguss und dem abgemessenen Aprikosensaft nach Packungsanleitung einen Guss zubereiten.

5. Guss gleichmäßig über den Pudding gießen, mit den restlichen Aprikosen garniert servieren.

Giraffencreme | Für Kinder
10 Portionen

Pro Portion:
E: 4 g, F: 34 g, Kh: 28 g, kJ: 1851, kcal: 443

1 Dose	Pfirsichhälften
	(Abtropfgewicht 500 g)
600 g	Mascarpone
	(ital. Frischkäse)
80 g	Zucker
4 EL	Pfirsichsaft aus der Dose
200 g	Schlagsahne
1 Pck.	Dr. Oetker Sahnesteif
150 g	Schoko-Cookies
einige	Minzeblättchen

Zubereitungszeit: 40 Minuten

1. Pfirsiche in einem Sieb abtropfen lassen, dabei den Saft auffangen und 4 Esslöffel abmessen. 2 Pfirsichhälften zum Garnieren zurücklassen, die restlichen in einem Mixer pürieren.

2. Mascarpone mit Zucker und dem abgemessenen Pfirsichsaft glatt rühren. Pfirsichpüree unterrühren. Sahne mit Sahnesteif steifschlagen und unterheben. Die Creme in 3 Portionen teilen.

3. Schoko-Cookies in einen Gefrierbeutel geben, den Beutel verschließen und die Cookies mit einer Teigrolle zerdrücken. Die Cookies-Brösel ebenfalls in 3 Portionen teilen.

4. Eine Portion Creme auf 10 Dessertschälchen oder kleine Gläser verteilen und 1 Portion Cookies-Brösel daraufgeben. So fortfahren, bis alle Zutaten aufgebraucht sind. Die Creme kalt stellen.

5. Die zurückgelassenen Pfirsichhälften in Spalten schneiden. Die Creme mit Pfirsichspalten und Minzeblättchen garnieren. Die Giraffencreme gut gekühlt servieren.

Abwandlung: Anstelle der Schoko-Cookies können Sie auch Löffelbiskuits verwenden. Die Pfirsiche können auch gegen Aprikosen ausgetauscht werden.

Götter-Schichtspeise | Raffiniert
4 Portionen

Pro Portion:
E: 21 g, F: 10 g, Kh: 26 g, kJ: 1227, kcal: 293

> 200 g Himbeeren
> 1 Pck. Götterspeise Himbeer-
>   Geschmack (2 Beutel)
> 4–5 EL Zucker
> 500 ml
> (½ l) Wasser
> 125 g Schlagsahne

Zum Bestreuen:
> etwas Hagelzucker

Zubereitungszeit: 20 Minuten, ohne Kühlzeit

1. Himbeeren verlesen (nicht waschen). Einige schöne Himbeeren zum Garnieren zurücklassen, die restlichen Himbeeren in eine Glasschale (Ø 20 cm) geben.

2. Die Götterspeise mit Zucker und Wasser nach Packungsanleitung, aber mit den hier angegebenen Zutaten zubereiten. Die Hälfte der Flüssigkeit auf die Himbeeren in die Glasschale gießen, die Schale schräg in den Kühlschrank stellen und die Speise fest werden lassen.

3. Ein Drittel der restlichen Flüssigkeit in eine kleine, flache Schale gießen, die übrigen ⅔ in eine Rührschüssel gießen. Beide Flüssigkeiten anziehen lassen.

4. Sobald die ⅔ der Götterspeise anfangen dicklich zu werden, Sahne steifschlagen. Die Götterspeise mit Handrührgerät mit Rührbesen schaumig schlagen und die Sahne unterheben.

5. Die Sahnemasse auf die feste Götterspeise in der Glasschale füllen, glattstreichen und wieder kalt stellen.

6. Die feste Götterspeise aus der kleinen Schale in kleine Würfel schneiden und mit den zurückgelassenen Himbeeren auf der Speise anrichten. Mit Hagelzucker bestreuen.

Tipp: Die Götter-Schichtspeise kann natürlich auch in Portionsschälchen angerichtet werden. Dann nach Belieben die Speise zusätzlich mit 50–100 g verlesenen Himbeeren garnieren.

Götterspeise | Traditionell – mit Alkohol

6 Portionen

Pro Portion:
E: 6 g, F: 24 g, Kh: 63 g, kJ: 2170, kcal: 518

1 kg	Schattenmorellen
100 g	Zucker
1 Pck.	Dr. Oetker Vanillin-Zucker
200 g	Pumpernickel
400 ml	Kirschsaft
3 EL	Kirschwasser
50 g	Zartbitter-Schokolade
200 g	Schlagsahne
50 g	feiner Zucker
200 g	Crème fraîche

geraspelte Vollmilch-Schokolade

Zubereitungszeit: 45 Minuten, ohne Kühlzeit

1. Die Kirschen waschen, entstielen, entsteinen und den Saft auffangen.

2. Kirschen und Saft mit Zucker und Vanillin-Zucker zum Kochen bringen, nach etwa 2 Minuten auf ein Sieb geben. Etwa 400 ml Saft abmessen.

3. Brot zerbröseln. Brot mit dem warmen Kirschsaft begießen und so lange ziehen lassen, bis der Saft völlig aufgesogen ist. Kirschwasser dazugeben. Schokolade reiben und ebenfalls unterrühren.

4. Sahne mit Zucker und Crème fraîche steifschlagen.

5. In eine Glasschüssel abwechselnd Kirschen, Brotmischung und Sahnemasse schichten und mit Sahnemasse abschließen. Kalt stellen.

6. Die Götterspeise vor dem Servieren mit geraspelter Schokolade verzieren.

Götterspeisen-Mix I

Für Kinder – schnell

12 Portionen

Pro Portion:
E: 6 g, F: 3 g, Kh: 35 g, kJ: 837, kcal: 200

Für die Götterspeise:
- *je 1 Beutel*
- *aus 1 Pck. Götterspeise Himbeer-, Zitronen- und Waldmeister-Geschmack*
- *240 g Zucker*
- *1,2 l Wasser*

Für die Vanillesauce:
- *1 Vanilleschote*
- *1 l Milch*
- *80 g Zucker*
- *70 g Speisestärke*

Zubereitungszeit: 30 Minuten, ohne Gelierzeit

1. Die Götterspeise nach Farben getrennt nach Packungsanleitung mit je 80 g Zucker, aber mit jeweils nur 400 ml Wasser zubereiten. Die Götterspeise auch nach Farben getrennt jeweils in eine flache Schüssel füllen und fest werden lassen.

2. Die Götterspeise aus den Schüsseln lösen, in Würfel schneiden und danach in Dessertgläser schichten.

3. Für die Vanillesauce die Vanilleschote längs aufschlitzen und das Mark herauskratzen. 700 ml der Milch mit Zucker, Vanilleschote und -mark in einem Topf zum Kochen bringen.

4. Speisestärke mit der restlichen Milch anrühren, in die kochende Milch einrühren und einmal aufkochen lassen. Die Sauce erkalten lassen. Die Vanilleschote entfernen.

5. Die Vanillesauce entweder über die Speise geben oder getrennt dazureichen.

Grapefruit mit Marsala-Gelee I

Erfrischend – mit Alkohol
2 Portionen

Pro Portion:
E: 5 g, F: 0 g, Kh: 49 g, kJ: 1480, kcal: 353

> 3 *Grapefruits*
> *Saft von 2 Grapefruits*
> 250 ml
> (¹⁄₄ l) *Marsala (ital. Dessertwein)*
> 40 g *Zucker*
> 2 Blatt *weiße Gelatine*
> 2 Blatt *rote Gelatine*

Zubereitungszeit: 30 Minuten, ohne Gelierzeit

1. Von 2 Grapefruits zickzackförmig einen Deckel abschneiden. Die Deckel auspressen. Die Früchte etwa zur Hälfte aushöhlen. Das Fruchtfleisch in einem Sieb ausdrücken, den Saft auffangen. Ausgehöhlte Früchte bis zum Gebrauch kalt stellen.

2. Marsala mit dem aufgefangenen Saft auf 300 ml auffüllen. Zucker darin auflösen.

3. Gelatine nach Packungsanleitung in kaltem Wasser einweichen. Gelatine ausdrücken und mit 3 Esslöffeln Marsala bei schwacher Hitze auflösen. Restlichen Marsala einrühren. Flüssigkeit in eine flache Form gießen und kalt stellen.

4. Die übrige Grapefruit so schälen, dass auch die weiße Haut entfernt wird. Anschließend Fruchtfilets herauslösen.

5. Nach etwa 4 Stunden das Gelee stürzen, in Würfel oder Dreiecke schneiden und mit den Grapefruit-stücken in die ausgehöhlten Grapefruits füllen. Mit dem restlichen Gelee die Teller dekorieren.

Grießauflauf mit Obst | Für Kinder
4–6 Portionen

Pro Portion:
E: 14 g, F: 26 g, Kh: 83 g, kJ: 2696, kcal: 643

500 g	**Mirabellen oder 500 g Ananas-scheiben (aus der Dose)**
500 ml (½ l)	**Milch**
	Salz
125 g	**Weizengrieß**
1 Pck.	**Dr. Oetker Pudding-Pulver Vanille-Geschmack**
75 g	**Butter**
60 g	**Zucker**
1 Pck.	**Dr. Oetker Vanillin-Zucker**
3	**Eier (Größe M)**
1 gestr. TL	**Dr. Oetker Backin**

Zubereitungszeit: 50 Minuten
Backzeit: etwa 35 Minuten

1. Zunächst Mirabellen oder Ananasscheiben in einem Sieb abtropfen lassen. Die Ananasscheiben in Stücke schneiden. Milch (3 Esslöffel zurücklassen) mit Salz zum Kochen bringen. Anschließend den Backofen vorheizen.

2. Milch von der Kochstelle nehmen. Grieß einrühren und zum Quellen stehen lassen. Pudding-Pulver mit der zurückgelassenen kalten Milch anrühren.

3. Butter schaumig rühren, nach und nach Zucker, Vanillin-Zucker, Eier, Backpulver und den noch warmen Grießbrei mit dem angerührten Pudding-Pulver unterrühren.

4. Obst unterheben. Alles in eine Auflaufform (gefettet) füllen. Die Form auf dem Rost in den vorgeheizten Backofen schieben.

Ober-/Unterhitze: 180–200 °C
Heißluft: 160–180 °C
Backzeit: etwa 35 Minuten.

Grieß-Flammeri mit marinierten Beeren | Für Gäste – mit Alkohol

6 Portionen

Pro Portion:
E: 5 g, F: 16 g, Kh: 47 g, kJ: 1550, kcal: 370

2 Blatt	weiße Gelatine
250 ml	
(¹/₄ l)	Milch
75 g	Zucker
	Mark von
1	Vanilleschote
45 g	Weizengrieß
1	Eigelb (Größe M)
40 ml	Orangenlikör (z. B. Cointreau)
	abgeriebene Schale von
½	Bio-Orange (unbehandelt, ungewachst)
250 g	steifgeschlagene Schlagsahne

Für die Beeren:

100 g	Zucker
125 ml	
(¹/₈ l)	schwarzer Johannisbeernektar
125 ml	
(¹/₈ l)	Orangensaft
1 EL	Zitronensaft
	abgeriebene Schale von
1	Bio-Orange (unbehandelt, ungewachst)
250 g	gemischte Beeren (z. B. Himbeeren, Brombeeren, Johannisbeeren, Erdbeeren)
6	Johannisbeerrispen
	Zitronenmelisseblättchen
	steifgeschlagene Schlagsahne

Zubereitungszeit: 45 Minuten,
ohne Kühl- und Abkühlzeit

1. Gelatine nach Packungsanleitung in kaltem Wasser einweichen. Milch mit Zucker und Vanillemark aufkochen lassen. Grieß hinzugeben, gut verrühren und bei milder Hitze etwa 10 Minuten quellen lassen. Die ausgedrückte Gelatine unter Rühren darin auflösen.

2. Eigelb, Likör und Orangenschale verrühren und unter die lauwarme Grießmasse rühren, kalt stellen.

3. Wenn die Masse zu gelieren beginnt, die geschlagene Sahne unterheben. Die Masse in Förmchen (Ø 8 cm, Höhe 4 cm) füllen und für 3–4 Stunden kalt stellen.

4. Für die Beeren Zucker in einer Pfanne schmelzen lassen. Mit Johannisbeernektar, Orangen- und Zitronensaft auffüllen. Abgeriebene Orangenschale dazugeben und alles sehr gut einkochen lassen.

5. Beeren abspülen, trocken tupfen, entstielen und dazugeben. Nochmals aufkochen lassen, zur Seite stellen und abkühlen lassen.

6. Jedes Förmchen kurz in heißes Wasser tauchen. Die Flammeris auf Teller stürzen, mit Johannisbeerrispen, Zitronenmelisse und Sahnetuffs garnieren. Mit den lauwarmen Beeren servieren.

Hagebuttencreme mit Wein I

Fruchtig – mit Alkohol

4–6 Portionen

Pro Portion:
E: 3 g, F: 21 g, Kh: 28 g, kJ: 1430, kcal: 342

1 geh. TL	*gemahlene, weiße Gelatine*
1½ EL	*kaltes Wasser*
200 g	*Hagebuttenmus*
	(aus dem Reformhaus)
1 EL	*Zitronensaft*
125 ml	
(⅛ l)	*Weißwein*
1 EL	*Zucker*
250 g	*Schlagsahne*

Zum Garnieren:

Waffelblättchen oder -röllchen
evtl. steifgeschlagene Schlagsahne

Zubereitungszeit: 20 Minuten, ohne Kühlzeit

1. Die Gelatine mit kaltem Wasser anrühren, etwa 10 Minuten zum Quellen stehen lassen und unter Rühren erwärmen, bis sie gelöst ist.

2. Hagebuttenmus mit Zitronensaft, Weißwein und Zucker verrühren. Die Gelatinelösung unterrühren, kalt stellen.

3. Schlagsahne steifschlagen. Sobald die Masse anfängt dicklich zu werden, die Sahne vorsichtig unterheben.

4. Die Hagebuttencreme auf Gläser verteilen und nochmals kalt stellen.

5. Die Portionen kurz vor dem Servieren mit Waffelblättchen oder -röllchen garnieren, nach Belieben mit steifgeschlagener Schlagsahne verzieren.

Halbgefrorene Himbeer-Sahne-Creme | Fruchtig
6 Portionen

Pro Portion:
E: 5 g, F: 21 g, Kh: 47 g, kJ: 1701, kcal: 406

450 g *Himbeeren (frisch oder TK)*
100 g *Zucker*
200 g *Schlagsahne*
       Waffelbecher mit innerer
       Schokoladenglasur
       gehackte Pistazienkerne

Zubereitungszeit: 15 Minuten, ohne Gefrierzeit

1. Frische Himbeeren verlesen. Himbeeren auf einem Tablett im Gefrierfach des Kühlschrankes einfrieren.

2. Schlagsahne steifschlagen. Gefrorene Himbeeren und Zucker im Mixaufsatz der Küchenmaschine oder mit dem Schnellmixstab des Handrührgerätes pürieren. Mit geschlagener Sahne vermengen.

3. Halbgefrorene Himbeer-Sahne-Creme in Waffelbecher füllen. Mit gehackten Pistazienkernen bestreuen und sofort servieren.

Tipp: Mit Schokoladensauce servieren. Zum Portionieren kleiner Eismengen eignet sich ein Kaffeelot sehr gut.

Haselnuss-Soufflé mit Altbier-Sabayon | Für Gäste – mit Alkohol

4 Portionen

Pro Portion:
E: 13 g, F: 50 g, Kh: 55 g, kJ: 3057, kcal: 730

Für das Haselnuss-Soufflé:

1	*Bio-Orange (unbehandelt, ungewachst)*
80 g	*weiche Butter*
80 g	*Zucker*
3	*Eigelb (Größe M)*
20 g	*Speisestärke*
100 g	*gemahlene, geröstete Haselnusskerne*
3	*Eiweiß (Größe M)*
1	*Prise Salz*

Für die Altbier-Sabayon:

1	*Bio-Orange (unbehandelt, ungewachst)*
3	*Eigelb (Größe M)*
60 g	*Zucker*
125 ml	
(⅛ l)	*Altbier*
1 TL	*gemahlener Zimt*
1 Prise	*Nelkenpfeffer (gemahlener Piment)*

Zum Garnieren:

einige	*Haselnusskerne*
4 TL	*gemahlene Haselnusskerne*
einige	*Minzeblättchen*

Zubereitungszeit: 30 Minuten
Garzeit: etwa 20 Minuten

1. Für das Soufflé Orange heiß abspülen, abtrocknen und die Schale abreiben. Butter und die Hälfte des Zuckers (40 g) in einer Rührschüssel mit Handrührgerät mit Rührbesen schaumig schlagen. Eigelb nach und nach unterrühren, so dass eine gebundene Masse entsteht. Orangenschale unterrühren. Speisestärke mit der Hälfte der Haselnusskerne verrühren, zur Butter-Eigelb-Creme geben und unterrühren. Den Backofen vorheizen.

2. Eiweiß mit Salz steifschlagen. Restlichen Zucker kurz unterrühren. Die Hälfte des Eischnees unter die Butter-Eigelb-Creme rühren. Restliche Haselnusskerne und restlichen Eischnee vorsichtig unterheben.

3. Die Soufflémasse in die Souffléförmchen (Ø etwa 8 cm, gefettet, mit Zucker ausgestreut) füllen. Die Förmchen in die Fettpfanne des Backofens stellen. Die Fettpfanne in den vorgeheizten Backofen schieben, so viel heißes Wasser hinzugießen, dass die Förmchen bis zu ⅓ im Wasser stehen. Soufflémasse garen.

Ober-/Unterhitze: etwa 180 °C
Heißluft: etwa 160 °C
Garzeit: etwa 20 Minuten.

4. In der Zwischenzeit für die Altbier-Sabayon die Orange heiß abspülen, abtrocknen und die Schale abreiben. Die Orange zum Garnieren beiseitelegen.

5. Eigelb, Zucker, Orangenschale, Altbier, Zimt und Nelkenpfeffer in einer Schüssel im heißen Wasserbad schaumig schlagen.

6. Die abgeriebene Orange so schälen, dass die weiße Haut mit entfernt wird. Die Fruchtfilets herausschneiden.

7. Die gebackenen Soufflés aus den Förmchen auf Teller stürzen, Altbier-Sabayon dazugeben. Die Teller mit Orangenspalten, ganzen und gemahlenen Nusskernen und Minze garnieren.

Haselnuss-Tagliatelle mit Erdbeer-Rhabarber-Sauce I

Dauert länger

4 Portionen

Pro Portion:
E: 23 g, F: 42 g, Kh: 163 g, kJ: 3480, kcal: 832

Für die Haselnuss-Tagliatelle:

200 g	Weizenmehl
150 g	gemahlene Haselnuss-kerne
1 Prise	Salz
1 TL	Zucker
3	Eier (Größe M)
1–2 EL	Wasser
75 g	Mascarpone (ital. Frischkäse)

Für die Sauce:

500 g	Erdbeeren
500 g	Rhabarber
8	Kumquats
4 EL	Zucker
2 EL	Zitronensaft
2 EL	Speisestärke
1 EL	Wasser

Zubereitungszeit: 75 Minuten, ohne Ruhezeit

1. Für die Haselnuss-Tagliatelle Weizenmehl, Haselnusskerne, Salz, Zucker, Eier, Wasser und Mascarpone vermischen, mit den Händen einen glatten Teig daraus kneten. Den Teig in Frischhaltefolie wickeln und etwa 1 Stunde ruhen lassen.

2. Den Teig auf einer bemehlten Arbeitsfläche in kleinen Portionen dünn ausrollen (Restteig eingewickelt lassen) und in dünne Streifen schneiden. In reichlich kochendes, leicht gesalzenes Wasser geben, zum Kochen bringen. 5–6 Minuten gar ziehen lassen.

3. Die Tagliatelle auf ein Sieb geben, kurz mit kaltem Wasser übergießen und abtropfen lassen.

4. Für die Sauce Erdbeeren abspülen, gut abtropfen lassen, entstielen und vierteln. Rhabarber abspülen, abtropfen lassen, putzen und in kleine Stücke schneiden. Kumquats abspülen, abtropfen lassen und halbieren. Erdbeeren, Rhabarberstücke und Kumquats mit Zucker und Zitronensaft aufkochen und dann 3–5 Minuten dünsten. Speisestärke mit Wasser anrühren, die Früchte damit binden.

5. Die Nudeln auf Tellern anrichten, die Früchte um die Nudeln herum anrichten und servieren.

Tipp: Das Dessert zusätzlich mit dünnen Streifen Orangen- und Zitronenschale garnieren.

Hefe-Quark-Klöße mit Kirschen I
Dauert länger
4 Portionen

Pro Portion:
E: 24 g, F: 45 g, Kh: 121 g, kJ: 4346, kcal: 1038

Für die Klöße:

375 g	Weizenmehl
1 Pck.	Dr. Oetker Trockenbackhefe
100 g	Zucker
	Salz
100 g	zerlassene, abgekühlte Butter
2	Eier (Größe M)
250 g	Magerquark
½ Pck.	Dr. Oetker Finesse
	Geriebene Zitronenschale

Für das Kirschkompott:

1 Glas	Sauerkirschen
	(Abtropfgewicht 350 g)
	Kirschsaft aus dem Glas
1 Stück	Zimtstange
½ Pck.	Dr. Oetker Finesse
	Geriebene Zitronenschale
3 TL	Speisestärke
2 EL	kaltes Wasser
	Zucker
100 g	Butter

Zubereitungszeit: 40 Minuten, ohne Teiggehzeit

1. Für den Teig Mehl in eine Schüssel sieben und mit Hefe sorgfältig vermischen. Zucker, Salz, Butter, Eier, Quark und Zitronenschale hinzufügen. Alles mit Handrührgerät mit Knethaken zuerst auf niedrigster, dann auf höchster Stufe in etwa 5 Minuten zu einem Teig verarbeiten. Sollte er kleben, noch etwas Mehl hinzufügen.

2. Teig an einem warmen Ort so lange stehen lassen, bis er sich sichtbar vergrößert hat (etwa 40 Minuten). Auf einer bemehlten Arbeitsfläche gut durchkneten.

3. Dann den Teig in 10 Teile schneiden, mit bemehlten Händen zu Klößen formen, auf ein bemehltes Backbrett legen und an einem warmen Ort gehen lassen, bis sich die Klöße sichtbar vergrößert haben.

4. Einen breiten, flachen Topf knapp zur Hälfte mit Wasser füllen. Ein Küchentuch über den Topf spannen, an den Topfgriffen festbinden und mit Mehl bestäuben. Die Klöße auf das Tuch legen, eine Schüssel darüberdecken und die Klöße etwa 20 Minuten gar ziehen lassen.

5. Für das Kompott die Sauerkirschen abtropfen lassen. Den Saft auffangen und mit Zimt und Zitronenschale zum Kochen bringen.

6. Speisestärke mit Wasser anrühren, in den Saft rühren und unter Rühren aufkochen. Mit Zucker abschmecken. Die Gewürze entfernen und die Kirschen hinzufügen.

7. Butter bräunen lassen. Klöße und Kompott auf Teller verteilen. Etwas Butter über die Klöße geben. Restliches Kompott und Butter dazu servieren.

Heidelbeer-Bavaroise | Für Gäste

6–8 Portionen

Pro Portion:
E: 8 g, F: 34 g, Kh: 40 g, kJ: 2123, kcal: 507

6 Blatt	weiße Gelatine
6 Blatt	rote Gelatine
750 g	Heidelbeeren
200 g	gesiebter Puderzucker
etwas	Zitronensaft
6	Eigelb (Größe M)
2 EL	lauwarmes Wasser
500 g	Schlagsahne

Zum Garnieren:

125 g	Schlagsahne
1–2 TL	Zucker
einige	Minzeblättchen

Zubereitungszeit: 40 Minuten, ohne Kühlzeit

1. Gelatine nach Packungsanleitung einweichen. Heidelbeeren verlesen, abspülen und gut abtropfen lassen.

2. Die Gelatine ausdrücken und bei schwacher Hitze unter Rühren auflösen. Gut die Hälfte der Heidelbeeren mit der Hälfte des Puderzuckers und Zitronensaft pürieren und nach und nach mit der lauwarmen Gelatine verrühren.

3. Eigelb mit Wasser schaumig schlagen, den restlichen Puderzucker nach und nach unterschlagen und unter das Heidelbeerpüree rühren.

4. Sobald das Heidelbeerpüree anfängt zu gelieren, die Sahne steifschlagen und unterheben.

5. Die Speise in eine Puddingform füllen und mindestens 2 Stunden kalt stellen.

6. Die Form kurz in heißes Wasser tauchen. Dann die Speise mit einem Messer am Rand lösen und auf eine Platte stürzen.

7. Die Schlagsahne steifschlagen, mit Zucker abschmecken und in einen Spritzbeutel mit Sterntülle füllen. Tuffs rund um die Creme spritzen und anschließend mit den zurückgelassenen Heidelbeeren und Minzeblättchen garnieren.

Heidelbeerpfannkuchen | Schnell
4 Portionen

Pro Portion:
E: 16 g, F: 26 g, Kh: 106 g, kJ: 3179, kcal: 759

250 g	*Weizenmehl*
4	*Eier (Größe M)*
500 ml	
(¹/₂ l)	*Milch*
4 EL	*Zucker*
400 g	*Heidelbeeren*
80 g	*Butter*
	Puderzucker

Zum Garnieren:
evtl. *gemahlene Pistazien*
evtl. *Erdbeeren*
evtl. einige *Minzeblättchen*

Zubereitungszeit: 30 Minuten

1. Mehl in eine Schüssel sieben und in die Mitte eine Vertiefung drücken. Eier mit Milch und Zucker verschlagen und etwas davon in die Vertiefung geben.

2. Von der Mitte aus Eiermilch und Mehl verrühren. Nach und nach die übrige Eiermilch dazugeben, darauf achten, dass keine Klümpchen entstehen.

3. Heidelbeeren verlesen, abspülen und gut abtropfen lassen.

4. Etwas Butter in einer Pfanne zerlassen, eine dünne Teiglage hineingeben und von beiden Seiten goldgelb backen. Bevor der Pfannkuchen gewendet wird, etwas Butter in die Pfanne geben. Übrigen Teig auf die gleiche Weise in der restlichen Butter backen.

5. Die fertigen Pfannkuchen mit den Heidelbeeren füllen, aufrollen und mit Puderzucker bestäuben. Evtl. mit gemahlenen Pistazien, Erdbeeren und Minze garnieren.

Herrencreme | Klassisch – mit Alkohol
12 Portionen

Pro Portion:
E: 7 g, F: 29 g, Kh: 41 g, kJ: 2038, kcal: 486

> 3 Pck. **Dr. Oetker Pudding-Pulver**
> **Sahne-Geschmack**
> 6 schwach
> geh. EL **Zucker**
> 1,5 l **kalte Milch**
> 125 ml
> (¹/₈ l) **brauner Rum**
> 200 g **klein geschnittene Schokolade**
> 750 g **Schlagsahne**
> 3 Pck. **Dr. Oetker Sahnesteif**
> 3 Pck. **Dr. Oetker Vanillin-Zucker**
> **Cocktailkirschen**

Zubereitungszeit: 35 Minuten,
ohne Abkühl- und Kühlzeit

1. Pudding-Pulver mit Zucker und 125 ml (¹/₈ l) von der Milch anrühren. Die übrige Milch zum Kochen bringen, von der Kochstelle nehmen, das angerührte Pudding-Pulver unterrühren, gut aufkochen lassen.

2. Pudding mit Frischhaltefolie bedecken, abkühlen lassen und kalt stellen. Unter den erkalteten, aber noch nicht fest gewordenen Pudding Rum und ²/₃ der Schokolade rühren.

3. Sahne etwa ¹/₂ Minute schlagen. Sahnesteif mit Vanillin-Zucker mischen, einstreuen und die Sahne steifschlagen.

4. Etwa ²/₃ der Sahne unter den Pudding heben, die restliche Sahne in einen Spritzbeutel mit Sterntülle füllen.

5. Die Herrencreme mit der zurückgelassenen Schokolade garnieren, mit der restlichen Sahne aus dem Spritzbeutel verzieren, mit Cocktailkirschen garnieren.

Tipp: Die Herrencreme entweder gleich in Dessert-schälchen portionieren oder in eine große Glasschale füllen.

Himbeer-Baiser-Speise I

Einfach – mit Alkohol

10–12 Portionen

Pro Portion:
E: 2 g, F: 23 g, Kh: 24 g, kJ: 1468, kcal: 350

1 kg	*Himbeeren*
100 ml	*Himbeergeist*
200 g	*Baiser (fertig gekauft)*
800 g	*Schlagsahne*
3 Pck.	*Dr. Oetker Vanillin-Zucker*

Zubereitungszeit: 40 Minuten

1. Himbeeren verlesen, mit Himbeergeist beträufeln und etwas durchziehen lassen. Baiser grob zerbröckeln. Sahne mit Vanillin-Zucker steifschlagen.

2. Die Zutaten in eine Glasschüssel schichten, die letzte Schicht sollte aus Himbeeren bestehen. Die Speise sofort servieren.

Tipp: Die geschichtete Speise sollte höchstens 20 Minuten stehen. Der Arbeitsschritt 1 kann aber schon vorbereitet werden. Erst kurz vor dem Servieren den 2. Arbeitsschritt vollziehen. Wer auf Alkohol verzichten möchte, kann statt Himbeergeist die gleiche Menge Himbeersirup verwenden.

Himbeer-Buttermilch-Kaltschale I

Schnell – für Kinder

4 Portionen

Pro Portion:
E: 6 g, F: 1 g, Kh: 17 g, kJ: 449, kcal: 107

250 g	Himbeeren
500 ml	
(¹⁄₂ l)	Buttermilch
	Saft von
¹⁄₂	Zitrone
2 EL	
(30 g)	Zucker
20 g	Weizenkleie

Zum Garnieren:

Zitronenmelissezweige

Zubereitungszeit: 15 Minuten

1. Himbeeren verlesen, evtl. waschen, trocken tupfen, 16 schöne Exemplare beiseitelegen und den Rest pürieren.

2. Das Himbeerpüree mit Buttermilch, Zitronensaft, Zucker und Weizenkleie verrühren.

3. Himbeer-Buttermilch-Kaltschale auf Schälchen verteilen und mit den restlichen Himbeeren und Zitronenmelissezweigen garnieren.

Himbeercreme-Schnitten I

Für Kinder – für Gäste
10–12 Portionen

Pro Portion:
E: 5 g, F: 21 g, Kh: 34 g, kJ: 1505, kcal: 360

Für den Biskuitteig:

          4 Eier (Größe M)
     2 EL heißes Wasser
 125 g Zucker
 1 Pck. Dr. Oetker Vanillin-Zucker
     75 g Weizenmehl
     50 g Speisestärke
1 gestr. TL Dr. Oetker Backin
     20 g Kakaopulver
     50 g zerlassene, abgekühlte Butter

Für die Himbeercreme:

 200 g Himbeeren
 250 g Schlagsahne
 1 Pck. Dr. Oetker Sahnesteif
 100 g weiche Butter
 100 g gesiebter Puderzucker
 2–3 EL Himbeerkonfitüre

Zum Garnieren:

          steifgeschlagene Schlagsahne
          Schokoladenraspel
          Himbeeren

Zubereitungszeit: 90 Minuten,
ohne Abkühl- und Kühlzeit
Backzeit: 10–15 Minuten

1. Den Backofen vorheizen. Für den Biskuitteig Eier und Wasser mit Handrührgerät mit Rührbesen auf höchster Stufe in 1 Minute schaumig schlagen. Zucker und Vanillin-Zucker in 1 Minute einstreuen und dann noch etwa 2 Minuten weiterschlagen.

2. Mehl mit Speisestärke, Backpulver und Kakao mischen. Die Hälfte davon auf die Eiercreme sieben und kurz auf niedrigster Stufe unterrühren. Den Rest des Mehlgemisches auf die gleiche Weise unterarbeiten und die Butter vorsichtig unterrühren.

3. Den Teig auf ein Backblech (30 x 40 cm, gefettet, mit Backpapier belegt) streichen. Das Backblech in den vorgeheizten Backofen schieben.

Ober-/Unterhitze: etwa 200 °C
Heißluft: etwa 180 °C
Backzeit: 10–15 Minuten.

4. Den Biskuit sofort nach dem Backen auf ein mit Zucker bestreutes Geschirrtuch stürzen. Das Backpapier mit kaltem Wasser bestreichen und vorsichtig, aber schnell abziehen. Die Gebäckplatte erkalten lassen.

5. Für die Himbeercreme Himbeeren verlesen und pürieren. Sahne etwa ½ Minute schlagen, Sahnesteif einstreuen und die Sahne steifschlagen.

6. Butter geschmeidig rühren. Nach und nach Puderzucker unterrühren. Abwechselnd esslöffelweise die Sahne und das Himbeerpüree unterrühren.

7. Von der Gebäckplatte 2 Streifen von je etwa 9 cm Breite abschneiden und mit Himbeerkonfitüre bestreichen. ¾ der Himbeercreme auf die restliche Gebäckplatte streichen, diese in etwa 6 cm breite Streifen schneiden, hochkant nebeneinander auf 1 der mit Konfitüre bestrichenen Platten setzen, mit der zweiten mit Konfitüre bestrichenen Platte abdecken und mit der restlichen Creme ganz bestreichen. Die Himbeercreme-Schnitten kalt stellen.

8. Mit steifgeschlagener Sahne verzieren, mit Schokoladenraspeln und Himbeeren garnieren und kalt stellen. Vor dem Verzehr in Schnitten schneiden.

Himbeer-Eis | Erfrischend – mit Alkohol
2–4 Portionen

Pro Portion:
E: 1 g, F: 0 g, Kh: 30 g, kJ: 769, kcal: 183

    300 g Himbeeren
     50 g Zucker
      8 cl Apricot Brandy
einige Himbeeren

Zubereitungszeit: 10 Minuten, ohne Gefrierzeit

1. Himbeeren verlesen, mit dem Zucker im Mixer pürieren. Masse in einen gefrierfesten Behälter füllen und zugdeckt gefrieren lassen.

2. Brandy auf 2–4 Gläser verteilen. Mit einem Eisportionierer Kugeln vom Himbeer-Eis abstechen und in die Gläser geben. Das Himbeer-Eis mit Himbeeren garnieren.

Himbeer-Joghurt-Creme I

Beliebt

5 Portionen

Pro Portion:
E: 9 g, F: 4 g, Kh: 25 g, kJ: 839, kcal: 200

Für die Creme:

250 g	TK-Himbeeren
7 Blatt	weiße Gelatine
2 geh. EL	Zucker
500 g	cremiger Joghurt (1,5 %)
½ Pck.	Dr. Oetker Finesse
	Geriebene Zitronenschale
1–2 EL	Zitronensaft
2–3 EL	roter Fruchtsaft oder Rotwein

Für die Vanillesauce:

2–3 gestr.	
EL	Zucker
1 Pck.	Dessert-Sauce
	Vanille-Geschmack, zum Kochen
500 ml	
(½ l)	Milch

Zubereitungszeit: 45 Minuten,
ohne Auftau- und Kühlzeit

1. Für die Creme die Himbeeren auftauen lassen. Die Gelatine in kaltem Wasser nach Packungsanleitung einweichen.

2. Die Himbeeren mit Zucker pürieren. Die Hälfte davon mit Joghurt, Zitronenschale und -saft gut verrühren. Restliches Püree kalt stellen.

3. Die Gelatine ausdrücken, bei schwacher Hitze im Topf auflösen. Etwas von der Himbeer-Joghurt-Masse unterrühren und dann mit der ganzen restlichen Masse verrühren. Die Himbeer-Joghurt-Masse in Portionsförmchen geben, kalt stellen und fest werden lassen.

4. Für die Vanillesauce aus Zucker, Saucen-Pulver und Milch nach Packungsanleitung eine Sauce zubereiten. Erkalten lassen, dabei ab und zu durchrühren.

5. Das restliche Himbeerpüree mit dem Fruchtsaft oder Rotwein verrühren (etwas zurücklassen), in die Mitte von 5 Tellern geben und etwas auseinanderstreichen. Die Himbeer-Joghurt-Creme stürzen und in die Mitte setzen. Etwas Vanillesauce als äußeren Ring darumgießen und mit einem Holzstäbchen das Himbeerpüree in die Vanillesauce ziehen. Das restliche Himbeerpüree auf die Creme geben und sofort servieren.

Himbeer-Kirsch-Gelee | Für Kinder

4 Portionen

Pro Portion:
E: 9 g, F: 6 g, Kh: 69 g, kJ: 1578, kcal: 376

375 g	Sauerkirschen
250 ml	
(¹/₄ l)	Wasser
125 g	Zucker
1 Pck.	Dr. Oetker Vanillin-Zucker
1 Beutel	
aus 1 Pck.	Götterspeise
	Himbeer-Geschmack
1 geh. EL	Zucker
500 ml	
(¹/₂ l)	Saft von den Kirschen
100 g	Himbeeren
500 g	Vanillejoghurt

Zubereitungszeit: 40 Minuten,
ohne Abkuhl- und Kühlzelt

1. Kirschen waschen, abtropfen lassen, entstielen, entsteinen, mit Wasser, Zucker und Vanillin-Zucker in einem Topf zum Kochen bringen. Etwa 10 Minuten kochen, abtropfen lassen, Saft auffangen, mit Wasser auf 500 ml (¹/₂ l) auffüllen. Kirschen abkühlen lassen und kalt stellen.

2. Aus Götterspeise, Zucker und der abgemessenen Flüssigkeit nach Packungsanleitung eine Götterspeise zubereiten und kalt stellen.

3. Unter die dickliche, noch nicht erstarrte Speise die Kirschen heben, in Portionsgläser füllen und kalt stellen.

4. Die Himbeeren verlesen. Das Gelee mit Himbeeren garnieren und mit Vanillejoghurt servieren.

Himbeer-Parfait | Für Gäste

4 Portionen

Pro Portion:
E: 9 g, F: 46 g, Kh: 43 g, kJ: 2695, kcal: 644

500 g	Himbeeren
2	Eigelb (Größe M)
125 g	Zucker
2 EL	Zitronensaft
2	Eiweiß (Größe M)
500 g	Schlagsahne

Zum Garnieren:

250 g	Himbeeren
einige	Minzeblättchen

Zubereitungszeit: 25 Minuten, ohne Gefrierzeit

1. Himbeeren verlesen, pürieren und durch ein Sieb streichen.

2. Eigelb mit dem Zucker schaumig schlagen und Zitronensaft unterrühren.

3. Eiweiß und Sahne getrennt steifschlagen, unter die Eigelbcreme ziehen. Vorsichtig mit dem Himbeerpüree vermengen, in eine gefriergeeignete Schüssel geben und zugedeckt 3–4 Stunden gefrieren lassen.

4. Kurz vor dem Servieren die Form in heißes Wasser tauchen. Das Parfait mit einem Messer am Rand der Form lösen und auf eine Platte stürzen. Das Parfait mit Himbeeren und Minze garnieren.

Hinweis: Nur ganz frische Eier verwenden, die nicht älter als 5 Tage sind (Legedatum beachten!).

Himbeer-Sahne-Kuppel I

Raffiniert – mit Alkohol

4 Portionen

Pro Portion:

E: 9 g, F: 55 g, Kh: 58 g, kJ: 3366, kcal: 805

4 Blatt	weiße Gelatine
60 g	Zucker
2	Eigelb (Größe M)
1 EL	Zitronensaft
1 EL	Orangensaft
250 g	Schlagsahne
2 EL	Himbeergeist
200 g	angetaute TK-Himbeeren
1	Biskuitboden (fertig gekauft)
40 g	Zucker
3 EL	Wasser
1 EL	Himbeergeist
400 g	Schlagsahne

Zubereitungszeit: 25 Minuten, ohne Kühlzeit

1. Gelatine nach Packungsanleitung einweichen.

2. Zucker, Eigelb, Zitronen- und Orangensaft in eine Schüssel geben und mit einem Schneebesen im hei-ßen Wasserbad aufschlagen, bis eine cremeartige Masse entstanden ist. Die Schüssel in ein kaltes Wasserbad setzen, die Creme kalt schlagen.

3. Gelatine ausdrücken, bei schwacher Hitze im Topf auflösen und mit 3 Esslöffeln von der Masse verrühren. Die Gelatinemasse unter die Eigelbmasse rühren. Sahne steifschlagen und mit dem Himbeergeist unter die Masse heben.

4. Die Himbeeren (eine schöne Himbeere zum Garnieren zurücklassen) unterheben und anschließend die Masse in eine kuppelartige Schüssel (Ø etwa 16 cm, etwa 1 l Inhalt) füllen.

5. Aus dem Biskuitboden einen Kreis in Größe des Schüsseldurchmessers ausstechen oder ausschneiden. Zucker mit Wasser aufkochen lassen und den Himbeergeist unterrühren. Den Boden damit tränken und auf die Masse legen. Alles etwa 2 Stunden kühl stellen.

6. Die Schüssel kurz in heißes Wasser tauchen und auf einen Teller oder eine Platte stürzen. Sahne steifschlagen. Die Kuppel damit einstreichen und mit der zurückgelassenen Himbeere garnieren.

Hinweis: Nur ganz frische Eier verwenden, die nicht älter als 5 Tage sind (Legedatum beachten!).

Holunderbeercreme mit geeister Birnensauce | Raffiniert – mit Alkohol

4 Portionen

Pro Portion:
E: 10 g, F: 28 g, Kh: 68 g, kJ: 2914, kcal: 697

1 Pck.	*gemahlene, weiße Gelatine*
3 EL	*kaltes Wasser*
6	*Eigelb (Größe M)*
60 g	*Zucker*
250 ml	
(¼ l)	*Holunderbeersaft*
125 ml	
(⅛ l)	*Weißwein*
2 EL	*Cassis (Johannisbeerlikör)*
250 g	*Schlagsahne*

Für die Birnensauce:

1 kg	*Birnen*
	Mark von
2	*Vanilleschoten*
75 g	*Zucker*
375 ml	
(⅜ l)	*Weißwein*
2 EL	*Himbeergeist*
	Holunderbeeren

Zubereitungszeit: 70 Minuten, ohne Kühl- und Gefrierzeit

1. Gelatine mit Wasser anrühren und etwa 10 Minuten quellen lassen.

2. Eigelb mit Zucker, Holunderbeersaft und Weißwein verrühren und im heißen Wasserbad so lange schlagen, bis eine dickliche Creme entstanden ist.

3. Die gequollene Gelatine unter die heiße Creme rühren, bis sie gelöst ist. Die Creme im kalten Wasserbad so lange rühren, bis sie dicklich wird.

4. Johannisbeerlikör unterrühren. Sahne steifschlagen und leicht unterheben, so dass eine Marmorierung erhalten bleibt. Die Creme zugedeckt etwa 2 Stunden kalt stellen.

5. Für die Birnensauce Birnen schälen, halbieren, entkernen, mit Vanillemark, Zucker und Wein zum Kochen bringen und anschließend 8–10 Minuten dünsten.

6. Birnenhälften herausnehmen, 2 Hälften in Spalten schneiden. Restliche Birnen mit dem Schneidestab des Handrührgerätes pürieren, mit Himbeergeist beträufeln, kalt stellen und etwa 20 Minuten vor dem Servieren in das Gefrierfach stellen.

7. Die geeiste Birnensauce kurz vor dem Servieren mit dem Schneebesen durchschlagen, mit der Holunderbeercreme auf Portionstellern anrichten und danach mit den Birnenspalten und Holunderbeeren garnieren.

Holunderblüten-Pfannkuchen ▮
Preiswert
8 Stück

Pro Stück:
E: 11 g, F: 8 g, Kh: 35 g, kJ: 1127, kcal: 269

250 g *Weizenmehl*
100 g *Haferflocken (Instant)*
4 *Eier (Größe M)*
½ *TL Salz*
500 ml
(½ l) *Milch*
8 *Holunderblütendolden*
60–80 g *Butter*
Zucker

Zubereitungszeit: 40 Minuten, ohne Ruhezeit

1. Das Mehl mit den Haferflocken in einer Schüssel vermengen, in die Mitte eine Vertiefung eindrücken.

2. Die Eier mit Salz in die Vertiefung geben, von der Mitte aus mit dem Mehl zu einem festen Kloß verrühren. Unter Rühren langsam die Milch hinzugießen. Dabei darauf achten, dass keine Klümpchen entstehen. Den Teig etwa 15 Minuten stehen lassen.

3. Die Holunderdolden vorsichtig abspülen, trocken tupfen, die Stängel dicht an den Blüten abschneiden.

4. Für jeden Pfannkuchen etwas Butter in einer Pfanne erhitzen. Mit einem Schöpflöffel etwas Teig hineingießen und mit einer drehenden Bewegung auf dem Boden der Pfanne verteilen. Die Blüten einer Holunderdolde darüberstreuen, etwas eindrücken.

5. Sobald die Teigränder goldgelb sind, den Pfannkuchen mit einem Pfannenwender umdrehen und auf der anderen Seite fertig backen. Die restlichen Pfannkuchen auf dieselbe Weise backen.

6. Die Pfannkuchen mit Zucker bestreut servieren.

Joghurt-Aprikosen-Gelee | Raffiniert

6–8 Portionen

Pro Portion:
E: 8 g, F: 14 g, Kh: 55 g, kJ: 1711, kcal: 409

1 Dose	Aprikosen (Abtropfgewicht 480 g)
2 Pck.	gemahlene, weiße Gelatine
10 EL	Aprikosensaft aus der Dose
750 g	Joghurt
250 g	Schlagsahne
150 g	Zucker
2 Pck.	Dr. Oetker Vanillin-Zucker
	abgeriebene Schale und Saft von
1	Bio-Zitrone (unbehandelt, ungewachst)
5 EL	Aprikosensaft aus der Dose
80 g	Zucker
4 Blatt	weiße Gelatine
3 EL	Zitronensaft

Zubereitungszeit: 35 Minuten, ohne Kühlzeit

1. Aprikosen abtropfen lassen, den Saft dabei auffangen. Gelatine mit 10 Esslöffeln Aprikosensaft anrühren, nach Packungsanleitung quellen lassen und unter Rühren erwärmen, bis sie gelöst ist.

2. Joghurt mit Sahne, Zucker, Vanillin-Zucker, Zitronenschale und -saft verschlagen. Zunächst 3 Esslöffel davon mit der eingeweichten Gelatine verrühren, unter die übrige Speise rühren. Die Masse in hohe Gläser füllen und kalt stellen, damit sie fest wird.

3. Aprikosen mit 5 Esslöffeln Saft und Zucker pürieren. Gelatine nach Packungsanleitung quellen lassen. Die Masse unter Rühren erwärmen, bis sie gelöst ist.

4. Zuerst etwas Aprikosenpüree unter die Gelatine rühren, dann die Gelatinemasse zu dem restlichen Püree geben. Das Aprikosenpüree über das feste Joghurtgelee geben, kalt stellen und fest werden lassen.

Tipp: Die Aprikosen ohne Gelatine zubereiten und als Fruchtsauce über das Joghurtgelee geben.

Joghurt-Eis mit Rosinen-Wein-Sauce | Für Gäste – mit Alkohol

8 Portionen

Pro Portion:
E: 7 g, F: 27 g, Kh: 25 g, kJ: 1649, kcal: 405

Für das Joghurt-Eis:

75 g	Rosinen
50 ml	Cognac
3	Eier (Größe M)
2 EL	Honig
	Mark von
1	Vanilleschote
300 g	Joghurt
375 g	Schlagsahne

Für die Rosinen-Wein-Sauce:

25 g	Butter
3 EL	Honig
125 ml	
(¹/₈ l)	Weißwein
1 EL	Zitronensaft
50 g	Rosinen
40 g	gehackte Walnusskerne
125 g	Schlagsahne

Zubereitungszeit: 35 Minuten, ohne Durchzieh- und Gefrierzeit

1. Für das Joghurt-Eis Rosinen mit Cognac übergießen und 3 Stunden ziehen lassen.

2. Eier mit Honig und Vanillemark mit Handrührgerät mit Rührbesen schaumig schlagen. Joghurt unterrühren. Sahne steifschlagen, unter die Joghurtmasse heben und zugedeckt 1 Stunde gefrieren lassen.

3. Rosinen untermischen, weitere etwa 1,5 Stunden gefrieren lassen, dabei etwa alle 30 Minuten kräftig durchrühren. Die gefrorene Masse in einer Schüssel mit rundem Boden (Eisbombenform, etwa 1,5 l Inhalt) festdrücken, mindestens 2 Stunden gefrieren.

4. Das Eis bei Zimmertemperatur stehen lassen, während die Sauce zubereitet wird.

5. Für die Rosinen-Wein-Sauce Butter mit Honig so lange unter Rühren erhitzen, bis die Masse karamellfarben ist. Weißwein, Zitronensaft und Rosinen dazugeben und unter Rühren etwa 3 Minuten kochen lassen.

6. Das Joghurt-Eis auf eine große Platte stürzen und mit Walnusskernen bestreuen. Sahne steifschlagen. Das Eis mit Sahne und der heißen Sauce servieren.

Hinweis: Nur ganz frische Eier verwenden, die nicht älter als 5 Tage sind (Legedatum beachten!).

Tipp: Die Platte nach Belieben mit halbierten Weintrauben garnieren. Das Eis kann auch in einer Eismaschine zubereitet werden, dann verkürzt sich die Gefrierzeit erheblich.

Abwandlung: Das Joghurt-Eis mit karamellisierten Walnüssen zubereiten. Dazu 40 g Butter und 40 g Zucker in einem Topf erhitzen, und 100 g Walnusskerne darin karamellisieren.

Joghurt-Sahne-Creme I

Gut vorzubereiten

4 Portionen

Pro Portion:
E: 5 g, F: 13 g, Kh: 25, kJ: 1017, kcal: 243

1 Pck.	*gemahlene, weiße Gelatine*
5 EL	*kaltes Wasser*
150 g	*Joghurt*
125 ml	
(¹/₈ l)	*Milch*
75 g	*Zucker*
1 Pck.	*Dr. Oetker Vanillin-Zucker*
2 EL	*Zitronensaft*
125 g	*Schlagsahne*

Zubereitungszeit: 20 Minuten, ohne Kühlzeit

1. Gelatine mit Wasser in einem kleinen Topf anrühren, etwa 10 Minuten zum Quellen stehen lassen.

2. Joghurt, Milch, Zucker und Vanillin-Zucker verrühren. Gelatine bei schwacher Hitze auflösen.

3. Zunächst 3 Esslöffel der Joghurt-Masse unterrühren, dann die übrige Joghurt-Masse unterrühren. Mit Zitronensaft abschmecken. Die Masse anschließend kalt stellen.

4. Wenn die Masse beginnt dicklich zu werden, die Sahne steifschlagen und unterheben. Die Creme mindestens 1 Stunde kalt stellen.

Tipp: Die Creme kann einige Stunden vor dem Verzehr zubereitet werden. Als Beigabe empfehlen sich frische Nektarinen- oder Mangospalten.

Johannisbeer-Granité | Für Gäste
4 Portionen

Pro Portion:
E: 2 g, F: 0 g, Kh: 29 g, kJ: 562, kcal: 134

500 g Johannisbeeren
½ Vanilleschote
100 ml Wasser
5 EL milder, flüssiger Honig
einige Johannisbeeren
einige Minzeblättchen

Zubereitungszeit: 35 Minuten, ohne Gefrierzeit

1. Johannisbeeren verlesen, abspülen, abtropfen lassen und von den Rispen streifen. Die Vanilleschote der Länge nach aufschneiden, das Mark herauskratzen. Johannisbeeren mit Vanillemark, -schote und Wasser zum Kochen bringen und etwa 10 Minuten kochen lassen.

2. Johannisbeermasse durch ein Sieb streichen. Den Johannisbeersaft auffangen, mit Honig verrühren und durch ein Geschirrtuch geben, um den Saft zu klären. Danach den Saft in einem flachen, gefrierfesten Behälter zugedeckt mindestens 1,5 Stunden einfrieren.

3. Ist das Eis hart, das Eis mit einem Löffel in Flocken abkratzen und in 4 Gläser verteilen. Das Granité mit Johannisbeeren und Minzeblättchen garnieren.

Tipp: Zusätzlich 400 ml kohlensäurearmes Mineralwasser in die Gläser geben.

Kabinettpudding I
Gut vorzubereiten – mit Alkohol
4 Portionen

Pro Portion:
E: 19 g, F: 35 g, Kh: 66 g, kJ: 2828, kcal: 675

200 g	süßes Weißbrot oder Biskuit
80 g	Rosinen
200 g	Schlagsahne
200 ml	Milch
6	Eier (Größe M)
2 EL	Zucker
1 Pck.	Dr. Oetker Vanillin-Zucker
1 ½ EL	brauner Rum
2 EL	abgezogene, gehobelte,
	geröstete Mandeln

Zubereitungszeit: 30 Minuten
Garzeit: etwa 80 Minuten

1. Den Backofen vorheizen. Weißbrot oder Biskuit in kleine Würfel schneiden und mit Rosinen vermischen.

2. Sahne, Milch und Eier verquirlen, mit Zucker, Vanillin-Zucker und Rum abschmecken.

3. Die Brot-Rosinen-Mischung in die Eier-Milch-Masse geben, in eine kleine rechteckige Backform (gefettet) geben und anschließend im Wasserbad (80–90 °C Wassertemperatur) im vorgeheizten Backofen stocken lassen.

Ober-/Unterhitze: 180–200 °C
Heißluft: 160–180 °C
Garzeit: etwa 80 Minuten.

4. Den Pudding stürzen, in Scheiben schneiden und mit Mandeln bestreut servieren.

Tipp: Zum Anrichten etwas Vanillesauce auf die Teller geben. Ringe aus Erdbeersauce daraufgeben und mit einem Stäbchen Muster in die Saucen ziehen. Den aufgeschnittenen Kabinettpudding darauflegen und zum Schluss mit einigen vorbereiteten Erdbeeren, Johannisbeeren und etwas Zitronenmelisse garniert servieren.

Kaffeecreme | Gut vorzubereiten
4 Portionen

Pro Portion:
E: 8 g, F: 17 g, Kh: 33 g, kJ: 1361, kcal: 325

> 1 Pck. *gemahlene, weiße Gelatine*
> 4 EL *kaltes Wasser*
> 500 ml
> (¹/₂ l) *Milch*
> 3–4 TL *Instant-Kaffeepulver*
> 75 g *Zucker*
> 1 Pck. *Dr. Oetker Vanillin-Zucker*
> 125 g *Schlagsahne*
> 40 g *Zartbitter-Raspelschokolade*

Zubereitungszeit: 20 Minuten,
ohne Abkühl- und Kühlzeit

1. Gelatine mit Wasser anrühren, etwa 10 Minuten zum Quellen stehen lassen.

2. Milch zum Kochen bringen, von der Kochstelle nehmen, die gequollene Gelatine hineingeben, so lange rühren, bis sie gelöst ist.

3. Instant-Kaffeepulver mit Zucker und Vanillin-Zucker unter die Milch rühren. Die Milch abkühlen lassen und kalt stellen.

4. Wenn die Milch anfängt dicklich zu werden, die Sahne steifschlagen und mit der Schokolade unterheben. Die Creme in Portionsgläser füllen und kalt stellen, damit sie fest wird.

Tipp: Die Creme mit gehobelter weißer Schokolade garnieren.

Kaiserinreis | Raffiniert – mit Alkohol

4 Portionen

Pro Portion:
E: 8 g, F: 14 g, Kh: 29 g, kJ: 1260, kcal: 300

500 ml
(¹/₂ l) Milch
1 Prise Salz
20 g Zucker
¹/₂ Pck. Dr. Oetker Finesse
Geriebene Zitronenschale
75 g Milchreis (Rundkornreis)
30 g Pistazienkerne
3 EL kandierte Früchte
3 EL Mandellikör
150 g Sahnejoghurt
2 Kiwis
Minzeblättchen

Zubereitungszeit: 15 Minuten,
ohne Quell- und Abkühlzeit

1. Milch mit Salz, Zucker und Zitronenschale zum Kochen bringen. Reis hineinrühren, zum Kochen bringen. Alles etwa 30 Minuten bei schwacher Hitze quellen lassen, dabei gelegentlich umrühren. Den Milchreis abkühlen lassen.

2. Pistazienkerne und kandierte Früchten grob hacken, mit Mandellikör vermengen.

3. Diese Mischung mit dem Milchreis verrühren. Den Joghurt unterziehen und danach den Reis auf 4 Teller geben.

4. Kiwis schälen und in Spalten schneiden. Anschließend auf dem Reis anrichten und den Reis mit Minzeblättchen garnieren.

Kaiserschmarrn | Klassisch

2 Portionen

Pro Portion:
E: 22 g, F: 55 g, Kh: 66 g, kJ: 3595, kcal: 859

100 g	Weizenmehl
4	Eier (Größe M)
1 Prise	Salz
200 g	Schlagsahne oder 200 ml Milch
50 g	Rosinen
50 g	Butterschmalz oder 5 EL Speiseöl
	(z. B. Sonnenblumenöl)
	Puderzucker

Zubereitungszeit: etwa 30 Minuten

1. Mehl in eine Rührschüssel sieben. Eier trennen.
Eigelb mit Salz und Sahne oder Milch verschlagen,
nach und nach unter das Mehl rühren, dabei darauf
achten, dass keine Klümpchen entstehen. Eiweiß
steifschlagen, mit den Rosinen unterheben.

2. Etwas Butterschmalz oder Öl in einer Pfanne
(Ø 28 cm) erhitzen. Die Hälfte des Teiges hineingeben und bei mittlerer Hitze auf der Unterseite hellgelb
backen. Den an der Oberfläche noch etwas flüssigen
Teig mit zwei Pfannenwendern erst vierteln, dann
wenden und goldgelb backen. Evtl. noch etwas Fett in
die Pfanne geben.

3. Dann den Eierkuchen mit zwei Pfannenwendern
in kleine Stücke reißen, auf einem Teller anrichten und warm stellen. Den restlichen Teig auf die
gleiche Weise zubereiten. Den Kaiserschmarrn mit
Puderzucker bestreut servieren.

Tipp: Den Kaiserschmarrn als süßes Hauptgericht
für 2 oder als Dessert für 4 Personen servieren. Dazu
Apfelmus, Pflaumen- oder Aprikosenkompott reichen.
Sie können die Rosinen vor der Verwendung auch
in 1–2 Esslöffel erwärmten, braunen Rum geben
und etwa 30 Minuten durchziehen lassen. Dann die
Rosinen (mit dem Rum) wie oben angegeben unter
den Teig geben.

Kalifornischer Obstsalat I Fruchtig
4 Portionen

Pro Portion:
E: 4 g, F: 10 g, Kh: 36 g, kJ: 1072, kcal: 256

100 g	*blaue Weintrauben*
100 g	*helle Weintrauben*
100 g	*kleine Erdbeeren*
2	*Nektarinen*
100 g	*Wassermelone*
2	*Orangen*
2 EL	*Zucker*
1 Pck.	*Dr. Oetker Vanillin-Zucker*
60 g	*Walnusskerne*

Zubereitungszeit: 45 Minuten

1. Für den Obstsalat die Weintrauben, Erdbeeren und Nektarinen waschen und abtropfen lassen. Die Erdbeeren vom grünen Stängelansatz befreien und halbieren. Die Trauben ebenfalls halbieren und die Kerne mit einem spitzen Messer entfernen. Die Nektarinen in dünne Spalten schneiden. Die Melone entkernen und in grobe Würfel schneiden. Die Orangen so schälen, dass auch die weiße Haut entfernt wird. Die Fruchtfilets herausschneiden.

2. Alle vorbereiteten Früchte in eine Schüssel geben, mit Zucker und Vanillin-Zucker abschmecken. Den Obstsalat in Schälchen anrichten und mit Walnuss-kernen garnieren.

Tipp: Eine Cantaloupe-Melone halbieren und den Obstsalat darin anrichten.

Karamellcreme | Für Gäste
4 Portionen

Pro Portion:
E: 7 g, F: 27 g, Kh: 56 g, kJ: 2132, kcal: 511

> 100 g *Zucker*
> 1 EL *Butter*
> 500 ml
> (½ l) *Milch*
> 3 EL *Speisestärke*
> 20 g *Zucker*
> 100 g *Mini-Florentiner-Gebäck*
> 125 g *Schlagsahne*

Zubereitungszeit: 20 Minuten, ohne Abkühlzeit

1. Zucker in einem Topf karamellisieren lassen. Butter unterrühren, Topf von der Kochstelle nehmen. 375 ml Milch in den Topf geben und zum Kochen bringen.

2. Speisestärke mit Zucker und der restlichen Milch anrühren und unter Rühren zu der Karamell-Milch geben. Die Karamell-Masse aufkochen lassen und von der Kochstelle nehmen. Während des Erkaltens ab und zu durchrühren.

3. Die Florentiner, bis auf 2 Stück, in kleine Stücke brechen oder hacken. Sahne steifschlagen und unter die Karamell-Masse heben. Karamellcreme mit den Florentiner-Stücken in eine Glasschüssel oder in Portionsschälchen schichten und kalt stellen. Übrige 2 Florentiner halbieren, Desserts damit garnieren.

Karamellcreme in Tassen I

Für Gäste – raffiniert

12 Portionen

Pro Portion:
E: 5 g, F: 24 g, Kh: 30 g, kJ: 1506, kcal: 360

250 g	*Zucker*
700 g	*Schlagsahne*
800 ml	*Milch*
	Mark von
1	*Vanilleschote*
12 Blatt	*weiße Gelatine*
1 EL	*gesiebter Puderzucker*
100 g	*kleine Florentiner (Fertigprodukt)*

Zubereitungszeit: 20 Minuten,
ohne Abkühl- und Kühlzeit

1. Zucker in einem großen Topf unter Rühren schmelzen lassen, bis er hellbraun ist. Dann den Topf von der Kochstelle nehmen. Nacheinander 400 g Sahne und die Milch in den Topf geben, aufkochen lassen und bei schwacher Hitze köcheln lassen, bis sich der Karamell aufgelöst hat. Vanillemark hinzufügen. Flüssigkeit etwas abkühlen lassen.

2. Gelatine nach Packungsanleitung in kaltem Wasser einweichen. Gelatine nur leicht ausdrücken und tropfnass unter die noch heiße Karamellflüssigkeit rühren, bis die Gelatine vollkommen aufgelöst ist. Die Flüssigkeit in 12 Tassen füllen und einige Stunden kalt stellen, damit sie fest wird.

3. Die restliche Sahne mit Puderzucker halb steifschlagen und in die Tassen geben. Florentiner halbieren oder hacken und auf der Sahne verteilen.

Tipp (Foto): Sie können auch zusätzlich einen dünnen Kuvertüre-Spiegel auf die Creme geben. Dafür etwa 150 g Zartbitter-Kuvertüre hacken. Die Hälfte davon in einem kleinen Topf im Wasserbad bei schwacher Hitze geschmeidig rühren. Die restliche Kuvertüre unter die bereits geschmolzene rühren und abkühlen lassen. Die fast kalte Kuvertüre als Spiegel auf die Creme in die Tassen füllen und fest werden lassen.

Karamellpudding | Klassisch

8 Portionen

Pro Portion:
E: 9 g, F: 21 g, Kh: 34 g, kJ: 1556, kcal: 371

Für den Karamell:
- 80 g Zucker
- 1 EL Wasser
- 1 TL Butter

Für den Pudding:
- 125 g Butter
- 50 g Zucker
- 125 g Weizenmehl
- 500 ml
- (¹/₂ l) Milch
- 6 Eigelb (Größe M)
- 6 Eiweiß (Größe M)
- 25 g Zucker

steifgeschlagene Schlagsahne

Zubereitungszeit: 25 Minuten, ohne Abkühlzeit
Garzeit: etwa 50 Minuten

1. Für den Karamell Zucker, Wasser und Butter unter Rühren zerlassen und schwach bräunen lassen. Karamellmasse mit Alkohol ablöschen und fühl werden lassen. Masse in kleine Stücke brechen oder zerstoßen. Den Backofen vorheizen.

2. Butter zerlassen, Zucker darin auflösen und etwas bräunen lassen. Mehl hinzufügen, unter Rühren anschwitzen, mit Milch auffüllen und unter Rühren gut aufkochen lassen. Von der Kochstelle nehmen.

3. Eigelb unter die Masse rühren und mit 50 g gestoßenem Karamell vermischen.

4. Eiweiß mit Zucker steifschlagen, darunterheben, in eine Puddingform (Wasserbadform, gefettet) füllen und im Wasserbad (Auflaufform ³/₄ mit Wasser gefüllt) auf dem Rost in den vorgeheizten Backofen schieben.

Ober-/Unterhitze: etwa 200 °C
Heißluft: etwa 180 °C
Garzeit: etwa 50 Minuten.

5. Den erkalteten Pudding stürzen, mit Sahne und restlichem Karamell garnieren.

Karthäuser Klöße **I** Preiswert
4 Portionen

Pro Portion:
E: 19 g, F: 31 g, Kh: 83 g, kJ: 3000, kcal: 716

8	*kleine Rosinenbrötchen (vom Vortag)*
500 ml	
(½ l)	*Milch*
3	*Eier (Größe M)*
40 g	*Zucker*
1 TL	*gemahlener Zimt*
	abgeriebene Schale von
1	*Bio-Zitrone (unbehandelt, ungewachst)*
100 g	*Butter*

Zubereitungszeit: 30 Minuten

1. Die Rinde der Rosinenbrötchen abreiben.

2. Milch mit Eiern verquirlen, mit Zucker, Zimt und abgeriebener Zitronenschale würzen.

3. Abgeriebene Brötchen mehrmals in der Eiermilch wenden und in zerlassener Butter langsam braten.

4. Mit den abgeriebenen Bröseln von den Rosinenbrötchen bestreuen und servieren.

Tipp: Sie können die Karthäuser Klöße auch mit warmer Vanillesauce und gemischten Beeren oder Pflaumenkompott und Sahne servieren und mit Zitronenmelisseblättchen garnieren.

Käsekuchen-Parfait I

Für Gäste – mit Alkohol

4 Portionen

Pro Portion:

E: 12 g, F: 10 g, Kh: 33 g, kJ: 1183, kcal: 282

50 g	*Sultaninen*
2 EL	*brauner Rum*
2 Lagen	*von 1 dunklen Wiener Boden*
	(Ø 26 cm, fertig gekauft)
6	*Eigelb (Größe M, ganz frisch)*
150 g	*Zucker*
750 g	*Magerquark*
2 Pck.	*Dr. Oetker Finesse*
	Geriebene Zitronenschale
250 g	*Schlagsahne*

Zubereitungszeit: 35 Minuten, ohne Gefrierzeit

1. Sultaninen mit Rum beträufeln und bis zur weiteren Verwendung durchziehen lassen.

2. Aus den beiden Biskuitböden ein Rechteck von etwa 30 x 11 cm ausschneiden. Etwa 50 g der Biskuitreste zerbröseln.

3. Eigelb und Zucker im heißen Wasserbad mit Handrührgerät mit Rührbesen in etwa 6 Minuten weiß-cremig aufschlagen. Quark und Zitronenschale nach und nach unterrühren. Sahne steifschlagen. Die Rum-Sultaninen und Schokobiskuitbrösel unter die Quarkmasse rühren. Sahne unterheben.

4. Die Masse in eine gefriergeeignete Kastenform (30 x 11 cm, mit Frischhaltefolie ausgelegt) geben und glattstreichen. Das Biskuitrechteck darauflegen und leicht andrücken. Das Parfait zugedeckt mindestens 6 Stunden (am besten über Nacht) gefrieren lassen.

5. Das Parfait etwa 1 Stunde vor dem Verzehr mit der Folie aus der Kastenform nehmen, auf eine Servierplatte stürzen, die Folie entfernen. Das Parfait bei Zimmertemperatur stehen lassen, damit es etwas weicher wird. Zum Servieren in Scheiben schneiden.

Beilage: Dazu passt z. B. Kirschkompott mit Himbeeren oder Rote Grütze.

Hinweis: Nur ganz frische Eier verwenden, die nicht älter als 5 Tage sind (Legedatum beachten!).

Tipp: Aus den Biskuitresten können Sie Schoko-Kugeln zubereiten und das Parfait damit garnieren. Dazu die Biskuitreste zerbröseln, mit 3 Esslöffeln Rum und 40 g zerlassener, abgekühlter Butter vermischen und zu Kugeln formen. In etwas geriebener Zartbitter-Schokolade wenden und zu dem Parfait servieren.

Kastaniencreme-Pyramide I
Raffiniert – mit Alkohol
10 Portionen

Pro Portion:
E: 3 g, F: 28 g, Kh: 33 g, kJ: 1732, kcal: 414

Zum Tränken:
        125 ml
            (¹/₈ l) Rotwein
        50 g Zucker
            1 Zimtstange
            3 Gewürznelken
        12 Löffelbiskuits

Für die Creme:
        150 g Butter
        80 g Zucker
        1 Pck. Dr. Oetker Vanillin-
                Zucker
        100 g Zartbitter-Schokolade
        3 EL Schlagsahne
        100 g Esskastanien
                (Maronen, aus der Dose)
        3 EL Rotwein
            1 Eigelb (Größe M)

Zum Verzieren und Garnieren:
        250 g Schlagsahne
        ¹/₂ Pck. Dr. Oetker Sahnesteif
        1 Pck. Dr. Oetker Vanillin-Zucker
        50 g Zartbitter-Schokolade
        4–8 Löffelbiskuits

Zubereitungszeit: 35 Minuten,
ohne Abkühl- und Kühlzeit

1. Zum Tränken Rotwein, Zucker, Zimtstange und Gewürznelken aufkochen und erkalten lassen. Löffelbiskuits damit tränken.

2. Für die Creme Butter, Zucker und Vanillin-Zucker schaumig rühren. Die Schokolade in einem kleinen Topf im Wasserbad bei schwacher Hitze zu einer ge-schmeidigen Masse verrühren. Die Sahne gut unter-rühren. Die Schokoladen-Sahne-Masse unter die Buttermasse rühren.

3. Die Esskastanien auf einem Sieb abtropfen lassen, pürieren oder reiben und mit Rotwein und Eigelb unter die Schokocreme rühren.

4. 2 x 3 Löffelbiskuits als Boden auf Backpapier legen und gleichmäßig mit Creme bestreichen. Als nächste Lage 2 x 2 Löffelbiskuits auflegen und ebenfalls mit Creme bestreichen. Als letzte Lage 2 x 1 Löffelbiskuit auflegen und mit Creme bestreichen. Mit der restli-chen Creme die gesamte Pyramide bestreichen, dabei oben eine Spitze formen. Mindestens 1 Stunde kalt stellen.

5. Sahne mit Sahnesteif und Vanillin-Zucker steif-schlagen, in einen Spritzbeutel mit Lochtülle füllen und die Pyramide damit verzieren.

6. Die Zartbitter-Schokolade in einem kleinen Topf im Wasserbad bei schwacher Hitze zu einer geschmeidi-gen Masse verrühren. Die Löffelbiskuits einmal quer durchschneiden, mit dem runden Ende in die Schoko-lade tauchen und erkalten lassen. Die Pyramide mit den Löffelbiskuits garnieren.

Kefirkaltschale mit Früchten I

Preiswert
2 Portionen

Pro Portion:
E: 9 g, F: 9 g, Kh: 22 g, kJ: 958, kcal: 229

 100 g Johannisbeeren
 100 g Himbeeren
500 ml
 (¹/₂ l) Kefir
2–3 EL Zucker

 4 Johannisbeerrispen
einige Minzeblättchen

Zubereitungszeit: 20 Minuten, ohne Kühlzeit

1. Johannisbeeren abspülen, abtropfen lassen und von den Rispen streifen. Himbeeren verlesen, evtl. kurz abspülen und trocken tupfen. Beeren in eine hohe Rührschüssel geben, Kefir und Zucker unterrühren und kalt stellen.

2. Johannisbeeren und Minze zum Garnieren abspülen und trocken tupfen. Kefirkaltschale in Suppentellern anrichten und mit Johannisbeerrispen und Minzeblättchen garnieren.

Tipp: Die Kaltschale mit dem Mixstab pürieren und durch ein Sieb gießen.

Kefir-Pflaumen-Eis | Gut vorzubereiten
4 Portionen

Pro Portion:
E: 9 g, F: 30 g, Kh: 48 g, kJ: 2232, kcal: 533

50 g	*Sesamsamen*
750 g	*Pflaumen*
40 g	*Zucker*
100 g	*Pflaumenmus*
500 ml	
(½ l)	*Kefir*
1 TL	*gemahlener Zimt*
250 g	*Schlagsahne*

Zitronenmelisseblättchen

Zubereitungszeit: 45 Minuten,
ohne Abkühl- und Gefrierzeit

1. Sesamsamen ohne Fett in einer Pfanne hellbraun rösten, beiseitestellen.

2. Pflaumen waschen, halbieren, entsteinen und in Spalten schneiden. Pflaumenspalten mit Zucker und etwas Wasser etwa 10 Minuten dünsten (so dass sie ganz bleiben). Abkühlen lassen.

3. Ein Drittel der gedünsteten Pflaumen klein schneiden und mit Pflaumenmus, Kefir und Zimt verrühren. Sahne steifschlagen und unterheben. Masse in der Eismaschine gefrieren lassen.

4. Eis portionsweise auf Tellern anrichten, mit den restlichen Pflaumenspalten, Sesam und Zitronenmelisseblättchen garniert servieren.

Tipp: Wenn nur Erwachsene mitessen, können Sie noch 2 Esslöffel Zwetschenwasser darunterrühren.

KiBa-Quark | Fruchtig – für Kinder
12 Portionen

Pro Portion:
E: 2 g, F: 10 g, Kh: 35 g, kJ: 1056, kcal: 252

Für das Kirschkompott:
        2 Gläser Schattenmorellen
                         (Abtropfgewicht je 370 g)
          40 g Speisestärke
        350 ml Kirschsaft aus den Gläsern
               1 großes Stück Schale von
                   1 Bio-Zitrone (unbehandelt,
                   ungewachst)
          50 g Zucker
        2 Pck. Dr. Oetker Vanillin-Zucker

Für den Bananenquark:
             3 Bananen
                Saft von
             1 Zitrone
        500 g Magerquark
        300 g Sahnejoghurt
          60 g Zucker
        300 g Schlagsahne

Zubereitungszeit: 30 Minuten, ohne Abkühlzeit

1. Für das Kirschkompott Schattenmorellen in einem Sieb abtropfen lassen, dabei den Saft auffangen und 350 ml abmessen (evtl. mit Wasser auffüllen).

2. Speisestärke mit etwas von dem Kirschsaft glattrühren. Den restlichen Saft, Zitronenschale, Zucker und Vanillin-Zucker in einem Topf aufkochen lassen.

3. Die angerührte Stärke einrühren und nochmals aufkochen lassen. Kirschen hinzufügen und bei schwacher Hitze erhitzen. Das Kirschkompott abkühlen lassen, dabei zwischendurch mehrmals umrühren. Zitronenschale entfernen.

4. Für den Bananenquark Bananen schälen und mit dem Zitronensaft pürieren. Anschließend Quark, Joghurt und Zucker unterrühren. Sahne steifschlagen und unterheben.

5. Den Bananenquark in 12 hohe Longdrink-Gläser füllen, das Kirschkompott daraufgeben und dann servieren.

Tipp: Schneller geht es, wenn Sie 500 g fertige Kirschgrütze aus dem Kühlregal auf den Bananenquark verteilen oder etwa 400 g fertige rote Götterspeise in Würfel teilen und daraufgeben.

Kirschgeleespeise | Für Kinder

4 Portionen

Pro Portion:
E: 1 g, F: 1 g, Kh: 49 g, kJ: 886, kcal: 211

375 g	*Sauerkirschen*
250 ml	
(¹/₄ l)	*Wasser*
125 g	*Zucker*
1 Pck.	*Dr. Oetker Vanillin-Zucker*
1 Pck.	*Götterspeise Kirsch-Geschmack*
1 geh. EL	*Zucker*
500 ml	
(¹/₂ l)	*Saft von den Kirschen*

Zubereitungszeit: 40 Minuten,
ohne Abkühl- und Kühlzeit

1. Kirschen waschen, abtropfen lassen, entstielen, entsteinen, mit Wasser, Zucker und Vanillin-Zucker in einem Topf zum Kochen bringen. Etwa 10 Minuten kochen, abtropfen lassen, Saft auffangen, mit Wasser auf 500 ml (¹/₂ l) auffüllen. Kirschen abkühlen lassen und kalt stellen.

2. Aus Götterspeise, Zucker und der abgemessenen Flüssigkeit nach Packungsanleitung eine Götterspeise zubereiten und kalt stellen.

3. Unter die dickliche, noch nicht erstarrte Speise die Kirschen heben, die Kirschgeleespeise in Gläser füllen und kalt stellen.

Tipp: Die Kirschengeleespeise mit Johannisbeeren garnieren. Sie können sehr gut Vanillejoghurt oder Vanillesauce dazu servieren.

Kirschstrudel mit Pudding I
Dauert länger
10 Portionen

Pro Portion:
E: 6 g, F: 18 g, Kh: 54 g, kJ: 1762, kcal: 420

Für die Füllung:

1 Pck.	Dr. Oetker Pudding-Pulver Vanille-Geschmack
40 g	Zucker
500 ml (½ l)	Milch
1	Ei (Größe M)
2 Gläser	Sauerkirschen (Abtropfgewicht je 370 g)
100 g	Kokosraspel
100 g	Zucker

Für den Strudelteig:

250 g	Weizenmehl
1 Prise	Salz
125 ml (⅛ l)	lauwarmes Wasser
5 EL	Speiseöl

Zum Bestreichen und Bestreuen:

50 g	zerlassene Butter
4 EL	Semmelbrösel

Zubereitungszeit: 45 Minuten, ohne Abkühl- und Ruhezeit
Backzeit: 45–55 Minuten

1. Für die Füllung das Pudding-Pulver mit Zucker mischen, mit 6 Esslöffeln von der Milch und dem Ei glattrühren. Restliche Milch in einem Topf aufkochen, von der Kochstelle nehmen, angerührtes Pudding-Pulver einrühren. Pudding unter Rühren mindestens 1 Minute kochen lassen, in eine Schüssel geben, sofort mit Frischhaltefolie zudecken. Pudding erkalten lassen. Die Kirschen in einem Sieb abtropfen lassen.

2. Für den Teig Mehl in eine Rührschüssel sieben, Salz, Wasser und Öl hinzufügen. Die Zutaten mit Handrührgerät mit Knethaken zunächst kurz auf niedrigster, dann auf höchster Stufe gut durcharbeiten.

3. Anschließend auf der Arbeitsfläche zu einem glatten Teig verkneten. Den Teig auf Backpapier in einen heißen, trockenen Kochtopf (vorher Wasser darin kochen) legen. Den Topf mit einem Deckel verschließen, den Teig etwa 30 Minuten ruhen lassen.

4. Den Teig auf einem großen bemehlten Geschirrtuch ausrollen, dünn mit etwas von der Butter bestreichen, ihn dann mit den Händen zu einem Rechteck (etwa 70 x 50 cm) ausziehen. Die Ränder, wenn sie dicker sind, abschneiden. Den Backofen vorheizen.

5. Für die Füllung Kirschen, Kokosraspel und Zucker mischen. ⅔ des Teiges mit Semmelbröseln bestreuen und mit Pudding bestreichen. Dabei einen etwa 3 cm breiten Rand frei lassen. Die Kirschmasse auf dem Pudding verteilen.

6. Den Teig mit Hilfe des Tuches von der kurzen Seite her aufrollen. Die Rolle an den Enden gut zusammendrücken. Strudel auf ein Backblech (gefettet, mit Backpapier belegt) legen. Die Hälfte der restlichen Butter auf den Strudel streichen. Das Backblech in den vorgeheizten Backofen schieben. Den Strudel während des Backens mit der restlichen Butter bestreichen.

Ober-/Unterhitze: etwa 200 °C
Heißluft: etwa 180 °C
Backzeit: 45–55 Minuten.

7. Das Backblech auf einen Kuchenrost stellen. Den Strudel erkalten lassen.

Kiwi-Eis-Torte I

Erfrischend – gut vorzubereiten – mit Alkohol

12–14 Stücke

Pro Stück:
E: 7 g, F: 17 g, Kh: 50 g, kJ: 1696, kcal: 405

2 Pck.	
(je 100 g)	Blätterteigbrezeln
5	Kiwis
200 g	Aprikosenkonfitüre
2 EL	Orangenlikör
3 Pck.	
(je 750 ml)	Sahne- oder Vanille-Eis

Zum Garnieren:

1 Dose	Mandarinen
	(Abtropfgewicht 175 g)
250 g	Schlagsahne
2 EL	Zucker
1 Pck.	Dr. Oetker Sahnesteif
3	Kiwis

Zubereitungszeit: 60 Minuten, ohne Gefrierzeit

1. Eine gefrierfeste Springform (Ø 28 cm, Boden gefettet) mit Blätterteigbrezeln auslegen.

2. Die Kiwis schälen, grob zerkleinern, mit Konfitüre und Orangenlikör mischen und mit einem Mixstab pürieren.

3. Die Eiscreme etwa 15 Minuten im Kühlschrank antauen lassen, die Hälfte der Eiscreme auf den Brezeln verteilen, etwas andrücken und die Kiwimasse darübergeben. Mit der restlichen Eiscreme bedecken.

4. Die Eiscreme mit den übrigen Brezeln belegen und zugedeckt im Gefrierfach etwa 3 Stunden gefrieren lassen.

5. Die Torte vor dem Garnieren vom Springformrand und -boden lösen und etwas antauen lassen.

6. Mandarinen in einem Sieb abtropfen lassen. Sahne mit Zucker und Sahnesteif steifschlagen. Kiwis schälen und in Scheiben schneiden.

7. Die Kiwischeiben auf den Brezeln verteilen, dabei einen Außenrand von etwa 2 cm frei lassen, damit die Brezeln etwas sichtbar bleiben. Die Sahne wellenartig auf die Kiwis streichen. Die Torte mit Mandarinen garnieren und anschließend sofort servieren.

Tipp: Statt Mandarinen frische Erdbeeren verwenden.

Knödel mit Pflaumenmus, Butterkeksbröseln und Vanillesauce I

Raffiniert

4 Portionen
(Zubereitung im Bambusdämpfer Ø 26 cm)

Pro Portion:
E: 8 g, F: 41 g, Kh: 67 g, kJ: 2802, kcal: 669

Für die Knödel:

120 g	Weizenmehl
2 TL	Dr. Oetker Backin
2 EL	feinster Zucker
1 Prise	Salz
40 ml	Milch
30 ml	Wasser
2 EL	Sonnenblumenöl
8 TL	Pflaumenmus

Für die Brösel:

100 g	Butterkekse
125 g	Butter

Zum Anrichten:

250 ml	
(¼ l)	Vanillesauce (aus dem Kühlregal)

Außerdem:

8 Stücke Pergamentpapier

Zubereitungszeit: 30 Minuten, ohne Ruhezeit
Garzeit: etwa 20 Minuten

1. Mehl mit Backpulver mischen und in eine Schüssel geben, Zucker und Salz unterrühren. Milch, Wasser und Öl hinzufügen und mit Handrührgerät mit Knethaken verrühren. Dann auf einer bemehlten Arbeitsfläche in etwa 5 Minuten zu einem Teig verkneten.

2. Den Teig wieder in die Schüssel geben und mit einem feuchten Geschirrtuch zudecken. Den Teig etwa 1 Stunde ruhen lassen.

3. Für die Brösel die Butterkekse in einen Getrierbeutel geben, den Beutel verschließen. Die Kekse mit der Teigrolle zerbröseln. Butter in einer Pfanne zerlassen und die Brösel darin leicht bräunen, beiseitestellen.

4. Den Teig in 8 gleich große Portionen teilen. Die Portionen mit bemehlten Händen zuerst zu Kugeln, dann zu Scheiben von Ø etwa 6 cm formen.

5. In die Mitte jeder Teigscheibe 1 Teelöffel Pflaumenmus geben. Die Teigscheiben wie kleine Beutel über der Füllung fest zusammendrücken.

6. Jeweils 4 Beutelchen mit dem Verschluss nach oben und etwas Abstand voneinander auf Pergamentpapier in einen Dämpfeinsatz setzen.

7. In einer großen Pfanne oder einem Wok etwa 3 cm hoch Wasser einfüllen und zum Kochen bringen. Dämpfeinsätze stapeln, hineinstellen und mit dem Deckel verschließen. Knödel etwa 20 Minuten dämpfen. Nach etwa der Hälfte der Zeit die Einsätze wechseln.

8. Die Brösel in der Butter kurz erwärmen. Dann die Vanillesauce auf 4 tiefe Teller verteilen. Jeweils 2 Knödel darauflegen und mit den Bröseln bestreut servieren.

Knusper-Eistorte I

Erfrischend – mit Alkohol

4–6 Portionen

Pro Portion:
E: 8 g, F: 46 g, Kh: 49 g, kJ: 2780, kcal: 664

Für den Boden:

120 g	*Waffeln ohne Füllung*
	(z. B. Eiswaffelherzen)
50 g	*weiche Butter*

Für den Belag:

3	*Eigelb (Größe M, ganz frisch)*
60 g	*Zucker*
1 Pck.	*Dr. Oetker Vanillin-Zucker*
60 g	*Marzipan-Rohmasse*
1	*kleine Bio-Orange (unbehandelt,*
	ungewachst)
1 EL	*Orangenlikör*
300 g	*Schlagsahne*
125 ml	
(¹/₈ l)	*flüssige Schokoladenglasur für Eis*

Zum Garnieren:

evtl. Orangenfilets und Orangenschale

Zubereitungszeit: 30 Minuten, ohne Gefrierzeit

1. Für den Boden die Waffeln in einen Gefrierbeutel geben, den Beutel verschließen. Die Waffeln mit einer Teigrolle fein zerdrücken und in eine Schüssel geben.

2. Die Waffelbrösel mit der Butter vermengen, in eine gefrierfeste Springform (Ø 18 cm, Boden gefettet) füllen, andrücken und gefrieren lassen.

3. Für den Belag Eigelb mit Zucker und Vanillin-Zucker schaumig rühren. Marzipan-Rohmasse auf einer groben Reibe raspeln, dazugeben und zu einer geschmeidigen Masse rühren.

4. Von der Orange die Schale abreiben. Die Orange auspressen. Orangenschale und 2 Esslöffel Orangen-saft mit dem Orangenlikör zu der Eigelbcreme geben und unterrühren. Dann die Sahne steifschlagen und unterheben. Die Creme in einer flachen, gefrierfesten

Schüssel zugedeckt etwa 1,5 Stunden gefrieren lassen, bis das Eis streichfähig ist.

5. Die erste Schicht Eis etwa 3 cm dick auf den Waffelboden streichen und darüber eine dünne Schicht Schokoladenglasur spritzen, so dass das Eis bedeckt ist. Die Schicht kurz gefrieren lassen.

6. Danach die zweite Eisschicht einfüllen, mit Schokoladenglasur abdecken und wieder gefrieren lassen. So lange fortfahren, bis das Eis aufgebraucht ist. Die letzte Schicht sollte aus Eis bestehen. Die Torte mindestens 3 Stunden gefrieren lassen.

7. Die Torte aus der Form lösen, mit Schokoladen-glasur besprenkeln und nach Belieben mit Orangen-filets und -schale garnieren. Mit einem elektrischen Messer in Stücke schneiden.

Hinweis: Nur ganz frische Eier verwenden, die nicht älter als 5 Tage sind (Legedatum beachten!).

Tipp: Die Orangenfilets zum Garnieren kurz gefrieren lassen und anschließend mit der Schokoladenglasur besprenkeln.

Knusprige Apfelspeise | Für Kinder
4 Portionen

Pro Portion:
E: 7 g, F: 38 g, Kh: 18 g, kJ: 1861, kcal: 445

1 EL	Butter
1 EL	kernige Haferflocken
250 g	Schlagsahne
400 g	Äpfel
100 g	abgezogene, gehackte Mandeln
2 TL	Honig
1 Prise	gemahlener Zimt

Zubereitungszeit: 20 Minuten, ohne Abkühlzeit

1. Die Butter in einer Pfanne schmelzen. Haferflocken dazugeben und bei schwacher Hitze unter Rühren goldbraun rösten. Danach auf einem Teller erkalten lassen.

2. Die Sahne steifschlagen. Äpfel abspülen, trocken tupfen, vierteln und die Kerngehäuse entfernen. Die Apfelviertel auf der groben Seite der Gemüsereibe raspeln und die Apfelraspel vorsichtig unter die Sahne heben.

3. Die gehackten Mandeln ebenfalls unterheben. Die Apfelspeise mit Honig und Zimt abschmecken und mit den gerösteten Haferflocken in Gläser schichten. Die Apfelspeise sofort servieren.

Kokos-Kirsch-Tiramisu I
Raffiniert – mit Alkohol
6–8 Portionen

Pro Portion:
E: 13 g, F: 22 g, Kh: 36 g, kJ: 1866, kcal: 445

6–8	Kokoszwiebäcke
1 EL	Zucker
3 EL	Wasser
11 EL	Batida de Coco (Kokoslikör)
1 Becher	
(500 g)	Kirschgrütze (aus dem Kühlregal)
500 g	Magerquark
	Saft von
2	Limetten
400 g	Schlagsahne
	geröstete Kokosraspel
einige	Minzeblättchen

Zubereitungszeit: 20 Minuten, ohne Kühlzeit

1. Eine eckige Form mit den Zwiebäcken auslegen. Zucker und Wasser in einem kleinen Topf zum Kochen bringen und kochen lassen, bis sich der Zucker gelöst hat.

2. Fünf Esslöffel Batida de Coco unterrühren und die Flüssigkeit sofort auf den Zwiebäcken verteilen. Die Kirschgrütze daraufgeben und glattstreichen.

3. Quark mit dem restlichen Batida de Coco und Limettensaft verrühren. Die Sahne steifschlagen und unterheben.

4. Die Masse auf der Kirschgrütze verteilen, mit Hilfe eines Esslöffels wellenförmig verzieren und mit Kokosraspeln bestreuen. Das Kokos-Kirsch-Tiramisu bis zum Verzehr einige Stunden kalt stellen. Mit Minze garnieren.

Abwandlung: Für eine Variante ohne Alkohol können Sie den Batida de Coco durch 6 Esslöffel Kokossirup ersetzen.

Kunterbunte Götterspeise I

Für Kinder – gut vorzubereiten

8–10 Portionen

Pro Portion:

E: 3 g, F: 0 g, Kh: 41 g, kJ: 738, kcal: 176

> je 1 Beutel aus
>> 1 Pck. *Götterspeise Himbeer-, Zitronen-*
>> *und Waldmeister-Geschmack*
>> 1,5 l *Wasser*
>> 300 g *Zucker*
>> *Obst je nach Jahreszeit*
>> *(z. B. Bananen, Weintrauben*
>> *Äpfel, Erdbeeren)*
> etwas *Zitronensaft*

Zubereitungszeit: 25 Minuten, ohne Kühlzeit

1. Aus Götterspeise-Pulver Himbeer-Geschmack, 500 ml (½ l) Wasser und 100 g Zucker nach Packungsanleitung eine Götterspeise zubereiten. Die Speise in eine große Glasschüssel gießen und in den Kühlschrank stellen, bis die Götterspeise fest wird.

2. Die Götterspeise Zitronen-Geschmack wie oben angegeben zubereiten und bei Zimmertemperatur aufbewahren, damit sie noch nicht fest wird.

3. In der Zwischenzeit das Obst vorbereiten (je nach Sorte waschen, schälen, entkernen) und in kleine Stücke schneiden. Bananen und Äpfel mit Zitronensaft beträufeln, damit sie nicht braun werden.

4. Die erstarrte, rote Götterspeise aus dem Kühlschrank nehmen, einige Obststücke darauflegen und die gelbe Götterspeise darübergießen. Die Schüssel wieder in den Kühlschrank stellen, bis die gelbe Götterspeise fest wird.

5. Die Götterspeise Waldmeister-Geschmack wie oben angegeben zubereiten und bei Zimmertemperatur aufbewahren, damit sie noch nicht fest wird.

6. Die rot-gelbe Götterspeise wieder aus dem Kühlschrank nehmen, einige Obststücke darauflegen und die grüne Götterspeise darübergießen. Die Schüssel wieder in den Kühlschrank stellen, bis die grüne Götterspeise fest wird.

Beilage: Vanillesauce oder Sahne.

Tipp: Bereiten Sie die kunterbunte Götterspeise am besten bereits am Vortag zu, da das Erstarren der Götterspeise im Kühlschrank einige Stunden dauern kann. Schneller geht's, wenn Sie die Speise auf mehrere kleine Schüsselchen oder Gläser verteilen.

Abwandlung: Einfacher geht's, wenn Sie die Götterspeise nach Farben getrennt nach Packungsanleitung, aber mit jeweils nur 400 ml Wasser zubereiten. Die Götterspeise nach Farben getrennt jeweils in eine flache Schüssel füllen und fest werden lassen. Die Götterspeise aus den Schüsseln lösen, in Würfel schneiden und in hohe Dessertgläser schichten. Mit Vanillesauce (evtl. fertig gekauft) servieren.

Lebkuchen-Mousse mit Glühweinbirnen I

Für Gäste – mit Alkohol
4 Portionen

Pro Portion:
E: 13 g, F: 43 g, Kh: 84 g, kJ: 3547, kcal: 847

Für die Lebkuchen-Mousse:

3 Blatt	weiße Gelatine
3	Eigelb (Größe M)
1	Ei (Größe M)
100 ml	Milch
50 g	Zucker
100 g	Lebkuchen
100 g	Zartbitter-Kuvertüre
1 TL	Lebkuchengewürz
4 cl	brauner Rum
250 g	Schlagsahne

Für die Glühweinbirnen:

1	Bio-Zitrone (unbehandelt, ungewachst)
1	Bio-Orange (unbehandelt, ungewachst)
500 ml (½ l)	Rotwein
200 ml	Portwein
200 ml	Orangensaft
200 g	Zucker
4	Gewürznelken
2	Zimtstangen
4	mittelgroße Birnen
2 gestr. TL	Speisestärke

Zum Garnieren:

1	Lebkuchen
1 Stück	Zartbitter-Kuvertüre

Zubereitungszeit: 35 Minuten, ohne Abkühl- und Kühlzeit

1. Für die Mousse Gelatine nach Packungsanleitung in kaltem Wasser einweichen. Eigelb, Ei, Milch und Zucker mit einem Schneebesen verrühren und in einer Schüssel im heißen Wasserbad schaumig schlagen. Die Creme aus dem Wasserbad nehmen. Die

Gelatine leicht ausdrücken und unter Rühren in der Creme auflösen.

2. Lebkuchen in sehr kleine Würfel schneiden oder im Zerkleinerer zerkrümeln. Kuvertüre in kleine Stücke schneiden. Lebkuchengewürz mit Rum verrühren, mit den Kuvertürestückchen und den Lebkuchenwürfeln oder -krümeln unter die noch warme Eiercreme rühren. Die Creme abkühlen lassen.

3. Sahne steifschlagen, vorsichtig unter die Creme heben. Mousse in eine Schale füllen und etwa 3 Stunden kalt stellen.

4. Für die Glühweinbirnen Zitrone und Orange heiß abspülen, abtrocknen und dann die Schale abreiben. Rotwein, Portwein, Orangensaft, Zucker, Nelken und Zimtstangen in einen Topf geben, aufkochen lassen.

5. Birnen abspülen, der Länge nach halbieren und die Kerngehäuse mit einem Kugelausstecher entfernen. Birnen in den Glühweinsud legen und bei mittlerer Hitze etwa 5 Minuten köcheln lassen. Den Topf von der Kochstelle nehmen. Die Birnenhälften in dem Glühweinsud erkalten lassen. Nelken und Zimtstangen entfernen.

6. Birnenhälften aus dem Glühweinsud nehmen und trocken tupfen. Von dem Glühweinsud 250 ml (¼ l) abmessen und in einem kleinen Topf zum Kochen bringen. Speisestärke mit etwas Wasser anrühren, unter den Glühweinsud rühren und unter Rühren aufkochen. Glühweinsauce abkühlen lassen. Birnenhälften fächerartig aufschneiden.

7. Zum Garnieren Lebkuchen in sehr feine Würfel schneiden. Von der Mousse mit Hilfe eines Löffels (Löffel jeweils vor dem Abstechen der Nocken in heißes Wasser tauchen) Nocken abstechen und dekorativ mit Birnenfächern, Glühweinsauce und Lebkuchenwürfeln auf Tellern anrichten. Von der Kuvertüre dünne Späne abziehen und auf die Teller streuen.

Hinweis: Nur ganz frische Eier verwenden, die nicht älter als 5 Tage sind (Legedatum beachten!). Die fertige Speise im Kühlschrank aufbewahren und innerhalb von 24 Stunden verzehren.

Limetten-Quark-Creme | Einfach

4 Portionen

Pro Portion:
E: 16 g, F: 7 g, Kh: 21 g, kJ: 951, kcal: 227

500 g	*Magerquark*
125 ml	
(¹/₈ l)	*Milch*
3–4 EL	*Ahornsirup*
	Saft von
1–2	*Limetten*
	Bio-Limettenscheiben
	(unbehandelt, ungewachst)
etwas	*in dünne Streifen geschnittene*
	Schale von 1 Bio-Zitrone
	(unbehandelt, ungewachst)
4	*Orangenkekse mit Schokolade*

Zubereitungszeit: 10 Minuten

1. Quark mit Milch, Ahornsirup und Limettensaft gut verrühren.

2. Nach Belieben mit Orangenkeksen, Limettenscheiben und Zitronenschale garnieren.

Tipp: Sie können die Limetten auch sehr gut durch Blutorangen ersetzen. Dann sollten Sie 1–2 Esslöffel Zitronensaft hinzufügen. Wenn Sie keinen Ahornsirup bekommen, können Sie den Quark auch mit Apfeldicksaft zubereiten. Dann sollten Sie aber etwas weniger Limettensaft nehmen.

Extra-Tipp: Unbehandelte Limetten gibt es meistens in Bio-Läden oder Reformhäusern. Limetten können etwa 2 Wochen im Kühlschrank aufbewahrt werden. Damit sich Limetten gut auspressen lassen, sollten Sie die Früchte vorher auf der Arbeitsfläche hin und herrollen. Limettensaft kann etwa 2 Tage im Kühlschrank aufbewahrt werden.

Mac-Cool-Eistorte | Gut vorzubereiten

8 Portionen

Pro Portion:
E: 5 g, F: 18 g, Kh: 42 g, kJ: 1592, kcal: 380

150 g Eiskonfekt
2 Karlsbader Oblaten
(Ø etwa 20 cm)
1,5 l Vanille-Eiscreme

50 g Eiskonfekt
Hagelzucker

Zubereitungszeit: 20 Minuten,
ohne Auftau- und Gefrierzeit

1. 50 g des Eiskonfekts in einem kleinen Topf im Wasserbad bei schwacher Hitze geschmeidig rühren. Mit der Hälfte davon 1 Oblate bestreichen, die zweite Oblate auflegen, andrücken und mit dem restlichen geschmolzenen Eiskonfekt bestreichen. Trocknen lassen.

2. Restliches Eiskonfekt hacken. Eiscreme antauen lassen und Eiskonfekt unter das Eis rühren. Das Eis in eine gefrierfeste Schale mit rundem Boden (Ø etwa 20 cm, etwa 1,5 l Inhalt, mit Frischhaltefolie ausgelegt) füllen und dabei fest andrücken.

3. Oblaten mit der Schokoladenseite nach innen auf das Eis legen, leicht andrücken und für mindestens 2 Stunden ins Gefrierfach stellen.

4. Die Eistorte stürzen und dann mit Hilfe eines Löffelstiels „Iglu-Bausteine" auf der Oberfläche einzeichnen.

5. Zum Verzieren Eiskonfekt in einem kleinen Topf im Wasserbad bei schwacher Hitze geschmeidig rühren. Masse in einen Gefrierbeutel füllen, eine kleine Ecke abschneiden und Tür und Bausteine des Iglus damit nachzeichnen. Hagelzucker um das Iglu herumstreuen.

Tipp: Bereiten Sie das Iglu auch einmal aus Erdbeer-Eis zu.

Mandel- oder Haselnusspudding I

Klassisch

4 Portionen

Pro Portion:
E: 12 g, F: 36 g, Kh: 70 g, kJ: 2716, kcal: 649

100 g	Butter oder Margarine
100 g	Zucker
1 Pck.	Dr. Oetker Vanillin-Zucker
	Salz
3	Eier (Größe M)
2 Tropfen	Bittermandel-Aroma
50 g	abgezogene, gemahlene Mandeln oder gemahlene Haselnusskerne
150 g	Weizenmehl
50 g	Speisestärke
2 gestr. TL	Dr. Oetker Backin
3 EL	Milch
	Semmelbrösel

Zubereitungszeit: 20 Minuten
Garzeit: etwa 60 Minuten

1. Butter oder Margarine geschmeidig rühren. Nach und nach Zucker, Vanillin-Zucker und Salz unterrühren. So lange rühren, bis eine gebundene Masse entstanden ist. Eier einzeln (jedes Ei etwa ½ Minute) unterrühren.

2. Aroma und gemahlene Mandeln oder Nüsse unterrühren. Mehl, Speisestärke und Backpulver in einer Schüssel verrühren. In 3 Portionen, im Wechsel mit der Milch und der Butter-Ei-Masse rühren.

3. Teig in eine Puddingform (Wasserbadform, gefettet, mit Semmelbröseln ausgestreut) einfüllen. Form mit dem Deckel verschließen und in einen Topf mit kochendem Wasser setzen. Bei schwacher Hitze etwa 1 Stunde garen.

Tipp: Den Pudding auf einen Teller stürzen und mit Weinschaum- oder Schokoladensauce anrichten.

Mandelwaffeln mit Rote Grütze und Vanille-Eis | Für Kinder

8 Waffeln

Pro Stück:
E: 10 g, F: 33 g, Kh: 67 g, kJ: 2567, kcal: 612

Für den Rührteig:

100 g	abgezogene, gehobelte Mandeln
175 g	weiche Butter oder Margarine
175 g	Zucker
1 Prise	Salz
4	Eier (Größe M)
200 g	Weizenmehl
1 Pck.	Dr. Oetker Pudding-Pulver Vanille-Geschmack
1 gestr. TL	Dr. Oetker Backin

Zum Anrichten:

1 Becher (500 g)	Rote Grütze (aus dem Kühlregal)
1 Pck. (500 ml)	Vanille-Eiscreme

Zubereitungszeit: 45 Minuten, ohne Abkühlzeit

1. Mandeln in einer Pfanne ohne Fett bei schwacher Hitze leicht rösten, auf einen Teller geben und erkalten lassen.

2. Butter oder Margarine mit Handrührgerät mit Rührbesen auf höchster Stufe geschmeidig rühren. Nach und nach Zucker und Salz unterrühren. So lange rühren, bis eine gebundene Masse entstanden ist.

3. Eier nach und nach unterrühren (jedes Ei etwa ½ Minute). Mehl mit Pudding-Pulver und Backpulver mischen und in 2 Portionen auf mittlerer Stufe unterrühren. ¾ der Mandeln kurz unterrühren.

4. Das Waffeleisen vorheizen (Herstellerangaben beachten) und einfetten. Für jede Waffel etwa 2 Esslöffel Teig auf das Eisen geben und mit dem Esslöffel verstreichen. Den Teig backen. Waffeleisen nach jedem Backvorgang wieder einfetten.

5. Waffeln auf einem Kuchenrost abkühlen lassen. Die Waffeln mit Roter Grütze, Vanille-Eis und den restlichen Mandeln anrichten.

Mangocreme | Für Gäste – mit Alkohol

4 Portionen

Pro Portion:
E: 8 g, F: 20 g, Kh: 32 g, kJ: 1619, kcal: 387

1 Pck.	gemahlene, weiße Gelatine
5 EL	kaltes Wasser
1	Mango (etwa 400 g)
250 ml	
(¼ l)	Sekt
2 TL	Zitronensaft
75 g	Zucker
250 g	Schlagsahne

Zubereitungszeit: 25 Minuten, ohne Kühlzeit

1. Für die Creme die Gelatine nach Packungsanleitung mit dem Wasser anrühren und zum Quellen stehen lassen. Die Mango entkernen, schälen, das Fruchtfleisch im Mixer pürieren und mit Sekt, Zitronensaft und Zucker verrühren.

2. Die gequollene Gelatine unter Rühren erhitzen, bis sie gelöst ist. Zunächst 3 Esslöffel von der Mangomasse hinzufügen und verrühren, dann unter die übrige Mangomasse schlagen, anschließend kalt stellen.

3. Die Sahne steifschlagen. Wenn die Masse anfängt dicklich zu werden, die Sahne unterheben. Die Creme in eine Glasschale oder in Portionsgläser füllen und kalt stellen.

Tipp: 50 g Zartbitter-Schokolade im Wasserbad schmelzen. Schokolade in einen kleinen Gefrierbeutel füllen, eine kleine Spitze abschneiden. Dessertgläser innen mit der Schokolade dekorativ verzieren. Gläser in den Kühlschrank stellen, bis die Schokolade fest geworden ist. Dann die Creme einfüllen. Restliche Schokolade als Ornamente auf Backpapier spritzen. Bis zum Servieren im Kühlschrank aufbewahren. Nach Belieben Physalis aus der Hülle lösen, die Hüllblätter aber daran lassen. Die Physalis zur Hälfte in flüssige Schokolade tauchen. Im Kühlschrank kühlen. Die Creme vor dem Servieren damit garnieren.

Mango-Kiwi-Kokos-Pfannkuchen I

Fruchtig – für Kinder

7–8 Stück

Pro Stück:
E: 7 g, F: 21 g, Kh: 38 g, kJ: 1532, kcal: 366

Für den Pfannkuchenteig:

180 g	Weizenmehl
1 Dose	
(400 ml)	ungesüßte Kokosmilch
3	Eier (Größe M)
100 g	Schlagsahne
60 g	brauner Zucker
	(Rohrzucker)

Für die Füllung:

1	Mango
3	Kiwis
1 EL	flüssiger Honig
	(z. B. Sommerblütenhonig)
	Saft von
1	Limette

Zum Bestreuen:

4 EL	Kokosraspel

Außerdem:

6 EL	Speiseöl (z. B. Rapsöl)

Zubereitungszeit: 40 Minuten, ohne Ruhezeit

1. Für den Pfannkuchenteig Mehl in eine Rührschüssel sieben. Kokosmilch mit Eiern, Sahne und Zucker verschlagen, nach und nach unter Rühren zum Mehl geben. Darauf achten, dass keine Klümpchen entstehen. Teig 20–30 Minuten ruhen lassen.

2. Für die Füllung Mango halbieren. Fruchtfleisch vom Stein schneiden und schälen. Mangofruchtfleisch in Würfel schneiden. Kiwis schälen, vierteln und in Scheiben schneiden. Honig mit Limettensaft verschlagen und unter die Kiwischeiben und Mangowürfel rühren.

3. Zum Bestreuen Kokosraspel in einer Pfanne ohne Fett unter Rühren hellbraun rösten.

4. Etwas Speiseöl in einer beschichteten Pfanne (ø 28 oder 26 cm) erhitzen. Eine dünne Teiglage mit einer drehenden Bewegung gleichmäßig auf dem Boden der Pfanne verteilen. Pfannkuchen von beiden Seiten goldbraun backen und warm stellen. Bevor der Pfannkuchen gewendet wird, etwas Speiseöl in die Pfanne geben. Insgesamt weitere 6–7 Pfannkuchen backen.

5. Jeden Pfannkuchen gleichmäßig mit Fruchtstücken belegen, aufrollen und mit gerösteten Kokosraspeln bestreut servieren.

Tipp: Nach Belieben die Mango-Kiwi-Kokos-Pfannkuchen mit Minzeblättchen garnieren.

Maracujasauce | Für Gäste

4 Portionen

Pro Portion:
E: 1 g, F: 0 g, Kh: 13 g, kJ: 258, kcal: 62

> ## 2 Saftorangen
> ## 2 EL Zucker
> ## 2 Maracujas (Passionsfrüchte)

Zubereitungszeit: 15 Minuten

1. Orangen auspressen. In einer Pfanne bei mittlerer Hitze Zucker mit 1 Esslöffel Saft nussbraun karamellisieren lassen.

2. Restlichen Orangensaft dazugießen und den Karamell aufkochen.

3. Maracujas quer halbieren, die Kerne und das Fruchtfleisch herauslöffeln und in der Sauce heiß werden lassen.

Tipp: Die Sauce passt z. B. zu Pfannkuchen, Eis, Schoko- oder Vanillepudding. Mit der Maracujasauce lässt sich auch ein schnelles Quark-Dessert zubereiten. Dafür einfach die abgekühlte Sauce unter 500–750 g Speisequark (20 % Fett i. Tr.) rühren, mit braunem Zucker abschmecken und nach Belieben mit geriebener Orangenschale garnieren.

Abwandlung: Gelber Fruchtsalat mit Maracuja. Die Maracujasauce zubereiten wie beschrieben. 2 Orangen so schälen, dass auch die weiße Haut entfernt wird. Die Fruchtfilets zwischen den Trennhäuten herausschneiden. Aprikosen (von 1 Dose, Abtropfgewicht 240 g) abtropfen lassen und in Spalten schneiden. 2 Birnen oder Äpfel abspülen, schälen, vierteln und die Kerngehäuse entfernen. Die Früchte in Spalten schneiden. Eine unbehandelte Limette heiß abspülen, trocken reiben und die Hälfte der Schale auf der Haushaltsreibe abreiben. Die Limette auspressen. Die vorbereiteten Früchte mit der Maracujasauce und der Limettenschale mischen und etwa 15 Minuten durchziehen lassen. Dann den Salat mit Limettensaft abschmecken.

Marillenknödel | Klassisch
4 Portionen

Pro Portion:
E: 26 g, F: 34 g, Kh: 119 g, kJ: 3941, kcal: 942

Für den Teig:
60 g weiche Butter
250 g Magerquark
125 g Weizenmehl

Für die Füllung:
8 kleine Aprikosen
8 Stück Würfelzucker
Salzwasser

Zum Bestreuen:
50 g Butter
50 g Semmelbrösel
25 g Zucker
½ Pck. Dr. Oetker Vanillin-Zucker

Zubereitungszeit: 40 Minuten, ohne Kühlzeit

1. Für den Teig die Butter in einer Rührschüssel mit Handrührgerät mit Rührbesen geschmeidig rühren.

Nach und nach Quark und Mehl unterrühren und den Teig etwa 1 Stunde kalt stellen.

2. Für die Füllung die Aprikosen waschen, abtrocknen und den Kern vorsichtig herauslösen. In jede Aprikose 1 Stück Würfelzucker geben.

3. Aus dem Teig eine Rolle von etwa 16 cm Länge formen und in 8 Stücke schneiden. Jedes Teigstück mit bemehlten Händen etwas flach drücken, jeweils 1 Aprikose darauflegen und das Teigstück darüber zusammendrücken. Die gefüllten Teigstücke zu Knödeln formen, in kochendes Salzwasser geben, zum Kochen bringen und in etwa 15 Minuten bei schwacher Hitze gar ziehen lassen (das Wasser muss sich leicht bewegen). Die Knödel mit einer Schaumkelle herausnehmen und anschließend abtropfen lassen.

4. Zum Bestreuen die Butter zerlassen. Semmelbrösel, Zucker und Vanillin-Zucker darin unter Rühren leicht rösten. Die Knödel darin wälzen oder damit bestreuen und sofort servieren.

Beilage: Aprikosenkompott und nach Belieben Schokoladensauce.

Marmorpudding | Raffiniert – für Gäste
12 Portionen

Pro Portion:
E: 7 g, F: 21 g, Kh: 29 g, kJ: 1466, kcal: 350

Für den Schokopudding:
- 70 g Zartbitter-Schokolade
- 1 Eiweiß (Größe M)
- 1 Pck. Dr. Oetker Pudding-Pulver Schokoladen-Geschmack
- 500 ml
- (½ l) Milch
- 60 g Zucker
- 1 Eigelb (Größe M)
- 3–4 TL Instant-Espresso-pulver

Für den Vanillepudding:
- 2 Eiweiß (Größe M)
- 2 Pck. Dr. Oetker Pudding-Pulver Vanille-Geschmack
- 1 l Milch
- 50 g Zucker
- 2 Eigelb (Größe M)

- 500 g Schlagsahne
- 2 EL Puderzucker
- 30 g Zartbitter-Schokolade

Zubereitungszeit: 30 Minuten, ohne Kühlzeit

1. Für den Schokopudding die Schokolade hacken. Eiweiß steifschlagen. Pudding-Pulver, 6 Esslöffel von der Milch, Zucker und Eigelb verrühren. Die restliche Milch in einem Topf zum Kochen bringen.

2. Den Topf von der Kochstelle nehmen und ange-rührtes Pudding-Pulver und Espressopulver einrühren. Den Pudding unter Rühren mindestens 1 Minute kochen lassen. Von der Kochstelle nehmen und Schokolade und Eischnee unterheben.

3. Für den Vanillepudding das Eiweiß steifschlagen. Pudding-Pulver, 250 ml (¼ l) von der Milch, Zucker und Eigelb verrühren. Die restliche Milch zum Kochen bringen.

4. Den Topf von der Kochstelle nehmen und das an-gerührte Pudding-Pulver einrühren. Den Pudding unter Rühren mindestens 1 Minute kochen lassen. Von der Kochstelle nehmen und sofort Eischnee unterheben.

5. Die Hälfte des Vanillepuddings in eine kalt ausge-spülte Gugelhupfform (Ø 22 cm, etwa 2,5 l Inhalt) fül-len, den Schokopudding darauf verteilen und mit dem restlichen Vanillepudding bedecken.

6. Einen Löffel spiralförmig durch die Puddingschich-ten ziehen, so dass ein Marmormuster entsteht. Den Pudding mit Klarsichtfolie zudecken und mindestens 4 Stunden kalt stellen.

7. Sahne mit Puderzucker halb steifschlagen. Den Pudding auf einen Teller oder eine Servierplatte stür-zen und mit der Sahne anrichten. Schokolade mit einem Sparschäler über den Pudding hobeln.

Maronencreme mit Obst I

Raffiniert – mit Alkohol
6 Portionen

Pro Portion:
E: 9 g, F: 19 g, Kh: 86 g, kJ: 2452, kcal: 586

Für die Creme:

> 300 g frische Esskastanien (Maronen)
> 500 ml
> (¹/₂ l) Milch
> 50 g Zucker
> 8 Blatt weiße Gelatine
> 40 ml Pfirsichlikör
> 3 Eiweiß (Größe M)
> 150 g Puderzucker
> 300 g Schlagsahne

Für den Obstsalat:

> 2 Birnen
> 2 Äpfel
> 200 g Pflaumen
> je 200 g grüne und blaue Weintrauben
> 2 EL Zucker
> 125 ml
> (¹/₈ l) heller Traubensaft
> 1 EL Zitronensaft

Zubereitungszeit: 60 Minuten,
ohne Abkühl- und Kühlzeit
Backzeit: 8–15 Minuten

1. Für die Creme den Backofen vorheizen. Die Maronen kreuzweise einschneiden und auf ein Backblech legen. Das Backblech in den vorgeheizten Backofen schieben.

Ober-/Unterhitze: etwa 250 °C
Heißluft: etwa 230 °C
Backzeit: 8–15 Minuten.

2. Wenn die harte Schale platzt, die Maronen aus dem Backofen nehmen und noch heiß äußere und innere Schale entfernen.

3. Die Kastanien mit Milch und Zucker in einem Topf etwa 30 Minuten garen lassen. Die Gelatine nach der

Packungsanleitung in kaltem Wasser einweichen. Die Maronen mit dem Stabmixer pürieren. Die Gelatine ausdrücken und unter Rühren im Püree auflösen. Den Pfirsichlikör unterrühren. Das Maronenpüree erkalten lassen.

4. Wenn die Masse zu gelieren beginnt, das Eiweiß steifschlagen und den Puderzucker unterrühren. Den Eischnee vorsichtig unter das Kastanienpüree heben. Die Sahne steifschlagen und unterheben. Die Masse in eine Schüssel füllen und im Kühlschrank etwa 2 Stunden fest werden lassen.

5. Für den Obstsalat die Früchte abspülen und abtropfen lassen. Die Birnen und Äpfel schälen, vierteln, entkernen und in Spalten schneiden. Die Pflaumen entstielen, entsteinen und vierteln. Die Weintrauben halbieren und die Kerne entfernen. Das Obst mit Zucker, Traubensaft und Zitronensaft marinieren.

6. Den Obstsalat auf Desserttellern anrichten. Mit zwei Esslöffeln größere Klößchen von der Kastaniencreme abstechen und auf den Obstsalat legen.

Hinweis: Nur ganz frisches Eiweiß verwenden, die nicht älter als 5 Tage sind (Legedatum beachten!). Die fertige Speise im Kühlschrank aufbewahren und innerhalb von 24 Stunden verzehren.

Maronenpuffer mit Weintrauben I

Für Gäste – raffiniert

4 Portionen

Pro Portion:

E: 16 g, F: 46 g, Kh: 81 g, kJ: 3528, kcal: 842

1 Dose	*ganze Esskastanien (Maronen, Abtropfgewicht 285 g)*
250 g	*Schlagsahne*
3	*Eier (Größe M)*
1 Pck.	*Dr. Oetker Bourbon-Vanille-Zucker*
20 g	*Zucker*
100 g	*Weizenmehl*
500 g	*gemischte Weintrauben*
40 g	*Butterschmalz*
70 g	*abgezogene, gehobelte Mandeln*
	Puderzucker

Zubereitungszeit: 40 Minuten, ohne Quellzeit

1. Maronen abtropfen lassen. Maronen, Sahne, Eier, Vanille-Zucker, Zucker und Mehl in eine hohe Rührschüssel geben und mit dem Stabmixer pürieren. Den Teig etwa 10 Minuten ausquellen lassen.

2. Trauben heiß abspülen, trocken tupfen, halbieren und entkernen.

3. Etwas Butterschmalz in einer Pfanne erhitzen. Einige Mandelblättchen hineingeben, darauf 2 Esslöffel Maronenteig geben, mit einigen Mandelblättchen bestreuen und bei mittlerer Hitze etwa 2 Minuten backen, bis der Teig zu stocken beginnt. Maronenpuffer wenden und von der anderen Seite goldbraun backen.

4. Auf diese Weise etwa 12 Puffer zubereiten. Puffer mit den Trauben anrichten und mit Puderzucker bestäuben.

Marsala-Sauce | Klassisch – schnell
4 Portionen

Pro Portion:
E: 3 g, F: 9 g, Kh: 24 g, kJ: 770, kcal: 184

4	*Eigelb (Größe M)*
250 ml	
(¼ l)	*Marsala (ital. Dessertwein)*
80 g	*Zucker*
2–3 EL	*Zitronensaft*
10 g	*Speisestärke*

Zubereitungszeit: 15 Minuten

1. Eigelb in eine metallene Rührschüssel geben. Die übrigen Zutaten hinzufügen.

2. Im heißen Wasserbad mit einem Schneebesen zu einer schaumigen Sauce aufschlagen.

Tipp: Marsala ist ein italienischer Dessertwein. Sie können stattdessen auch einen hellen Sherry oder Portwein verwenden. Die Sauce zu kalten und warmen Süßspeisen reichen.

Marshmallow-Kuppel | Für Kinder

4 Portionen

Pro Portion:
E: 6 g, F: 19 g, Kh: 68 g, kJ: 1994, kcal: 476

100 g weiße Mini-Marshmallows
50 g Zartbitter-Schokolade
1 Pck. Mousse au Chocolat
(Dessertpulver)
250 ml
(¹/₄ l) Milch

Für die Himbeersahne:
125 g Schlagsahne
6–8 EL Himbeersirup

Zubereitungszeit: 20 Minuten, ohne Kühlzeit

1. Für die Kuppel eine runde Schüssel (etwa 800 ml Inhalt) mit Marshmallows auslegen. Die Hälfte der Schokolade hacken.

2. Mousse au Chocolat mit Milch nach Packungsanleitung zubereiten. Die gehackte Schokolade unterheben. Die Mousse in die Schüssel füllen und mindestens 2 Stunden kalt stellen.

3. Die Mousse auf eine Platte stürzen. Die restliche Schokolade in einem kleinen Topf im Wasserbad bei schwacher Hitze zu einer geschmeidigen Masse verrühren und dann mit Hilfe eines Löffels auf die Marshmallows träufeln.

4. Für die Himbeersahne Sahne steifschlagen, 2 Esslöffel Himbeersirup unterheben. Himbeersahne und den restlichen Himbeersirup zu der Kuppel servieren.

Marzipan-Timbale mit Beeren I

Raffiniert – für Gäste – mit Alkohol

6–8 Portionen

Pro Portion:
E: 19 g, F: 44 g, Kh: 43 g, kJ: 2842, kcal: 679

100 g	*abgezogene, gemahlene Mandeln*
200 g	*Marzipan-Rohmasse*
	rote Speisefarbe
6 Blatt	*weiße Gelatine*
5 EL	*Mandellikör*
3 EL	*Zucker*
250 g	*saure Sahne*
500 g	*gemischte Beeren*
500 g	*Schlagsahne*
1 TL	*Zucker*

Zubereitungszeit: 35 Minuten,
ohne Abkühl- und Kühlzeit

1. Mandeln mit Marzipan-Rohmasse pürieren und mit Speisefarbe rosa färben. Die Masse zwischen 2 Lagen Frischhaltefolie sehr dünn ausrollen.

2. Eine kuppelförmige Schüssel (etwa 1,5 l Inhalt) mit der Marzipanplatte auslegen, überstehende Ränder abschneiden, verkneten und zu einer Platte in Schüsselbodengröße ausrollen.

3. Gelatine nach Packungsanleitung in kaltem Wasser einweichen. Mandellikör erhitzen, Gelatine ausdrücken, bei schwacher Hitze darin auflösen, Zucker unterrühren. Abkühlen lassen.

4. Saure Sahne unterrühren und kalt stellen.

5. Beeren verlesen, abspülen, abtropfen lassen. 300 g davon unter die Creme rühren. Die Hälfte der Sahne steifschlagen und unter die Creme ziehen.

6. Die Creme in die Schüssel geben und mit der Marzipanplatte bedecken. Über Nacht kalt stellen.

7. Timbale vorsichtig auf eine Platte stürzen.

8. Restliche Sahne zusammen mit dem Zucker steifschlagen, Timbale damit verzieren. Mit den restlichen Beeren dekorieren.

Mäuschen mit Aprikosenmark I

Für Gäste – mit Alkohol

4 Portionen

Pro Portion:
E: 9 g, F: 53 g, Kh: 70 g, kJ: 3658, kcal: 874

Für das Aprikosenmark:

etwa 50 frische Salbeiblätter
500 g Aprikosen
70 g Zucker
2 EL Marillengeist

Für den Teig:

150 g Weizenmehl
1 Prise Salz
2 Eigelb (Größe M)
250 ml
(¹/₄ l) Sekt
2 Eiweiß (Größe M)

500–750 g Butterschmalz
3–4 EL Puderzucker

Zubereitungszeit: 45 Minuten,
ohne Abkühl-, Kühl- und Ruhezeit

1. Salbeiblätter abspülen, trocken tupfen, auf Küchentüchern ausbreiten.

2. Aprikosen abspülen, entsteinen und mit Zucker in einem Topf langsam zum Kochen bringen. Etwa 10 Minuten bei schwacher Hitze garen. Marillengeist unterrühren. Aprikosen pürieren, abkühlen lassen und kalt stellen.

3. Mehl in eine Rührschüssel sieben, mit Salz, Eigelb und Sekt verrühren. Teig etwa 30 Minuten ruhen lassen. Eiweiß steifschlagen und unter den Teig ziehen.

4. Butterschmalz in einem kleinen Topf auf 180 °C erhitzen. Die Salbeiblätter in den Teig tauchen, dann im heißen Fett etwa 2 Minuten goldbraun frittieren.

5. Die Mäuschen auf Haushaltspapier abtropfen lassen, mit Puderzucker bestäuben und heiß mit kaltem Aprikosenmark servieren.

Tipp: Wer kein Fett-Thermometer hat, muss mit kleinen Teigtropfen (das Fett schäumt dann leicht) prüfen, ob das Fett die richtige Temperatur erreicht hat. Ist es zu kalt, saugt der Teig zu viel Fett auf; ist es zu heiß, verbrennt das Frittiergut.

Melonen mit Eisteegelee | Raffiniert
4 Portionen

Pro Portion:
E: 7 g, F: 5 g, Kh: 35 g, kJ: 911, kcal: 217

1	*Bio-Limette (unbehandelt, ungewachst)*
4 EL	*Zucker*
500 ml	
(½ l)	*Eistee mit Zitronengeschmack (Fertigprodukt)*
7 Blatt	*weiße Gelatine*
1 Pck.	*Saucen-Pulver Vanille-Geschmack, zum Kochen*
500 ml	
(½ l)	*Milch*
2	*Charentais- oder Cantaloupe-Melonen*

Zubereitungszeit: 30 Minuten,
ohne Kühl- und Abkühlzeit

1. Die Limette heiß abspülen, abtrocknen und halbieren. Eine Limettenhälfte auspressen. 2 Esslöffel Limettensaft und die Hälfte des Zuckers mit dem Eistee verrühren. Gelatine in 250 ml (¼ l) Eistee einweichen.

2. Die Gelatine in dem Eistee so lange erhitzen, bis sie sich aufgelöst hat (nicht kochen lassen!). Den restlichen Eistee dazugeben und verrühren. Die Flüssigkeit in eine flache, rechteckige Form gießen und mindestens 3 Stunden kalt stellen.

3. Aus Saucen-Pulver, Milch und restlichem Zucker nach Packungsanleitung eine Vanillesauce kochen und abkühlen lassen.

4. Die Melonen waagerecht halbieren und die Kerne mit einem Löffel herauskratzen. Die zweite Limettenhälfte in Scheiben schneiden.

5. Die Form mit dem Teegelee kurz in heißes Wasser tauchen, Gelee aus der Form stürzen und in Würfel schneiden. Die Geleewürfel und etwas Vanillesauce in die Melonenhälften füllen und mit Limettenscheiben garnieren. Mit der restlichen Vanillesauce servieren.

Abwandlung: Selbstverständlich können Sie den Eistee aus schwarzem Tee mit etwas Zitronensaft und -schale selbst zubereiten.

Melonensalat mit Vanillequark I

Schnell – einfach

4 Portionen

Pro Portion:
E: 17 g, F: 7 g, Kh: 24 g, kJ: 975, kcal: 232

4	kleine Netzmelonen
4	Johannisbeerrispen
500 g	Speisequark (20 % Fett i. Tr.)
1	Vanilleschote
1–2 EL	Zucker
1–2 EL	Zitronensaft

Zubereitungszeit: 25 Minuten, ohne Kühlzeit

1. Die Melonen im oberen Drittel ringsherum bis zur Mitte zickzackförmig einschneiden und den oberen Teil abheben. Kerne mit einem Löffel herausschaben. Das Fruchtfleisch mit einem Kugelausstecher herausstechen oder die Melonen mit einem Löffel aushöhlen und das Fruchtfleisch in Würfel schneiden. Melonen und Fruchtfleisch kalt stellen.

2. Die Johannisbeeren abspülen und trocken tupfen. Quark in eine Schüssel geben. Vanilleschote der Länge nach aufschlitzen und das Vanillemark herausschaben.

3. Das Vanillemark mit dem Zucker unter den Quark rühren und den Vanillequark zum Schluss noch mit Zitronensaft abschmecken.

4. Melonen-Fruchtfleisch in die ausgehöhlten Melonen füllen. Jeweils eine Quarkhaube daraufsetzen. Mit Johannisbeerrispen garnieren.

Milchreis | Für Kinder – klassisch
4 Portionen

Pro Portion:
E: 9 g, F: 13 g, Kh: 20 g, kJ: 1032, kcal: 246

1 l	Milch
1–2 EL	Butter
1 Prise	Salz
20 g	Zucker
etwas	abgeriebene Schale von
	1 Bio-Zitrone (unbehandelt,
	ungewachst)
125 g	Milchreis (Rundkornreis)
	Zucker, gemahlener Zimt

Zubereitungszeit: 50 Minuten

1. Milch mit Butter, Salz, Zucker und Zitronenschale zum Kochen bringen.

2. Den Milchreis hineingeben und zum Kochen bringen. Den Milchreis in etwa 40 Minuten bei schwacher Hitze ausquellen lassen und dabei gelegentlich umrühren.

3. Den fertigen Milchreis mit Zucker und Zimt bestreuen.

Tipp: Dazu schmecken gemischte Beeren, Frucht- oder Schokoladensauce.

Mini-Charlotten | Für Gäste – mit Alkohol
4 Portionen

Pro Portion:
E: 6 g, F: 34 g, Kh: 53 g, kJ: 2358, kcal: 563

150 g	*Schlagsahne*
130 g	*Sahne-Crème-Schokolade (ersatzweise Noisette-Schokolade)*
150 g	*Keksröllchen (Cigarettes Russes)*
100 g	*in Alkohol eingelegte Früchte (Fertigprodukt)*
4 Kugeln	*Vanille-Eis*

Zubereitungszeit: 25 Minuten, ohne Kühlzeit

1. Die Sahne in einen Topf geben und erwärmen. 100 g Schokolade grob zerkleinern, in die Sahne geben und unter Rühren bei schwacher Hitze auflösen (nicht kochen!). Die Schokoladensahne mindestens 3 Stunden kalt stellen.

2. Die Keksröllchen mit einem Brotmesser quer halbieren. Röllchen aufrecht an den Rand von 4 runden Auflaufförmchen oder Tassen (Ø etwa 8 cm, Boden gefettet) stellen.

3. Die Schokoladensahne mit Handrührgerät mit Rührbesen steifschlagen, in die Förmchen füllen und mindestens 3 Stunden kalt stellen.

4. Die Förmchen kurz in heißes Wasser tauchen und die Mini-Charlotten vorsichtig auf Teller stürzen. Die eingelegten Früchte um die Charlotten herum verteilen.

5. Die restliche Schokolade mit dem Sparschäler hobeln und auf den Tellern verteilen. Die Mini-Charlotten mit je 1 Kugel Vanilleeis servieren.

Tipp: Anstelle der fertig gekauften, in Alkohol eingelegten Früchte die Mini-Charlotten mit in Rotwein gedünsteten Birnen oder gemischten frischen Früchten, z. B. Himbeeren, Erdbeeren oder in Scheiben geschnittenen Kiwis, servieren.

Mirabellengrütze im Krokant-Körbchen | Raffiniert

6 Portionen

Pro Portion:
E: 5 g, F: 23 g, Kh: 64 g, kJ: 2092, kcal: 500

Für die Körbchen:

    50 g Butter
    100 g Haferflocken
    100 g brauner Zucker (Rohrzucker)
    125 g Schlagsahne

Für die Grütze:

    500 g Mirabellen
    100 ml Aprikosensaft
    30 g Perlsago (gekörnte Stärke)

    evtl. steifgeschlagene Schlagsahne

Zubereitungszeit: 40 Minuten,
ohne Abkühl- und Quellzeit
Backzeit: etwa 15 Minuten

1. Den Backofen vorheizen. Butter in einer Pfanne erhitzen, mit Haferflocken vermischen, kurz rösten. Rohrzucker dazugeben, unter Rühren erhitzen, bis der Zucker karamellisiert ist. Nach und nach die Sahne unterrühren, zum Kochen bringen und kochen lassen, bis die Masse fest wird.

2. 6 Briocheförmchen mit Alufolie – blanke Seite nach innen – auslegen, Haferflockenteig hineingeben. Die Masse mit einem Löffel an den Wänden zu einem Körbchen hochdrücken und danach auf dem Rost auf der mittleren Schiene in den vorgeheizten Backofen schieben.

Ober-/Unterhitze: etwa 200 °C
Heißluft: etwa 180 °C
Backzeit: etwa 15 Minuten.

3. Das Gebäck abkühlen lassen, erst vor dem Füllen aus der Form nehmen.

4. Mirabellen abspülen, abtropfen lassen und entsteinen. Mirabellen mit Aprikosensaft zum Kochen bringen. Perlsago unterrühren, aufkochen und bei schwacher Hitze etwa 10 Minuten ausquellen lassen. Gelegentlich umrühren.

5. Die Grütze erkalten lassen. Die Körbchen erst vor dem Servieren mit Grütze füllen. Nach Belieben mit steifgeschlagener Sahne garnieren.

Moderner Scheiterhaufen | Raffiniert

4 Portionen

Pro Portion:
E: 13 g, F: 39 g, Kh: 55 g, kJ: 2683, kcal: 641

1 Becher	
(500 g)	*Kirschgrütze*
	(aus dem Kühlregal)
250 g	*Mascarpone*
	(ital. Frischkäse)
3	*Eier (Größe M)*
100 ml	*Milch*
75 g	*Zucker*
1 Pck.	*Dr. Oetker Finesse*
	Geriebene Orangenschale
8–10	*Scheiben Baguette*
1 Pck.	*Saucen-Pulver Vanille-*
	Geschmack, zum Kochen
40 g	*Kokosraspel*

Zubereitungszeit: 30 Minuten
Backzeit: etwa 30 Minuten

1. Kirschgrütze in eine flache Auflaufform (gefettet) geben. Die Hälfte des Mascarpone mit 1 Ei, Milch, Zucker und Orangenschale gut verrühren. Den Backofen vorheizen.

2. Die Baguettescheiben kurz durch die Mascarpone-Milch-Mischung ziehen und nebeneinander auf die Kirschgrütze legen.

3. Saucen-Pulver mit dem restlichen Mascarpone verrühren. Die restlichen Eier verquirlen und mit der restlichen Mascarpone-Milch-Mischung unterrühren. Die Masse auf die Baguettescheiben geben.

4. Kokosraspel darüberstreuen. Die Form auf dem Rost in den vorgeheizten Backofen schieben.

Ober-/Unterhitze: etwa 200 °C
Heißluft: etwa 180 °C
Backzeit: etwa 30 Minuten.

Abwandlung: Anstelle von Kirschgrütze können Sie auch Waldbeer- oder Rote Grütze verwenden.

Mohnknödel | Preiswert
6 Portionen

Pro Portion:
E: 14 g, F: 44 g, Kh: 32 g, kJ: 2516, kcal: 601

Für die Knödel:

500 ml (½ l)	Milch
150 g	Butter
50 g	Zucker
	Mark von
1	Vanilleschote
100 g	gemahlener Mohn
200 g	Weizengrieß
4	Eier (Größe M)
40 g	Butter
20 g	Zucker
40 g	gemahlener Mohn
	abgeriebene Schale von
½	Bio-Orange (unbehandelt, ungewachst)
etwas	gesiebter Puderzucker
einige	Minzeblättchen

Zubereitungszeit: 40 Minuten, ohne Kühlzeit

1. Milch, Butter, Zucker und Vanillemark zum Kochen bringen. Mohn und Grieß unter ständigem Rühren in die kochende Flüssigkeit geben. So lange rühren, bis sich auf dem Topfboden ein weißer Belag bildet und ein zusammenhängender Teig entstanden ist.

2. Den Teig in eine Schüssel geben und kurz abkühlen lassen. Unter den noch heißen Teig nach und nach die Eier schlagen, etwa 2 Stunden kalt stellen.

3. Aus der Masse Knödel formen, diese in siedendem Salzwasser 10–15 Minuten gar ziehen lassen. (Das Wasser sollte sich nur leicht bewegen!)

4. Butter in einer kleinen Pfanne schmelzen lassen. Zucker, Mohn und Orangenschale hinzugeben. Die fertigen Knödel in die Pfanne geben und in der Mischung wälzen. Oder die Mohnknödel auf Tellern anrichten, mit der Mohnmasse übergießen, mit Puderzucker bestäuben und mit Minzeblättchen garnieren.

Tipp: Dazu passt Kirschkompott.

Mohnnudeln | Dauert länger

4 Portionen

Pro Portion:
E: 12 g, F: 26 g, Kh: 49 g, kJ: 2073, kcal: 495

> 200 g Weizenmehl
> 50 g Hartweizengrieß
> 2 Eier (Größe M)
> 1 Prise Salz
> 1 EL Speiseöl
> 1 EL Wasser oder Essig
> 80 g Butter
> 2 EL frisch gemahlener Mohn
> 1 EL Puderzucker
> Minzeblättchen

Zubereitungszeit: 60 Minuten, ohne Ruhezeit

1. Für den Teig aus Weizenmehl, Hartweizengrieß, Eiern, Salz, Öl und Wasser oder Essig einen ge-schmeidigen, glatten Teig kneten. Dann den Teig in Frischhaltefolie wickeln und etwa 30 Minuten ruhen lassen.

2. Die Arbeitsfläche mit Mehl bestäuben, den Teig darauf in mehreren Portionen sehr dünn ausrollen, in schmale Streifen schneiden und leicht antrocknen lassen.

3. Die Nudeln in reichlich kochendem Salzwasser etwa 2 Minuten garen, auf ein Sieb geben und ab-tropfen lassen.

4. Die Butter erhitzen, Nudeln darin schwenken, den Mohn hinzufügen, alles vermischen und anrichten. Die Nudeln zum Schluss mit Puderzucker bestäuben und mit Minze garnieren.

Tipp: Statt in Mohn können die Nudeln auch nur in zerlassener Butter oder in angebräunten Semmel-bröseln gewendet werden.

Mohn-Soufflé mit Aprikosenkompott I

Gut vorzubereiten – mit Alkohol
8 Portionen

Pro Portion:
E: 8 g, F: 13 g, Kh: 39 g, kJ: 1355, kcal: 324

Für das Aprikosenkompott:

16	reife Aprikosen
50 g	Zucker
300 ml	Orangensaft
2 cl	Aprikosenschnaps oder -likör
1	Vanilleschote
1 TL	Speisestärke
1	Bio-Orange (unbehandelt, ungewachst)

50 g	Weizenmehl
50 g	weiche Butter
250 ml	
(¼ l)	Milch
50 g	gemahlener Mohn
1 Prise	Salz
5	Eier (Größe M)
75 g	Zucker
	Puderzucker

Zubereitungszeit: 35 Minuten, ohne Kühl- und Abkühlzeit
Garzeit: etwa 20 Minuten

1. Für das Kompott die Aprikosen an der Unterseite einritzen, kurz in kochendes Wasser legen, in kaltem Wasser abschrecken. Die Aprikosenhaut abziehen. Die Aprikosen vierteln, Steine entfernen. Aprikosen zudecken und kalt stellen.

2. Mehl und Butter in eine Schüssel geben und mit einer Gabel verkneten. Milch mit Mohn und Salz in einem Topf erhitzen. Die Mehlbutter nach und nach mit einem Schneebesen unterrühren. Den Topf von der Kochstelle nehmen. Den Backofen vorheizen.

3. Eier trennen. Eigelb mit ⅓ des Zuckers verrühren und unter die heiße Mohnmilch rühren, etwas abkühlen lassen.

4. Eiweiß steifschlagen, restlichen Zucker kurz unter den Eischnee schlagen. ¼ des Eischnees unter die Milch-Mohn-Masse rühren. Restlichen Eischnee vorsichtig unterheben. Die Soufflémasse bis kurz unter den Rand in 8 Souffléförmchen (Ø 8 cm, gefettet, mit Zucker ausgestreut) füllen.

5. Die Förmchen in die Fettpfanne des Backofens stellen. Die Fettpfanne in den vorgeheizten Backofen schieben, so viel heißes Wasser hinzugießen, dass die Förmchen bis zu ⅓ im Wasser stehen. Soufflémasse garen.

Ober-/Unterhitze: etwa 200 °C
Heißluft: etwa 180 °C
Garzeit: etwa 20 Minuten.

6. Die Backofentür während des Backens nicht öffnen, da die Soufflés sonst zusammenfallen und nicht mehr aufgehen.

7. In der Zwischenzeit die vorbereiteten Aprikosen in breite Spalten schneiden.

8. Zucker in einem Topf karamellisieren, Orangensaft und Schnaps oder Likör hinzugießen. Vanilleschote längs aufschneiden und das Mark herauskratzen. Vanilleschote und -mark zum Saft geben. Orangensaft zum Kochen bringen und um ein Drittel einkochen lassen.

9. Speisestärke mit etwas Wasser anrühren. Orangensud von der Kochstelle nehmen, die Vanilleschote entfernen. Angerührte Stärke in den Sud rühren und unter Rühren gut aufkochen lassen.

10. Aprikosenspalten hinzugeben, nochmals kurz aufkochen, etwas durchziehen lassen und abkühlen lassen.

11. Die Orange heiß abspülen, abtrocknen und die Schale mit einem Zestenreißer in dünnen Streifen abziehen. Das Kompott auf Teller verteilen und mit Orangenschale bestreuen.

12. Die Soufflés aus den Förmchen auf die Teller geben, mit Puderzucker bestäuben und sofort servieren.

Mohnspeise | Einfach
4 Portionen

Pro Portion:
E: 12 g, F: 38 g, Kh: 33 g, kJ: 2245, kcal: 537

150 g	frisch gemahlener Mohn
200 ml	Milch
75 g	Zucker
	abgeriebene Schale von
½	Bio-Zitrone (unbehandelt, ungewachst)
30 g	abgezogene, gehackte Mandeln
50 g	Rosinen
200 g	Schlagsahne
10 g	abgezogene, gehobelte, geröstete Mandeln

Zubereitungszeit: 30 Minuten,
ohne Quell- und Kühlzeit

1. Den Mohn in eine Schüssel geben. Die Milch mit Zucker und Zitronenschale zum Kochen bringen, über den Mohn gießen, verrühren. Den Mohn etwa 15 Minuten quellen lassen.

2. Mandeln und Rosinen unterrühren. Schlagsahne steifschlagen, etwas Sahne zum Garnieren zurücklassen. Die Mohnspeise mindestens 30 Minuten kalt stellen. Die Schlagsahne unter die erkaltete Mohnmasse heben.

3. Die Mohnspeise mit der zurückgelassenen Schlagsahne und gebräunten Mandelblättchen garnieren. Gut gekühlt servieren.

Mohr im Hemd | Raffiniert
4 Portionen

Pro Portion:
E: 13 g, F: 53 g, Kh: 33 g, kJ: 2880, kcal: 688

80 g	*weiche Butter*
4	*Eigelb (Größe M)*
60 g	*Zucker*
70 g	*geröstete, ganze Mandeln*
	Mark von
1	*Vanilleschote*
80 g	*Zartbitter-Schokolade*
4	*Eiweiß (Größe M)*
20 g	*Zucker*
200 g	*Schlagsahne*

Zubereitungszeit: 45 Minuten
Garzeit: 20–30 Minuten

1. Butter und Eigelb mit Handrührgerät mit Rührbesen schaumig schlagen. Zucker hinzugeben und weiterschlagen, bis der Zucker gelöst ist.

2. Mandeln fein mahlen und mit dem Vanillemark zu der schaumig geschlagenen Masse geben. Den Backofen vorheizen.

3. Schokolade grob zerkleinern und in einem kleinen Topf im Wasserbad bei schwacher Hitze zu einer geschmeidigen Masse verrühren. Die Schokolade zu der Butter-Ei-Masse geben und gut verrühren.

4. Eiweiß mit Zucker steifschlagen. ⅓ des Eischnees unter die Schokoladenmasse geben und glattrühren. Den restlichen Eischnee vorsichtig unterheben.

5. Die Masse in 4 backofengeeignete Förmchen (Ø 8 cm, 250 ml Inhalt, gefettet, mit Zucker ausgestreut) füllen (Förmchen dürfen nur zu ⅔ gefüllt sein).

6. Die Förmchen in eine Auflaufform setzen und die Auflaufform mit Wasser füllen, so dass die Förmchen mindestens zu ⅓ im Wasser stehen. Die Auflaufform auf dem Rost in den vorgeheizten Backofen schieben.

Ober-/Unterhitze: etwa 200 °C
Heißluft: etwa 180 °C
Garzeit: 20–30 Minuten.

7. In der Zwischenzeit die Sahne aufschlagen. Den Inhalt jedes Förmchens auf einen Teller stürzen, mit der Sahne anrichten und sofort servieren.

Tipp: Dazu Schokoladensauce servieren.

Mokkacreme mit Mascarpone I

Für Gäste – mit Alkohol

4 Portionen

Pro Portion:

E: 13 g, F: 35 g, Kh: 54 g, kJ: 2575, kcal: 615

1 Pck.	Dr. Oetker Pudding-Pulver Vanille-Geschmack
60 g	Zucker
500 ml	
(¹/₂ l)	Milch
2	Eigelb (Größe M)
2–4 EL	Mokkalikör
250 g	Mascarpone (ital. Frischkäse)
125 g	Löffelbiskuits
125 ml	
(¹/₈ l)	starker Mokka
1 TL	Kakaopulver

Zubereitungszeit: 35 Minuten, ohne Abkühl- und Kühlzeit

1. Pudding-Pulver mit Zucker, 6 Esslöffel von der Milch und Eigelb anrühren. Restliche Milch zum Kochen bringen. Das angerührte Pudding-Pulver in die Milch rühren, zum Kochen bringen und unter Rühren aufkochen lassen. Pudding erkalten lassen, dabei gelegentlich umrühren.

2. Likör und Mascarpone unter den erkalteten, noch geschmeidigen Pudding rühren. Knapp die Hälfte der Creme in eine flache Schüssel geben. Darauf die Löffelbiskuits verteilen und dann den Mokka darüberträufeln.

3. Restliche Creme mit einem großen Löffel als Nocken darauf verteilen. Mindestens 2 Stunden kalt stellen. Die Creme vor dem Servieren mit Kakao bestäuben.

Mokka-Parfait | **Dauert länger**

4 Portionen

Pro Portion:
E: 8 g, F: 47 g, Kh: 53 g, kJ: 2835, kcal: 678

6	*Eigelb (Größe M)*
175 g	*Zucker*
2 EL	*Instant-Kaffeepulver*
1 EL	*heißes Wasser*
500 g	*Schlagsahne*
2 Pck.	*Dr. Oetker Vanillin-Zucker*
	Kakaopulver

Zubereitungszeit: 35 Minuten, ohne Gefrierzeit

1. Eigelb mit Zucker schaumig schlagen. Instant-Kaffeepulver in Wasser auflösen und unterrühren.

2. Sahne mit Vanillin-Zucker steifschlagen (4 Esslöffel zum Verzieren in einen Spritzbeutel mit Sterntülle füllen) und unter die Eigelbmasse ziehen.

3. Die Masse in eine gefrierfeste Form füllen, zugedeckt im Gefrierfach 3–4 Stunden gefrieren lassen.

4. Das Mokka-Parfait mit der zurückgelassenen Sahne verzieren und mit Kakao bestäuben.

Hinweis: Nur ganz frische Eier verwenden, die nicht älter als 5 Tage sind (Legedatum beachten!).

Mousse au chocolat I

Beliebt – klassisch

4 Portionen

Pro Portion:
E: 15 g, F: 55 g, Kh: 65 g, kJ: 3425, kcal: 822

Für die Mousse:

200 g	*Zartbitter-Kuvertüre*
100 g	*Vollmilch-Kuvertüre*
8	*Eiweiß (Größe M)*
250 g	*Schlagsahne*
1 Pck.	*Dr. Oetker Sahnesteif*

Zum Anrichten:

125 g	*Fruchtsauce*
100 g	*Crème fraîche*
30 g	*weiße Schokoladenröllchen*
	Minzeblättchen

Zubereitungszeit: 30 Minuten,
ohne Abkühl- und Kühlzeit

1. Für die Mousse Kuvertüre hacken und im heißen Wasserbad auflösen. Kuvertüre durchrühren, in das kalte Wasserbad stellen und abkühlen lassen. Eiweiß steifschlagen.

2. Sahne mit Sahnesteif steifschlagen, die geschmolzene Kuvertüre auf den Eischnee geben, vorsichtig unterheben und dann die steifgeschlagene Sahne unterziehen. Die Masse mehrere Stunden kalt stellen.

3. Aus der Mousse mit zwei in Wasser getauchten Esslöffeln Nocken abstechen und auf Tellern anrichten.

4. Etwas Fruchtsauce auf den Teller geben. Crème fraîche verrühren und auf die Sauce geben, mit einem Holzstäbchen durchziehen, so dass ein Muster entsteht. Mit Schokoröllchen und Minze garnieren.

Hinweis: Nur ganz frische Eiweiß verwenden, die nicht älter als 5 Tage sind (Legedatum beachten!). Die fertige Speise im Kühlschrank aufbewahren und innerhalb von 24 Stunden verzehren.

Netzmelone auf Trüffelcreme I

Raffiniert – mit Alkohol

4 Portionen

Pro Portion:
E: 9 g, F: 33 g, Kh: 32 g, kJ: 2029, kcal: 485

100 g	Nuss-Nougat-Masse
250 ml	
(¼ l)	Milch
2	Eigelb (Größe M)
20 g	Speisestärke
150 g	Joghurt
250 g	Schlagsahne
½	Netzmelone
4 TL	Haselnuss-Krokant
1 EL	Weinbrand

Zubereitungszeit: 35 Minuten, ohne Abkühlzeit

1. Nuss-Nougat-Masse mit 200 ml Milch zum Kochen bringen. Restliche Milch, Eigelb und Speisestärke verrühren.

2. Die angerührte Speisestärke in die Nougatmilch geben und unter Rühren aufkochen lassen. Direkt auf die Nougatmasse Frischhaltefolie legen, Nougatmasse erkalten lassen.

3. Sahne steifschlagen. Die Hälfte der Sahne und den Joghurt unter die Nougatmasse heben und auf 4 Teller verteilen.

4. Netzmelone abspülen, trocken tupfen, entkernen, in 8 Spalten schneiden und auf der Creme anrichten. Mit Haselnuss-Krokant bestreuen. Weinbrand auf die Melonenspalten träufeln. Die restliche Sahne dazu servieren.

Tipp: Mit Johannisbeeren und Minze garnieren.

Nougat-Flammeri I

Für Gäste – mit Alkohol

4 Portionen

Pro Portion:
E: 12 g, F: 52 g, Kh: 82 g, kJ: 3686, kcal: 881

Für den Flammeri:

    1 Pck.   Gala Pudding-Pulver Sahne
     1 EL   Zucker
   300 ml   Milch
    200 g   Schlagsahne
    150 g   Nuss-Nougat-Creme
     30 g   abgezogene, gehackte Mandeln

Für die Schokoladensauce:

    150 g   Zartbitter-Schokolade
     2 EL   Rosinen
   125 ml
    (⅛ l)   Wasser
   1–2 EL   brauner Rum
   3–4 EL   brauner Zucker
    100 g   Schlagsahne

Zubereitungszeit: 15 Minuten,
ohne Kühl- und Abkühlzeit

1. Für den Flammeri Pudding-Pulver, Zucker und
6 Esslöffel der Milch verrühren. Übrige Milch, Sahne
und Nuss-Nougat-Creme aufkochen, vom Herd nehmen und angerührtes Pudding-Pulver einrühren.

2. Flammeri unter Rühren zum Kochen bringen, etwa
1 Minute unter Rühren kochen lassen. Flammeri in
4 kalt ausgespülte Förmchen (je etwa 150 ml Inhalt)
füllen. Diese mehrmals auf der Arbeitsplatte aufsto-
ßen, damit Luftblasen entweichen können. Flammeris
mindestens 4 Stunden in den Kühlschrank stellen.

3. Mandeln in einer Pfanne ohne Fett goldbraun
rösten, herausnehmen und anschließend abkühlen
lassen.

4. Für die Schokoladensauce Schokolade in kleine
Stücke brechen. Alle Zutaten für die Sauce in einen
Topf geben. Unter Rühren so lange erhitzen, bis die
Schokolade geschmolzen ist. Sauce kurz aufkochen,
vom Herd nehmen und abkühlen lassen, gelegentlich
umrühren.

5. Nougat-Flammeris aus den Förmchen stürzen und
mit Mandeln bestreuen. Schokoladensauce dazu
servieren.

Nusspudding mit Aprikosensauce I
Für Gäste – mit Alkohol
4 Portionen

Pro Portion:
E: 17 g, F: 61 g, Kh: 76 g, kJ: 3960, kcal: 946

125 g Haselnusskerne
125 g Zwieback
100 g weiche Butter
 50 g Zucker
     2 Eier (Größe M)
     3 Eigelb (Größe M)
        abgeriebene Schale von
     1 Bio-Zitrone (unbehandelt, ungewachst)
1 Prise Salz
125 g Schlagsahne
     3 Eiweiß (Größe M)
 50 g Zucker
        Semmel- oder Zwiebackbrösel

Für die Aprikosensauce:
1 Dose Aprikosen
        (Abtropfgewicht 480 g)
2 EL Aprikosengeist

Zubereitungszeit: 40 Minuten
Back- und Garzeit: etwa 60 Minuten

1. Den Backofen vorheizen. Haselnusskerne auf einem Backblech in den Backofen schieben und rösten, bis die Haut der Nüsse zu platzen beginnt.

Ober-/Unterhitze: etwa 200 °C
Heißluft: etwa 180 °C
Backzeit: etwa 10 Minuten.

2. Haselnusskerne auf ein Tuch geben, die Haut abreiben und die Nüsse fein mahlen.

3. Zwieback in einen Gefrierbeutel geben, den Beutel verschließen. Zwieback mit der Teigrolle zerkrümeln.

4. Butter geschmeidig rühren, nach und nach Zucker, Eier und Eigelb unterrühren, Zitronenschale und Salz

hinzufügen, Sahne hinzugießen und unterrühren. Zwiebackbrösel und gemahlene Nüsse unterrühren.

5. Eiweiß mit Zucker sehr steifschlagen und unter die Nussmasse heben. Die Masse in eine Puddingform (Wasserbadform, gefettet, mit Semmel- oder Zwiebackbröseln ausgestreut) füllen.

6. Die Form mit dem Deckel verschließen, in eine mit heißem Wasser gefüllte Auflaufform stellen (die Puddingform sollte mindestens zu $1/3$ in Wasser stehen). Die Form auf dem Rost in den heißen Backofen schieben **und bei gleicher Backofeneinstellung etwa 50 Minuten garen.**

7. Für die Aprikosensauce Aprikosen gut abtropfen lassen, mit dem Stabmixer pürieren. Aprikosengeist unter das Fruchtpüree rühren,

8. Den garen Pudding auf eine Platte stürzen, die Sauce über den Nusspudding gießen oder getrennt dazureichen.

Tipp: Mit Minze und Aprikosen garnieren.

Nuss-Wan-Tans mit Kirschgrütze |
Dauert länger
4 Portionen

Pro Portion:
E: 6 g, F: 51 g, Kh: 48 g, kJ: 2948, kcal: 703

Für die Nuss-Wan-Tans:

        32 TK-Wan-Tan-Blätter
            (etwa 10 x 10 cm, Asia-Laden)
        60 g Amarettini
            (ital. Mandelmakronen)
       200 g Mascarpone (ital. Frischkäse)
         1 Ei (Größe M)
       100 g Haselnuss-Krokant

etwa 500 ml
        (½ l) Speiseöl zum Frittieren
      2 Becher
     (je 500 g) Kirschgrütze
            (aus dem Kühlregal)

Zubereitungszeit: 60 Minuten, ohne Auftauzeit

1. Wan-Tan-Blätter in der geschlossenen Packung auftauen lassen. Amarettini im Mixer fein zerkrümeln. Mascarpone und Ei aufschlagen. Amarettini-Krümel und Krokant unterheben.

2. 32 unbeschädigte Wan-Tan-Blätter aufeinanderlegen und mit einem feuchten Tuch abdecken. Jeweils 4 der Blätter übereinanderlegen, dünn mit Wasser bestreichen, in die Mitte je 1 Teelöffel Krokantfüllung geben. Zwei diagonal gegenüberliegende Blattecken über der Füllung zusammendrücken. Die offenen Seiten faltig von außen zur Mitte zusammenschieben und festdrücken. Übrige Wan-Tan-Blätter auf die gleiche Weise füllen.

3. Jeweils 3 oder 4 gefüllte Wan-Tan-Blätter zusammen in heißem Öl goldbraun frittieren. Auf einem Kuchenrost abtropfen lassen und mit Kirschgrütze servieren.

Obstsalat | Beliebt
6 Portionen

Pro Portion:
E: 2 g, F: 3 g, Kh: 22 g, kJ: 556, kcal: 133

1 Apfel (125 g)
1 Mango (250 g)
1 Nektarine (75 g)
1 Pfirsich (75 g)
1 Orange (150 g)
1 Kiwi (50 g)
1 Banane (150 g)
100 g Erdbeeren
3 EL Zitronensaft
3 EL Orangensaft oder -likör
30 g Zucker
30 g abgezogene, gehobelte, geröstete Mandeln

Zubereitungszeit: 40 Minuten

1. Apfel abspülen und nach Belieben schälen, vierteln, entkernen. Mango schälen, halbieren, das Fruchtfleisch vom Stein schneiden. Nektarine und Pfirsich abspülen, abtrocknen, halbieren und entsteinen.

2. Orange schälen, die weiße Haut mit entfernen, die Orange filetieren. Kiwi und Banane schälen. Das Obst in kleine Stücke oder in Spalten schneiden.

3. Erdbeeren abspülen, gut abtropfen lassen, entstielen, halbieren oder vierteln. Das Obst mit Zitronen- und Orangensaft oder -likör und Zucker vermengen. Den Salat in eine Schale füllen und mit den Mandeln bestreuen.

Beilage: Mit Eierlikör abgeschmeckte Schlagsahne oder Vanillesauce.

Obstsalat mit Knusperflocken I

Klassisch – schnell

2 Portionen

Pro Portion:
E: 4 g, F: 2 g, Kh: 49 g, kJ: 977, kcal: 238

100 g	*blaue Weintrauben*
1	*Apfel (etwa 150 g)*
1	*Banane (150 g, geschält gewogen)*
	Saft von
1	*Orange*
2 TL	*flüssiger Honig*
4 EL (40 g)	*Vollkorn-Haferflocken*

Zubereitungszeit: 15 Minuten

1. Weintrauben waschen, abtropfen lassen, entstielen, halbieren und eventuell entkernen.

2. Apfel waschen, trocken tupfen, vierteln, entkernen und in Stücke schneiden. Banane schälen und in dünne Scheiben schneiden.

3. Orangensaft mit 1 Teelöffel des Honigs verrühren und danach sofort mit dem vorbereiteten Obst vermischen.

4. Haferflocken in einer Pfanne ohne Fett unter Rühren goldgelb rösten.

5. Salat mit Haferflocken bestreuen und mit dem restlichen Honig beträufeln.

Obsttörtchen mit Creme I

Raffiniert
10 Stück

Pro Stück:
E: 5 g, F: 22 g, Kh: 43 g, kJ: 1683, kcal: 402

Für den Knetteig:

200 g	Weizenmehl
50 g	Zucker
1 Prise	Salz
1 EL	kaltes Wasser
125 g	Butter oder Margarine

Für die Creme:

4 Blatt	weiße Gelatine
15 g	Speisestärke
50 g	Zucker
1 Pck.	Dr. Oetker Vanillin-Zucker
200 ml	Milch
2	Eigelb (Größe M)
250 g	Schlagsahne

Für den Belag:

3–4	Äpfel
250 ml	
(¼ l)	Wasser
3–4 EL	Zitronensaft
50 g	Zucker

Für den Guss:

1 Pck.	Tortenguss, klar
25 g	Zucker
250 ml	
(¼ l)	Saft von den Äpfeln

Zubereitungszeit: 70 Minuten,
ohne Kühl- und Abkühlzeit
Backzeit: etwa 20 Minuten

1. Für den Teig Mehl in eine Rührschüssel sieben. Zucker, Salz, Wasser und Butter oder Margarine hinzufügen. Die Zutaten mit Handrührgerät mit Knethaken zunächst kurz auf niedrigster, danach auf höchster Stufe gut durcharbeiten. Auf der bemehlten Arbeitsfläche zu einem glatten Teig verkneten, ihn in Folie gewickelt kalt stellen. Den Backofen vorheizen.

2. Teig auf der bemehlten Arbeitsfläche dünn ausrollen, mit einer runden Form kleine Platten (Ø etwa 10 cm) ausstechen, in glatte Tortelett-Förmchen (Ø 8 cm, gefettet) legen. Teig mehrmals mit einer Gabel einstechen. Ein zweites, von außen eingefettetes Förmchen, auf den Teig geben. Die Förmchen auf dem Rost in den vorgeheizten Backofen schieben.

Ober-/Unterhitze: etwa 200 °C
Heißluft: etwa 180 °C
Backzeit: etwa 20 Minuten.

3. Nach etwa 15 Minuten Backzeit die zusätzlichen Förmchen vom Teig nehmen. Törtchen fertig backen. Törtchen aus den Förmchen lösen, auf einen Kuchenrost legen. Törtchen erkalten lassen.

4. Für die Creme Gelatine in kaltem Wasser nach Packungsanleitung einweichen. Speisestärke mit Zucker, Vanillin-Zucker, etwas von der Milch und Eigelb anrühren. Restliche Milch in einem Topf zum Kochen bringen und von der Kochstelle nehmen. Angerührte Speisestärke einrühren, nochmals gut aufkochen lassen. Von der Kochstelle nehmen. Die Gelatine ausdrücken und unter Rühren in dem heißen Pudding auflösen. Pudding abkühlen lassen und kalt stellen.

5. Sahne steifschlagen. Wenn der Pudding anfängt dicklich zu werden, Sahne unterheben. Törtchen mit der Creme füllen.

6. Für den Belag Äpfel schälen, mit einem Apfelausstecher Kerngehäuse und Blüten entfernen. Äpfel in sehr dünne Scheiben schneiden.

7. Wasser, Zitronensaft und Zucker in einem Topf zum Kochen bringen. Die Apfelscheiben portionsweise etwa 3 Minuten darin garen. Apfelscheiben vorsichtig herausnehmen und in einem Sieb abtropfen lassen. Saft dabei auffangen. 250 ml (¼ l) abmessen, evtl. mit Wasser auffüllen. Apfelscheiben auf die Creme legen.

8. Für den Guss Tortengusspulver mit Zucker und Saft nach Packungsanleitung zubereiten, etwas abkühlen lassen. Guss auf den Apfelscheiben verteilen, fest werden lassen und Törtchen servieren.

Oeufs à la neige (Schnee-Eier) |

Dauert länger
4 Portionen

Pro Portion:
E: 13 g, F: 12 g, Kh: 76 g, kJ: 1982, kcal: 472

60 g	*Zucker*
700 ml	*Milch*
1	*Vanilleschote*
4	*Eiweiß (Größe M)*
80 g	*Zucker*
1 TL	*Zitronensaft*
4	*Eigelb (Größe M)*
6 EL	*Milch*
125 g	*Zucker*
evtl.	*Minzeblättchen*

Zubereitungszeit: 40 Minuten, ohne Kühlzeit
Garzeit: etwa 8 Minuten

1. Zucker in einem Topf bei mittlerer Hitze unter Rühren hellbraun karamellisieren lassen. Den Topf von der Kochstelle ziehen, Milch hinzufügen und verrühren. Vanilleschote aufschlitzen, das Mark herauskratzen. Vanillemark und -schote mit der Karamellmilch aufkochen und etwa 15 Minuten ziehen lassen.

2. Den Backofen vorheizen. Eiweiß mit Zucker und Zitronensaft steifschlagen. Einen Teelöffel in kaltes Wasser tauchen, von der Eiweißmasse kleine Klößchen abstechen und auf die Karamellmilch setzen. Den Topf mit dem Deckel verschließen und auf dem Rost in den vorgeheizten Backofen schieben.

Ober-/Unterhitze: etwa 150 °C
Heißluft: etwa 130 °C
Garzeit: etwa 8 Minuten.

3. Die Klößchen aus der Milch heben und kalt stellen. Eigelb mit Milch verrühren. Nach und nach die heiße Karamellmilch unterrühren, bei schwacher Hitze unter Rühren erhitzen, bis die Creme dicklich wird (sie darf nicht kochen). Die Creme kalt stellen.

4. Die kalte Karamellcreme auf Dessertteller gießen und die Klößchen daraufgeben.

5. Zucker in einem Stieltopf bei mittlerer Hitze schmelzen. Erst dann mit einem Metalllöffel (oder -gabel) verrühren, wenn die Ränder anfangen zu bräunen. Wenn die Masse gleichmäßig gelöst und goldbraun ist, den Topf sofort auf ein nasses kaltes Tuch stellen. So lange rühren, bis die Masse fester wird, dann die Masse zu Fäden ziehen und auf den Schnee-Eiern verteilen. Evtl. mit Minze garnieren.

Tipp: Die Karamellfäden nicht zu lange Zeit vor dem Servieren zubereiten, da die Fäden nach etwa 4 Stunden schmelzen.

Omelett Surprise | Dauert länger

6–8 Portionen

Pro Portion:
E: 9 g, F: 44 g, Kh: 52 g, kJ: 2762, kcal: 660

250 g	entsteinte Schattenmorellen (aus dem Glas)
100 g	Marzipan-Rohmasse
50 g	Pistazienkerne
2–3 Tropfen	grüne Speisefarbe
3	Eigelb (Größe M)
50 g	Zucker
3 EL	Honig
200 g	Mangos (aus der Dose)
750 g	Schlagsahne
2 EL	Zucker
3	Eiweiß (Größe M)
100 g	feiner Zucker

Zubereitungszeit: 80 Minuten, ohne Gefrierzeit
Backzeit: etwa 5 Minuten

1. Schattenmorellen abtropfen lassen, nebeneinander auf ein Tablett legen, im Gefrierfach hart frieren lassen.

2. Marzipan-Rohmasse und Pistazienkerne pürieren und mit Speisefarbe grün einfärben. Daraus mehrere Rollen (Ø je etwa 5 mm) formen, in etwa 5 mm lange Stückchen schneiden und einfrieren.

3. Eigelb mit Zucker schaumig schlagen und mit dem Honig verrühren. Mangos abtropfen lassen. Dann das Mangofleisch pürieren und unter die Eicreme ziehen. Sahne und Zucker steifschlagen und ebenfalls unterziehen. Die gefrorenen Kirschen und Marzipanstückchen unterziehen. Masse in einer gefrierfesten Kastenform (1,5 l Inhalt) zugedeckt einfrieren.

4. Wenn das Eis ganz durchgefroren ist (nach etwa 2 Tagen), Eiweiß steifschlagen, Zucker nach und nach unterschlagen. Die Masse in einen Spritzbeutel mit Sterntülle füllen. Den Backofen vorheizen.

5. Die Eisform kurz in heißes Wasser tauchen, Eis aus der Form lösen, auf einem Stück Backpapier noch-

mals kurz in das Gefrierfach stellen. Die Baisermasse auf das Eis spritzen. Auf mittlerer Schiene in den vorgeheizten Backofen schieben.

Ober-/Unterhitze: etwa 240 °C
Heißluft: etwa 220 °C
Backzeit: etwa 5 Minuten.

6. Das Omelett Surprise sofort servieren.

Hinweis: Nur ganz frische Eier verwenden, die nicht älter als 5 Tage sind (Legedatum beachten!).

Orangen-Herrencreme | Für Gäste
8 Portionen

Pro Portion:
E: 6 g, F: 24 g, Kh: 37 g, kJ: 1714, kcal: 409

4 Blatt	weiße Gelatine
750 ml	
(³/₄ l)	Milch
2 Pck.	Dr. Oetker Pudding-Pulver
	Vanille-Geschmack
80 g	Zucker
250 ml	
(¹/₄ l)	frisch ausgepresster Orangensaft
1 Pck.	Dr. Oetker Finesse
	Geriebene Orangenschale
150 g	Zartbitter-Schokolade
375 g	Schlagsahne

Zum Garnieren:

25 g	Zartbitter-Raspelschokolade
einige	Orangenscheiben
	oder -filets

Zubereitungszeit: 40 Minuten, ohne Abkühlzeit

1. Die Gelatine nach Packungsanleitung einweichen. 500 ml (½ l) Milch zum Kochen bringen, mit der restlichen Milch Pudding-Pulver und Zucker anrühren, in die kochende Milch rühren und unter Rühren aufkochen lassen. Den Orangensaft hinzufügen und unter Rühren nochmals aufkochen lassen.

2. Die eingeweichte Gelatine ausdrücken und mit der Orangenschale unter den heißen Pudding rühren.

3. Den Pudding eine Schüssel umfüllen und sofort mit Frischhaltefolie zudecken, damit sich keine Haut auf dem Pudding bildet. Pudding erkalten lassen.

4. Die Schokolade in kleine Stücke hacken. Die Sahne steifschlagen.

5. Den erkalteten Pudding mit dem Handrührgerät mit Rührbesen aufschlagen, evtl. durch ein Sieb streichen (falls sich Klümpchen gebildet haben sollten). Die Schokostückchen und die Sahne unterheben.

6. Den Pudding in eine Servierschüssel füllen, mit Schokoladenraspeln und Orangenscheiben oder -filets garnieren.

Abwandlung: Apfelcreme mit Trauben-Nuss-Schokolade. Den Pudding zubereiten wie unter Punkt 1 und 2 beschrieben, dabei anstelle von Orangensaft die gleiche Menge naturtrüben Apfelsaft und 1–2 Teelöffel Zitronensaft verwenden und die Orangenschale weglassen. Die bei Punkt 4 verwendete Zartbitter-Schokolade durch Trauben-Nuss-Schokolade ersetzen, hacken und mit der steifgeschlagenen Sahne unter den Pudding heben. Die Creme in eine Servierschüssel füllen. Zum Garnieren 25 g Haselnuss-Krokant, etwas stückiges Apfelkompott oder frische Apfelspalten und eventuell Rumrosinen verwenden.

Orangen-Panna-Cotta mit Rum |

Mit Alkohol

6 Portionen

Pro Portion:
E: 3 g, F: 31 g, Kh: 27 g, kJ: 1796, kcal: 429

600 g	Schlagsahne
1 Pck.	Dr. Oetker Vanillin-Zucker
1 Prise	Salz
1 Pck.	Dr. Oetker Finesse Geriebene Zitronenschale
3–4 EL	Zucker (etwa 70 g)
1	Bio-Orange (unbehandelt, ungewachst)
4 Blatt	weiße Gelatine
3 EL	Rum

Für die Sauce:

etwas Orangensaft
1–2 EL Zucker

Zum Garnieren:

Zitronenmelisseblättchen

Zubereitungszeit: 40 Minuten, ohne Abkühl- und Kühlzeit

1. Einen Topf kalt ausspülen. Sahne mit Vanillin-Zucker, Salz, Zitronenschale und Zucker in den Topf geben, zum Kochen bringen und etwa 10 Minuten ohne Deckel bei schwacher Hitze köcheln lassen.

2. Orange heiß abwaschen, abtrocknen und die Schale abreiben. 3–4 Minuten vor Ende der Kochzeit abgeriebene Orangenschale in die Sahne geben und kurz mitköcheln lassen.

3. Gelatine in kaltem Wasser nach Packungsanleitung einweichen. Den Topf mit der Sahne von der Koch-stelle nehmen. Gelatine ausdrücken und unter Rühren in der heißen Sahne auflösen. Rum unterrühren.

4. Die Sahnemasse in 6 Förmchen oder Tassen (je etwa 150 ml Inhalt) gießen. Etwa 30 Minuten abküh-len lassen. Die Förmchen zugedeckt mindestens 3 Stunden oder besser über Nacht in den Kühlschrank stellen.

5. Die Orange so schälen, dass die weiße Haut mit-entfernt wird. Orange filetieren und dabei den Saft auffangen. Aus den Orangenresten ebenfalls den Saft ausdrücken.

6. Für die Sauce den aufgefangenen Saft mit Orangensaft auf 200 ml auffüllen und in einen Topf geben. Zucker unterrühren. Den Orangensaft zum Kochen bringen und zu einem leicht dicklichen Sirup einkochen lassen, kalt stellen.

7. Die Förmchen oder Tassen einige Sekunden in heißes Wasser stellen. Panna Cotta zuerst mit den Fingern vom Rand lösen, dann auf Dessertteller stür-zen. Mit Orangenfilets und Zitronenmelisseblättchen garnieren. Restliche Orangenfilets in die Orangen-sauce geben und dazu servieren.

Tipp: Statt der Orangenfilets Mandarinen aus der Dose verwenden. Die Orange dann auspressen und den Saft für die Sauce verwenden.
Mit Beerensauce schmeckt die Panna Cotta auch sehr gut. Dann die abgeriebene Orangenschale weglassen. Für die Beerensauce 300 g Erdbeeren, Himbeeren oder TK-Beerencocktail pürieren und 1 Päckchen Dr. Oetker Bourbon-Vanille-Zucker unterrühren.

Orangen-Quark-Creme | Fruchtig

4 Portionen

Pro Portion:
E: 8 g, F: 27 g, Kh: 32 g, kJ: 1751, kcal: 419

2–3	mittelgroße Orangen
4 Blatt	weiße Gelatine
150 ml	Saft von den Orangen
1–2 EL	Zitronensaft
100 g	Zucker
150 g	Speisequark (20 % Fett i. Tr.)
300 g	Schlagsahne
8	geschälte, in Schokolade getauchte Mandeln
einige	Minzeblättchen

Zubereitungszeit: 40 Minuten,
ohne Abkühl- und Kühlzeit

1. Die Orangen waagerecht durchschneiden und auspressen. Den Saft auffangen, 150 ml abmessen.

4 Orangenhälften mit einem Löffel von innen aus-
kratzen.

2. Die Gelatine nach Packungsanleitung in kaltem
Wasser einweichen. Abgemessenen Orangen- und
Zitronensaft in einem kleinen Topf erhitzen, aber nicht
kochen.

3. Gelatine ausdrücken und unter Rühren im heißen Saft auflösen. Dann den Zucker einrühren. Die
Flüssigkeit etwas abkühlen lassen, anschließend mit
dem Quark verrühren. Die Masse kalt stellen, bis sie
anfängt zu gelieren, dabei zwischendurch umrühren.

4. Wenn die Masse anfängt dicklich zu werden, Sahne
steifschlagen und unterheben. Die Creme in einen
Spritzbeutel mit großer Lochtülle füllen und in die
Orangenschalen spritzen. Mindestens 1 Stunde kalt
stellen.

5. Die Creme vor dem Servieren mit Mandeln und
Minze garnieren.

Orangen-Tiramisu I
Für Gäste – mit Alkohol
12 Portionen

Pro Portion:
E: 8 g, F: 20 g, Kh: 37 g, kJ: 1729, kcal: 413

500 g	Cantuccini
	(ital. Mandelgebäck)
125 ml	
(¹/₈ l)	starker Kaffee
8–10	Orangen
125 ml	
(¹/₈ l)	Orangenlikör (z. B. Cointreau)
40 g	Puderzucker
500 g	Joghurt
500 g	Vanillejoghurt
500 g	Schlagsahne
etwas	Kakaopulver

Zubereitungszeit: 60 Minuten,
ohne Durchzieh- und Kühlzeit

1. Cantuccini in eine große, flache Auflaufform legen und mit Kaffee tränken.

2. Orangen so schälen, dass die weiße Haut mit entfernt wird. Fruchtfilets herausschneiden und in Stücke schneiden, auf den Cantuccini verteilen, mit Likör beträufeln, mit Puderzucker bestäuben und 1–2 Stunden durchziehen lassen.

3. Beide Joghurtsorten miteinander verrühren, Sahne steifschlagen und unterheben, die Joghurt-Sahne auf den Orangenfilets verteilen und das Tiramisu bis zum Servieren kalt stellen.

4. Vor dem Servieren das Tiramisu mit Kakaopulver bestäuben.

Tipp: Bestreuen Sie die Joghurt-Sahne mit 1 Päckchen Finesse Geriebene Orangenschale, bevor das Tiramisu kalt gestellt wird. Garnieren Sie die Oberfläche mit einigen Orangenzesten (Streifen von einer heiß abgespülten, unbehandelten, ungewachsten Bio-Orange).

Orangen-Weinschaum-Speise I

Gut vorzubereiten – mit Alkohol

4 Portionen

Pro Portion:
E: 7 g, F: 13 g, Kh: 31 g, kJ: 1341, kcal: 320

2	Orangen (je 150 g)
4 EL	Orangenlikör
2 gestr. TL	gemahlene, weiße Gelatine
3 EL	kaltes Wasser
100 ml	Orangensaft
2	Eigelb (Größe M)
80 g	Zucker
125 ml	
(⅛ l)	Weißwein
2	Eiweiß (Größe M)
125 g	Schlagsahne
evtl.	geriebene Bio-Orangenschale
evtl.	Zitronenmelisseblättchen

Zubereitungszeit: 50 Minuten, ohne Kühlzeit

1. Orangen so schälen, dass die weiße Haut mit entfernt wird. Orangen filetieren, Fruchtfilets in Stücke schneiden (einige zum Garnieren zurücklassen) und mit Orangenlikör auf 4 Dessertgläser verteilen.

2. Gelatine mit Wasser in einem kleinen Topf anrühren, etwa 10 Minuten zum Quellen stehen lassen, unter Rühren erwärmen, bis die Gelatine gelöst ist, und mit Orangensaft verrühren.

3. Eigelb mit Zucker cremig schlagen, nach und nach Wein hinzufügen. Etwas von der Wein-Eigelb-Masse unter die Gelatine rühren, dann mit der restlichen Wein-Eigelb-Masse verrühren und kalt stellen. Gelegentlich umrühren.

4. Eiweiß steifschlagen. Sahne steifschlagen. Wenn die Masse anfängt dicklich zu werden, beide Zutaten unterheben. Die Creme auf die Gläser verteilen und kalt stellen, damit sie fest wird.

5. Vor dem Servieren mit Fruchtfilets und evtl. mit Orangenschale und Melisseblättchen garnieren.

Hinweis: Nur ganz frische Eier verwenden, die nicht älter als 5 Tage sind (Legedatum beachten!). Die fertige Speise im Kühlschrank aufbewahren und innerhalb von 24 Stunden verzehren.

Palatschinken mit Nussfüllung und Schokoladensauce | Mit Alkohol
4 Portionen

Pro Portion:
E: 27 g, F: 74 g, Kh: 78 g, kJ: 4782, kcal: 1142

Für den Teig:
- 150 g Weizenmehl
- 3 Eier (Größe M)
- 250 ml
- (¼ l) Milch
- 125 ml
- (⅛ l) Mineralwasser mit Kohlensäure
- 1 TL Zucker
- 1 Pck. Dr. Oetker Vanillin-Zucker
- 1 Prise Salz
- 50 g Butter

Für die Nussfüllung:
- 150 g gemahlene Haselnusskerne
- 1 EL Honig
- 1–2 EL Zucker
- 2 EL Rum oder Apfelsaft
- 4 EL Schlagsahne
- 1 Eiweiß (Größe M)

Für die Schokoladensauce:
- 375 ml (⅜ l) Milch
- 125 g Schlagsahne
- 100 g Zartbitter-Schokolade
- 2 geh. EL Speisestärke
- 1 gut
- geh. EL Zucker
- 2 geh. EL Kakaopulver
- 1 Eigelb (Größe M)
- 4 EL Milch

- 1 EL Butter
  abgezogene, gehobelte oder gehackte Mandeln

Zubereitungszeit: 50 Minuten

1. Für den Teig Mehl in eine Schüssel sieben und in die Mitte eine Vertiefung eindrücken. Eier mit Milch, Mineralwasser, Zucker, Vanillin-Zucker und Salz ver-schlagen und etwas davon in die Vertiefung geben. Von der Mitte aus Eierflüssigkeit und Mehl verrühren, nach und nach die übrige Eierflüssigkeit dazugeben, darauf achten, dass keine Klümpchen entstehen.

2. Etwas Butter in einer Pfanne erhitzen, eine dünne Teiglage hineingeben und von beiden Seiten gold-gelb backen. Bevor der Palatschinken gewendet wird, etwas Butter in die Pfanne geben. Die übrigen Palatschinken auf die gleiche Weise zubereiten.

3. Für die Nussfüllung Haselnusskerne mit Honig, Zucker, Rum oder Apfelsaft, Sahne und Eiweiß zu einer streichfähigen Masse verrühren, auf die Palatschinken streichen und aufrollen.

4. Für die Schokoladensauce Milch mit Sahne zum Kochen bringen. Schokolade in Stücke brechen, hin-zufügen und unter Rühren auflösen. Speisestärke mit Zucker und Kakao mischen, mit Eigelb und Milch anrühren, unter Rühren in die kochende, von der Kochstelle genommene Milch-Sahne geben und kurz aufkochen lassen.

5. Butter in einer Pfanne erhitzen, die gefüllten Palatschinken portionsweise darin von beiden Seiten backen und sofort mit der heißen Sauce servieren. Nach Belieben mit Mandeln bestreuen.

Panna Cotta | Dauert länger – klassisch

4 Portionen

Pro Portion:
E: 10 g, F: 51 g, Kh: 35 g, kJ: 2775, kcal: 663

Für die Creme:

1	Vanilleschote
600 g	Schlagsahne
1 Prise	Salz
2	Schalenstücke von 1 Bio-Zitrone (unbehandelt, ungewachst)
2 EL	Zucker
6 Blatt	weiße Gelatine

Für die Vanillesauce:

1 Pck.	Saucen-Pulver Vanille-Geschmack
30 g	Zucker
500 ml (½ l)	Milch

Für die Fruchtsauce:

300 g	Erdbeeren
1 Pck.	Dr. Oetker Vanillin-Zucker
60 g	gemischte Beeren (z. B. Himbeeren, Brombeeren, Johannisbeeren, Heidelbeeren)

Zubereitungszeit: 45 Minuten, ohne Abkühl- und Kühlzeit

1. Für die Creme die Vanilleschote der Länge nach aufschneiden, das Mark herauskratzen. Sahne mit Vanilleschote und -mark, Salz, Zitronenschale und Zucker in einem kalt ausgespülten Topf zum Kochen bringen, etwa 10 Minuten leicht kochen lassen.

2. Die Gelatine in Wasser nach Packungsanleitung einweichen. Vanilleschote und Zitronenschale aus der Sahne nehmen. Die Gelatine leicht ausdrücken und in der heißen Sahne auflösen. Die Sahne in Förmchen gießen, abkühlen lassen und kalt stellen.

3. Für die Vanillesauce aus dem Saucen-Pulver, Zucker und Milch nach Packungsanleitung eine Sauce zubereiten, kalt stellen. Die Sauce gelegentlich durchrühren.

4. Für die Fruchtsauce die Erdbeeren abspülen (einige zum Garnieren beiseitelegen) und abtropfen lassen. Die Stielansätze herausschneiden. Die Erdbeeren pürieren und mit Vanillin-Zucker abschmecken.

5. Die Förmchen kurz in heißes Wasser tauchen, Panna Cotta mit einem Messer am Rand lösen, auf Teller stürzen, mit den Saucen umgießen und mit den Erdbeeren und Beerenfrüchten garnieren.

Passcha (Russische Osterspeise) |
Dauert länger
6 Portionen

Pro Portion:
E: 21 g, F: 36 g, Kh: 62 g, kJ: 2811, kcal: 672

500 g	Magerquark
250 g	Speisequark (40 % Fett i. Tr.)
150 g	weiche Butter
2	Eier (Größe M)
100 g	Zucker
2 Pck.	Dr. Oetker Bourbon-Vanille-Zucker
2 EL	Honig
2	Kumquats in Sirup
50 g	kandierte Kirschen
50 g	Zitronat (Sukkade)
100 g	abgezogene, gehackte Mandeln

Zum Garnieren:
etwa 200 g kandierte Früchte
(z. B. Birnen, Kirschen, Orangen)

Zubereitungszeit: 40 Minuten, ohne Kühlzeit

1. Magerquark mit Speisequark in ein ausgespültes Mulltuch geben, möglichst viel Flüssigkeit herausdrücken. Den trockenen Quark aus dem Tuch nehmen, mit der Butter cremig rühren.

2. Eier mit Zucker, Vanille-Zucker und Honig schaumig schlagen und mit Quark verrühren.

3. Kumquats abtropfen lassen. Mit Kirschen und Zitronat hacken. Früchte und Mandeln mit der Quarkmasse verrühren. Eine Timbale-Form (etwa 1 l Inhalt) mit einem ausgespülten Mulltuch ausschlagen. Die Quarkmasse hineingeben. Das Tuch über der Quarkmasse zusammenschlagen, einen kleinen Teller darauflegen und mit einem Gewicht beschweren.

4. Form an einem kühlen, luftigen Ort etwa 14 Stunden stehen lassen. Das Tuch auseinanderschlagen, Passcha auf einen Teller stürzen. Das Tuch vorsichtig abziehen. Oberfläche der Passcha mit einem Messer glattstreichen, mit kandierten Früchten verzieren.

Hinweis: Nur ganz frische Eier verwenden, die nicht älter als 5 Tage sind (Legedatum beachten!). Die fertige Speise im Kühlschrank aufbewahren und innerhalb von 24 Stunden verzehren.

Pfannkuchen mit Haferflocken und Beeren | Schnell – preiswert

2 Portionen

Pro Portion:
E: 16 g, F: 13 g, Kh: 1 g, kJ: 1650, kcal: 394

4	Eier (Größe M)
1 EL	Zucker
1 Prise	Salz
4 EL	Milch
3–4 EL	Instant-Haferflocken
2 EL	Butter oder Margarine
250 g	gemischte Beeren (z. B. Erdbeeren, Johannisbeeren, Himbeeren, Heidelbeeren oder Preiselbeeren)
evtl.	Minzeblättchen
evtl.	Puderzucker

Zubereitungszeit: 20 Minuten

1. Eier mit Zucker, Salz, Milch und Haferflocken gut verschlagen.

2. Butter oder Margarine in einer Pfanne zerlassen, etwa ¼ der Eiermasse hineingeben und von beiden Seiten goldbraun backen.

3. Bevor der Pfannkuchen gewendet wird, etwas Fett in die Pfanne geben. Den fertigen Pfannkuchen warm stellen. Die restliche Eiermasse auf die gleiche Weise verarbeiten.

4. Die Beeren waschen, gut abtropfen lassen und zu den Pfannkuchen servieren. Evtl. mit Minze garnieren und mit Puderzucker bestäuben.

Beilage: Geschlagene Sahne mit Orangenlikör und Zucker abgeschmeckt.

Pfannkuchentörtchen mit Quark-Früchte-Füllung | Raffiniert – mit Alkohol

4 Portionen

Pro Portion:
E: 17 g, F: 24 g, Kh: 68 g, kJ: 2498, kcal: 596

Für den Teig:

125 g	Weizenmehl
2	Eier (Größe M)
200 ml	Milch
1 Prise	Salz
50 ml	Mineralwasser
60 g	Butterschmalz oder Speiseöl

Für die Füllung:

600 g	Erdbeeren
1–2 EL	Zucker
1 Pck.	Dr. Oetker Vanillin-Zucker
250 g	Speisequark (20 % Fett i. Tr.)
5 EL	Orangensaft
2 EL	Orangenlikör
40 g	Zucker
1 Pck.	Dr. Oetker Vanillin-Zucker
4 EL	Orangenlikör
30 g	gesiebter Puderzucker

Zubereitungszeit: 40 Minuten, ohne Ruhe- und Durchziehzeit

1. Für den Teig Mehl in eine Schüssel sieben, in die Mitte eine Vertiefung eindrücken. Eier mit etwas Milch und Salz verrühren und in die Vertiefung geben. Von der Mitte aus mit dem Mehl verrühren. Restliche Milch und Mineralwasser unter Rühren langsam hinzugeben, bis ein dickflüssiger, glatter Teig entsteht. Etwa 15 Minuten stehen lassen.

2. Fett in einer Pfanne zerlassen und 12 kleine Pfannküchlein aus dem Teig backen.

3. Für die Füllung Erdbeeren waschen, gut abtropfen lassen (einige zum Garnieren beiseitelegen), entstielen, halbieren und mit Zucker und Vanillin-Zucker kurz durchziehen lassen.

4. Quark mit Orangensaft, -likör, Zucker und Vanillin-Zucker verrühren. Anschließend die Hälfte des Quarks auf 4 Pfannkuchen streichen.

5. Einen Teil der Früchte darauf verteilen, wieder je 1 Pfannkuchen darauflegen, mit etwas Orangenlikör beträufeln. Darauf den restlichen Quark und die Früchte schichten.

6. Die letzten 4 Pfannkuchen als Abschluss obenauf legen, mit Likör beträufeln und den beiseitegelegten Erdbeeren garnieren. Die Pfannkuchentörtchen mit Puderzucker bestreut servieren.

Pfirsich Melba I
Klassisch – mit Alkohol
6 Portionen

Pro Portion:
E: 3 g, F: 4 g, Kh: 36 g, kJ: 921, kcal: 219

300 g	TK-Himbeeren
3 EL	gesiebter Puderzucker
1 TL	Zitronensaft
1 EL	Orangenlikör
6	Pfirsiche
2 EL	Zitronensaft
500 ml	Vanille-Eiscreme

Zubereitungszeit: 20 Minuten,
ohne Antau- und Kühlzeit

1. Für die Sauce Himbeeren etwas antauen lassen. Himbeeren mit Puderzucker, Zitronensaft und Orangenlikör pürieren und kalt stellen.

2. Die Pfirsiche mit kochendem Wasser übergießen und die Haut abziehen. Die Pfirsiche halbieren, entsteinen und mit Zitronensaft bestreichen.

3. Vanille-Eiscreme mit einem Eisportionierer in Kugeln teilen und auf 6 Schalen verteilen.

4. Die Pfirsichhälften daraufgeben und mit der Himbeersauce begießen.

Tipp: Es schmeckt auch sehr gut, wenn Sie das Dessert zusätzlich mit geschmolzener Schokolade und Himbeeren garnieren.

Pfirsiche auf orientalische Art I
Für Gäste
4–6 Portionen

Pro Portion:
E: 5 g, F: 16 g, Kh: 40 g, kJ: 1395, kcal: 334

1 kg	*Pfirsiche*
4 EL	*Honig*
	gemahlener Zimt
	Schale von
1	*Bio-Zitrone (unbehandelt, ungewachst)*
etwa 50 g	*abgezogene, ganze Mandeln*

Für die Joghurtsahne:
1 Becher	
(150 g)	*Crème fraîche*
200 g	*Joghurt*
40 g	*Zucker*
1–2 EL	*Zitronensaft*

Zubereitungszeit: 35 Minuten, ohne Abkühlzeit

1. Pfirsiche an der Unterseite kreuzweise einritzen, kurz in kochendes Wasser tauchen, unter kaltem Wasser abschrecken und die Haut abziehen. Pfirsiche halbieren, entsteinen und vierteln.

2. Honig erhitzen. Pfirsichviertel mit Zimt und Zitronenschale hinzufügen, im geschlossenen Topf zum Kochen bringen, 5–10 Minuten dünsten, erkalten lassen.

3. Mandeln in einer Pfanne ohne Fett goldbraun rösten, auf einem Teller erkalten lassen.

4. Für die Joghurtsahne Crème fraîche und Joghurt verrühren und dann mit Zucker und Zitronensaft abschmecken.

5. Die Pfirsiche mit Mandeln bestreuen, mit der Joghurtsahne servieren.

Pfirsiche in Portwein I

Gut vorzubereiten – mit Alkohol

4 Portionen

Pro Portion:
E: 1 g, F: 0 g, Kh: 25 g, kJ: 647, kcal: 154

4 große Pfirsiche
160 ml Portwein
20 g Zucker

Hagelzucker
Minze- oder Melisseblättchen

Zubereitungszeit: 15 Minuten, ohne Durchziehzeit

1. Pfirsiche kurze Zeit in kochendes Wasser geben (nicht kochen lassen), in kaltem Wasser abschrecken, abtropfen lassen, halbieren, entsteinen und in gleichmäßige Spalten schneiden.

2. Pfirsiche mit Portwein und Zucker marinieren und etwa 30 Minuten ziehen lassen.

3. Vor dem Servieren die Pfirsichspalten fächerförmig auf Tellern anrichten, mit Hagelzucker und Minze- oder Melisseblättchen garnieren.

Pfirsiche mit Schokopudding |
Für Kinder
4 Portionen

Pro Portion:
E: 5 g, F: 15 g, Kh: 44 g, kJ: 1412, kcal: 337

1 Pck.	Dr. Oetker Pudding-Pulver Schokoladen-Geschmack
2 EL	Zucker
400 ml	Milch
8	Pfirsichhälften (aus der Dose)
1 Becher (150 g)	Crème fraîche

Zubereitungszeit: 20 Minuten, ohne Abkühlzeit

1. Aus Pudding-Pulver, Zucker und Milch nach Packungsanleitung, aber mit der hier angegebenen Milchmenge einen Pudding kochen. Den Pudding erkalten lassen, dabei ab und zu umrühren oder die Oberfläche mit Klarsichtfolie zudecken, damit sich keine Haut bildet.

2. Pfirsichhälften auf einem Sieb abtropfen lassen und mit der Wölbung nach unten auf einen großen Teller oder eine Platte legen.

3. Von der Crème fraîche 4 Teelöffel abnehmen, die restliche Crème fraîche unter den Pudding rühren und die Pfirsichhälften damit füllen.

4. Je 1 Teelöffel der zurückgelassenen Crème fraîche in die Mitte des Schokoladenpuddings geben und mit einem Holzstäbchen durchziehen, damit ein Muster entsteht.

Tipp: Gebäckstäbchen mit Schokoladenglasur dazureichen.

Pfirsiche, überbacken I

Schnell – für Gäste

4 Portionen

Pro Portion:
E: 2 g, F: 14 g, Kh: 24 g, kJ: 981, kcal: 234

> 750 g kleine Pfirsiche
> 1 Becher
> (150 g) Crème fraîche
> 2 EL brauner Zucker (Kandisfarin)

Zubereitungszeit: 30 Minuten
Backzeit: etwa 20 Minuten

1. Den Backofen vorheizen. Pfirsiche kurze Zeit in kochendes Wasser legen (nicht kochen lassen), in kaltem Wasser abschrecken, abtropfen lassen und enthäuten, nicht entsteinen. Pfirsiche mit der Rundung nach oben in eine Auflaufform (gefettet) legen.

2. Crème fraîche verrühren, auf den Pfirsichen verteilen und mit Zucker bestreuen. Anschließend die Auflaufform auf dem Rost in den vorgeheizten Backofen schieben.

Ober-/Unterhitze: etwa 220 °C
Heißluft: etwa 200 °C
Backzeit: etwa 20 Minuten.

Tipp: Eine Vanille-Sahne-Sauce dazu reichen. Dafür aus 1 Päckchen Saucen-Pulver Vanille-Geschmack, 30 g Zucker und 500 ml (½ l) Milch nach Packungsanleitung eine Sauce zubereiten, kalt stellen, ab und zu durchrühren. 125 g Sahne fast steifschlagen und unter die kalte Sauce heben.

Pfirsich-Kirsch-Gratin I

Für Gäste – für Kinder
4 Portionen

Pro Portion:
E: 9 g, F: 14 g, Kh: 60 g, kJ: 1785, kcal: 426

500 g	Schattenmorellen (Sauerkirschen)
50 g	Zucker
100 g	abgezogene, gemahlene Mandeln
3	Pfirsiche
3	Eiweiß (Größe M)
100 g	Zucker

Zubereitungszeit: 40 Minuten
Backzeit: etwa 10 Minuten

1. Schattenmorellen abspülen, abtropfen lassen, entstielen. Kirschen in einen Topf geben, langsam erhitzen, etwa 10 Minuten kochen lassen. Durch ein grobes Sieb geben, so dass die Steine zurückbleiben. Kirschmus mit Zucker und 50 g der Mandeln vermengen und in eine flache Auflaufform (gefettet) geben.

2. Pfirsiche kurze Zeit in kochendes Wasser legen (nicht kochen lassen), in kaltem Wasser abschrecken, enthäuten, halbieren, entsteinen, in Spalten schneiden und auf das Kirschmus legen. Dann den Backofen vorheizen.

3. Eiweiß mit Zucker steifschlagen, die restlichen Mandeln unterziehen. Die Masse in einen Spritzbeutel mit großer Sterntülle füllen und in Streifen auf die Pfirsiche spritzen.

4. Anschließend die Auflaufform auf dem Rost auf die oberste Schiene des vorgeheizten Backofens schieben.

Ober-/Unterhitze: etwa 250 °C
Heißluft: etwa 220 °C
Backzeit: etwa 10 Minuten.

Tipp: Das Gratin ist fertig, wenn die Eiweißspitzen braun sind. Das Gratin wird besonders gut, wenn es unter dem Backofengrill etwa 5 Minuten überbacken wird. Das frische Obst kann durch Früchte aus dem Glas oder der Dose ersetzt werden.

Pflaumen- oder Birnenkompott I
Klassisch
4 Portionen

Pflaumenkompott pro Portion:
E: 1 g, F: 0 g, Kh: 24 g, kJ: 490, kcal: 117
Birnenkompott pro Portion:
E: 1 g, F: 0 g, Kh: 27 g, kJ: 514, kcal: 123

500 g	reife Pflaumen oder Birnen
125 ml (1/8 l)	Wasser oder Weißwein
50 g	Zucker
1	Zimtstange
evtl. 3	Gewürznelken
evtl.	Zucker
evtl.	Zitronensaft

Zubereitungszeit: 30 Minuten, ohne Abkühlzeit

1. Die Pflaumen abspülen, entstielen, halbieren und entkernen oder die Birnen heiß abspülen, abtrocknen und längs halbieren. Kerngehäuse herausschneiden, Blüten und Stiele entfernen.

2. Wasser oder Wein mit Zucker zum Kochen bringen, Pflaumen oder Birnen, Zimt und nach Belieben Nelken hineingeben, kurz aufkochen, dann bei schwacher Hitze 5–8 Minuten dünsten.

3. Das Kompott erkalten lassen, Nelken und Zimtstange entfernen. Das Kompott nach Belieben mit Zucker und Zitronensaft abschmecken.

Abwandlung: 500 g Pflaumen wie oben beschrieben vorbereiten, mit 75 ml Rotwein, 50 g Zucker, 1 Pck. Bourbon-Vanille-Zucker, 2 Gewürznelken, 1 Zimtstange und 1 unbehandelten, ungewachsten Bio-Orange (in Scheiben geschnitten) zum Kochen bringen. Weich kochen (nicht umrühren). Das Kompott erkalten lassen, eventuell mit Zucker abschmecken.

Piratenpudding I
Raffiniert – mit Alkohol

4 Portionen

Pro Portion:
E: 11 g, F: 15 g, Kh: 103 g, kJ: 2672, kcal: 638

3	Bananen
100 g	feine Semmelbrösel
100 g	Haselnuss-Krokant
2	Eier (Größe M)
100 g	Zucker
1 Pck.	Dr. Oetker Vanillin-Zucker
150 ml	Milch
60 g	kandierte, gewürfelte, gemischte Früchte
2–3 EL	Zitronensaft
2 EL	Butter
3 EL	brauner Rum
2 EL	Eierlikör
	Semmelbrösel
	Himbeersauce

Zubereitungszeit: 15 Minuten
Garzeit: etwa 30 Minuten

1. Bananen schälen, pürieren, mit Semmelbröseln, Krokant, Eiern, Zucker, Vanillin-Zucker, Milch, kandierten Früchten, Zitronensaft und zerlassener Butter sowie Rum und Eierlikör verrühren.

2. Die Masse in eine Puddingform (Wasserbadform, gefettet, mit Semmelbröseln ausgestreut) füllen, die Form verschließen.

3. Die Form in einen Kochtopf stellen, so viel heißes Wasser hinzugeben, dass die Form zu mindestens $1/3$ im Wasser steht. Pudding bei mittlerer Hitze etwa 30 Minuten garen.

4. Den Pudding auf eine Platte stürzen, mit Himbeersauce übergießen.

Tipp: Ersatzweise eine dichte Gugelhupfform verwenden. Diese dann mit Alufolie gut verschließen.

Plumpudding mit Weinbrandbutter I

Dauert länger – mit Alkohol

4 Portionen

Pro Portion:

E: 13 g, F: 35 g, Kh: 85 g, kJ: 3345, kcal: 799

150 g	Schwarzbrot
30 g	Zitronat (Sukkade)
30 g	Orangeat
30 g	Backpflaumen
125 g	Rosinen
2	Äpfel
1 EL	Weizenmehl
1 Prise	Salz
100 g	brauner Zucker (Rohrzucker)
1 TL	Dr. Oetker Finesse
	Geriebene Zitronenschale
1 TL	gemahlener Zimt
1 Msp.	gemahlene Nelken
1 Msp.	geriebene Muskatnuss
200 g	Schlagsahne
50 ml	brauner Rum
4	Eier (Größe M)
1 EL	Semmelbrösel
4 cl	heißer, brauner Rum

Für die Weinbrandbutter:

50 g	Butter
100 g	brauner Zucker (Rohrzucker)
5	Eigelb (Größe M)
50 ml	Weinbrand
1 TL	Dr. Oetker Finesse
	Geriebene Orangenschale

Zubereitungszeit: 40 Minuten
Garzeit: etwa 90 Minuten

1. Schwarzbrot fein reiben. Zitronat, Orangeat und Backpflaumen klein schneiden, mit Rosinen vermischen. Äpfel schälen, vierteln, Kerngehäuse entfernen und Äpfel grob reiben.

2. Alle Zutaten in einer Schüssel mit Mehl, Salz, Rohrzucker, Zitronenschale, Zimt, Nelken, Muskat, Sahne, Rum und Eiern vermengen.

3. Die Masse in eine Puddingform (Wasserbadform, gefettet, mit Semmelbröseln ausstreut) geben. Form verschließen, ins Wasserbad stellen und etwa 90 Minuten schwach kochen lassen.

4. Für die Weinbrandbutter Butter mit Rohrzucker schaumig schlagen, mit Eigelb, Weinbrand und Orangenschale so lange im heißen Wasserbad weiterschlagen, bis die Masse cremig ist.

5. Pudding stürzen, mit Rum begießen, anzünden und sofort mit der Weinbrandbutter servieren.

Hinweis: Nur ganz frische Eier verwenden, die nicht älter als 5 Tage sind (Legedatum beachten!). Die fertige Speise im Kühlschrank aufbewahren und innerhalb von 24 Stunden verzehren.

Portweincreme | Für Gäste – mit Alkohol

4 Portionen

Pro Portion:
E: 9 g, F: 26 g, Kh: 49 g, kJ: 2162, kcal: 516

1 Glas	Sauerkirschen (Abtropfgewicht 370 g)
1 geh. EL	Speisestärke
	Kirschsaft aus dem Glas
	Zucker

Für die Portweincreme:

4 Blatt	weiße Gelatine
2	Eigelb (Größe M)
2	Eier (Größe M)
80 g	gesiebter Puderzucker
125 ml	
(¹/₈ l)	Portwein
250 g	Schlagsahne

Zum Garnieren:

einige	Schokoladen-Täfelchen
einige	Melisseblättchen

Zubereitungszeit: 40 Minuten, ohne Abkühlzeit

1. Sauerkirschen in einem Sieb abtropfen lassen, Saft dabei auffangen.

2. Speisestärke mit 2–3 Esslöffel des Kirschsaftes anrühren, restlichen Saft aufkochen. Angerührte Speisestärke dazugeben und unter Rühren aufkochen. Sauerkirschen unterrühren, nach Wunsch mit Zucker abschmecken, erkalten lassen und ab und zu durchrühren.

3. Für die Portweincreme Gelatine nach Packungsanleitung in kaltem Wasser einweichen. Eigelb mit Eiern, Puderzucker und Portwein verschlagen. Die Schüssel in ein heißes Wasserbad stellen, die Masse unter ständigem Schlagen erhitzen, bis sie dicklich wird.

4. Gelatine ausdrücken und in der heißen Portweinmasse auflösen. Die Schüssel mit der Portweinmasse in kaltes Wasser stellen, Masse ab und zu durchschlagen. Sobald die Masse abgekühlt ist und zu gelieren beginnt, Sahne steifschlagen und unterheben.

5. Kirschen in Portionsschälchen verteilen oder in eine große Glasschüssel geben, Portweincreme darauf verteilen und mit Schokoladen-Täfelchen und Melisse garnieren.

Hinweis: Nur ganz frische Eier verwenden, die nicht älter als 5 Tage sind (Legedatum beachten!). Die fertige Speise im Kühlschrank aufbewahren und innerhalb von 24 Stunden verzehren.

Powidl-Tascherl I

Klassisch – mit Alkohol

6 Portionen

Pro Portion:
E: 13 g, F: 11 g, Kh: 87 g, kJ: 2185, kcal: 522

Für den Teig:

1 kg	Kartoffeln
250 g	Weizenmehl
2	Eier (Größe M)
1 Prise	Salz

Für die Füllung:

200 g	Pflaumenmus
1 TL	brauner Rum
1	Ei (Größe M)
1 TL	Wasser
4 l	Salzwasser
50 g	Butter
50 g	Semmelbrösel
50 g	Zucker
1 TL	gemahlener Zimt

Zubereitungszeit: 70 Minuten, ohne Kühlzeit

1. Kartoffeln waschen, in Wasser zum Kochen bringen, in 20–25 Minuten gar kochen lassen, abgießen, pellen. Kartoffeln heiß durch die Kartoffelpresse geben, bis zum nächsten Tag zugedeckt an einem kühlen Ort stehen lassen.

2. Mit Mehl, Eiern und Salz zu einem glatten Teig verarbeiten, den Teig auf einer mit Mehl bestreuten Arbeitsfläche etwa 3 mm dick ausrollen, mit einer runden Form (Ø etwa 8 cm) Plätzchen ausstechen.

3. Pflaumenmus mit Rum verrühren, jeweils ½ Teelöffel davon auf die Teigplätzchen geben. Ei mit Wasser verschlagen, die Teigränder damit bestreichen, die Plätzchen zusammenklappen und fest andrücken.

4. Salzwasser zum Kochen bringen, die Halbmonde hineingeben, zum Kochen bringen, in etwa 8 Minuten gar ziehen lassen. Tascherl mit einem Schaumlöffel herausnehmen, gut abtropfen lassen, in einer vorgewärmten Schüssel anrichten, warm stellen.

5. Butter zerlassen, Semmelbrösel hinzufügen, unter Rühren darin bräunen lassen. Gebräunte Semmelbrösel über die Powidl-Tascherl geben. Zucker und Zimt mischen, zu den Tascherl reichen.

Pralinencremekuchen I

Mit Alkohol – für Gäste

10–12 Stücke

Pro Stück:

E: 5 g, F: 32 g, Kh: 19 g, kJ: 1609, kcal: 384

Für den Belag:

150 g	*Edelbitter-Schokolade (60 % Kakao)*
300 g	*Schlagsahne*
150 g	*weiche Butter*
1 Pck.	*Dr. Oetker Bourbon-Vanille-Zucker*
30 g	*Zucker*

Für den Teig:

100 g	*gemahlene Walnusskerne*
2	*Eier (Größe M)*
2 EL	*Weinbrand*
70 g	*Zucker*
1 Prise	*Salz*
1 EL	*Weizenmehl*
1 gestr. TL	*Dr. Oetker Backin*
2 EL	*Kakaopulver*

Zubereitungszeit: 45 Minuten, ohne Abkühl- und Kühlzeit
Backzeit: 15–20 Minuten

1. Für den Belag die Schokolade in kleine Stücke brechen. Die Sahne aufkochen, vom Herd nehmen. Die Schokostücke unter Rühren in der Sahne schmelzen, abkühlen lassen und kalt stellen (mindestens 2 Stunden).

2. Für den Teig gemahlene Walnusskerne in einer Pfanne ohne Fett goldbraun rösten, auf einem Teller abkühlen lassen. Den Backofen vorheizen.

3. Eier und Weinbrand mit Handrührgerät mit Rührbesen auf höchster Stufe in 1 Minute schaumig schlagen. Zucker und Salz in 1 Minute einstreuen, Eimasse dann noch etwa 2 Minuten weiterschlagen.

4. Mehl und Backpulver mischen, auf die Eiercreme sieben und kurz auf niedrigster Stufe unterrühren.

Nüsse dazugeben und ebenfalls kurz unterrühren. Den Teig in eine Kastenform (25 x 11 cm, gefettet, gemehlt) füllen und glattstreichen. Die Form auf dem Rost in den vorgeheizten Backofen schieben.

Ober-/Unterhitze: etwa 180 °C
Heißluft: etwa 160 °C
Backzeit: 15–20 Minuten.

5. Den Kuchen etwa 15 Minuten in der Form abkühlen lassen, dann aus der Form stürzen und auf einem Kuchenrost auskühlen lassen.

6. Für den Belag Butter, Vanille-Zucker und Zucker mit Handrührgerät mit Rührbesen zu einer weißen Creme aufschlagen, nach und nach die abgekühlte Schokomasse unterrühren, so dass eine geschmeidige Masse entsteht.

7. Von der Pralinencreme 4 Esslöffel abnehmen, damit die Seiten des Kuchens einstreichen. Restliche Creme in einen Spritzbeutel mit Lochtülle (Ø 12 mm) füllen und Tupfen auf den Kuchen spritzen. Mindestens 1 Stunde kühl stellen, bis die Creme fest geworden ist. Den Kuchen kurz vor dem Servieren mit Kakao bestäuben.

Tipp: Sollten sich die Schokosahne und die Buttermasse beim Zusammenrühren nicht verbinden, sondern gerinnen, einen Teil der geronnenen Masse bei milder Hitze schmelzen lassen. Die geschmolzene Masse in eine Rührschüssel geben und nach und nach die restliche Creme unterrühren.

Pralinen-Eisbombe | Mit Alkohol

16 Portionen

Pro Portion:
E: 5 g, F: 20 g, Kh: 25 g, kJ: 1305, kcal: 312

> 150 g Vollmilch-Kuvertüre
> 100 g Zartbitter-Kuvertüre
> 3 Becher
> (je 125 g) Crème double
> 25 g gesiebter Puderzucker
> 4–5 EL Rum oder
> Orangensaft
> 15 Milchschokoladen-Riegel mit
> Waffel und Nougatcremefüllung
> 100 g weiße Kuvertüre

Zubereitungszeit: 25 Minuten, ohne Gefrierzeit

1. Die beiden Kuvertüresorten grob zerkleinern und in einem kleinen Topf im Wasserbad bei schwacher Hitze zu einer geschmeidigen Masse verrühren.

2. Crème double mit Handrührgerät mit Rührbesen steifschlagen. Puderzucker und Rum oder Orangensaft unterrühren. Die aufgelöste Kuvertüre unterrühren.

3. Eine gefrierfeste Rehrückenform (Länge 30 cm) mit Klarsichtfolie auskleiden und mit den Schokoriegeln auslegen (von einigen Riegeln muss evtl. ein Stück abgeschnitten werden).

4. Die Schokoladenmasse darin verteilen und glattstreichen. Die Form für 3–4 Stunden zugedeckt in das Gefrierfach stellen.

5. Die weiße Kuvertüre grob zerkleinern und in einem kleinen Topf im Wasserbad bei schwacher Hitze zu einer geschmeidigen Masse verrühren.

6. Die Rehrückenform aus dem Gefrierfach nehmen, stürzen und die Klarsichtfolie entfernen. Die Pralinen-Eisbombe mit Hilfe eines kleinen Löffels mit der Kuvertüre besprenkeln (oder die Kuvertüre in einen kleinen Gefrierbeutel füllen, eine Ecke abschneiden und die Eisbombe damit verzieren).

7. Nach Belieben die abgeschnittenen Enden der Schokoriegel hacken und darüberstreuen.

Tipp: Reste der Pralinen-Eisbombe können wieder eingefroren werden, dann die Eisbombe mit Klarsichtfolie abdecken.

Preiselbeer-Schichtdessert I

Gut vorzubereiten – mit Alkohol

4 Portionen

Pro Portion:
E: 8 g, F: 47 g, Kh: 79 g, kJ: 3455, kcal: 826

150 g	*Schwarzbrot*
100 g	*geriebene Zartbitter-Schokolade*
50 g	*brauner Zucker (Rohrzucker)*
50 ml	*brauner Rum*
500 g	*Schlagsahne*
1 Pck.	*Dr. Oetker Vanillin-Zucker*
2 Pck.	*Dr. Oetker Sahnesteif*
etwa 250 g	*Preiselbeerkompott*
	(aus dem Glas)

Zubereitungszeit: 25 Minuten, ohne Durchziehzeit

1. Schwarzbrot fein zerkrümeln und mit Schokolade, Rohrzucker und Rum gut vermischen. Sahne mit Vanillin-Zucker und Sahnesteif steifschlagen.

2. Den Boden einer hohen Glasschüssel mit etwa der Hälfte der Schwarzbrotmischung bedecken. Erst die Hälfte der Preiselbeeren, dann die Hälfte der Sahne einschichten, dann wieder Schwarzbrotmischung usw. So lange fortfahren, bis die Zutaten verbraucht sind. Die oberste Schicht sollte aus Sahne bestehen. Das Dessert einige Stunden durchziehen lassen.

Tipp: Wenn Kinder mitessen, den Rum durch Orangensaft ersetzen.

Pudding mit Keksen und Früchten I
Für Kinder
6–8 Portionen

Pro Portion:
E: 6 g, F: 26 g, Kh: 49 g, kJ: 1949, kcal: 465

Für den Pudding:
2 Pck.	Gala Pudding-Pulver Bourbon-Vanille
70 g	Zucker
1 Prise	Salz
500 ml (½ l)	Milch
500 g	Schlagsahne

1 Dose	Ananasscheiben (Abtropfgewicht 260 g)
1 Dose	Mandarinen (Abtropfgewicht 175 g)
100 g	blaue Weintrauben
100 g	Löffelbiskuits

Zubereitungszeit: 30 Minuten, ohne Abkühl- und Kühlzeit

1. Für den Pudding Pudding-Pulver, Zucker, Salz und 250 ml (¼ l) Milch verrühren. Restliche Milch und Sahne aufkochen. Den Topf von der Kochstelle nehmen, angerührtes Pudding-Pulver einrühren und unter Rühren etwa 1 Minute kochen lassen. Den Pudding abkühlen lassen, dabei immer wieder umrühren.

2. Ananas in einem Sieb abtropfen lassen und in kleine Stücke schneiden. Mandarinen abtropfen lassen. Weintrauben abspülen, trocken tupfen, halbieren und evtl. entkernen. Löffelbiskuits in grobe Stücke brechen und in 6–8 Schälchen verteilen. Die Früchte, bis auf einige zum Garnieren, auf die Biskuitstücke geben.

3. Abgekühlten Pudding auf die Früchte geben. Pudding mit Frischhaltefolie zudecken. Den Pudding mindestens 1 Stunde kalt stellen. Das Dessert vor dem Servieren mit den restlichen Früchten garnieren.

Pudding mit Kirschen und
Pumpernickel | Für Kinder
8 Portionen

Pro Portion:
E: 7 g, F: 6 g, Kh: 48 g, kJ: 1225, kcal: 293

500 g	Sauerkirschen
100 g	Zucker
150–200 g	Pumpernickel
4 EL	Saft von den Kirschen
2 Pck.	Dr. Oetker Pudding-Pulver
	Vanille- oder Mandel-Geschmack
70 g	Zucker
1 l	Milch
2	Eigelb (Größe M)
2	Eiweiß (Größe M)
	Zitronenmelisseblättchen

Zubereitungszeit: 35 Minuten,
ohne Ruhe-, Abkühl- und Kühlzeit

1. Sauerkirschen abspülen, entstielen, entsteinen, mit Zucker bestreuen und etwas stehen lassen. Sobald die Kirschen Saft gezogen haben, sie kurz erhitzen, bis sie etwas weicher sind, kalt stellen. Pumpernickel mit den Händen zerbröseln, etwa 4 Esslöffel der Brösel zum Garnieren beiseitestellen.

2. Die Kirschen abtropfen lassen, dabei den Saft auffangen. Einige Kirschen zum Garnieren beiseitelegen. Restliche Kirschen mit 4 Esslöffeln Kirschsaft und Pumpernickel vermengen und knapp ⅓ hoch in eine Glasschale oder in Portionsschälchen füllen.

3. Pudding-Pulver, Zucker, 200 ml von der Milch und Eigelb verrühren. Restliche Milch aufkochen. Topf von der Kochstelle nehmen. Angerührtes Pudding-Pulver einrühren und unter Rühren etwa 1 Minute kochen lassen. Eiweiß steifschlagen und unter den kochend heißen Pudding ziehen. Anschließend auf die Kirschmasse geben. Pudding mit Frischhaltefolie zudecken, abkühlen lassen und mindestens 1 Stunde kalt stellen.

4. Den Pudding mit den restlichen Kirschen, Pumpernickel und Zitronenmelisse garnieren.

Tipp: Sie können auch Sauerkirschen aus dem Glas oder für Erwachsene statt des Kirschsaftes 1–2 Esslöffel Kirschwasser verwenden. Wenn es mal schnell gehen soll, statt des gekochten Puddings 2 Becher (je 500 g) Pudding aus dem Kühlregal verwenden und 250 g steifgeschlagene Sahne unterheben. Dann die Kirschen erst 30 Minuten vor dem Verzehr mit dem Pudding in Gläser schichten, da sich der Pudding sonst mit dem Saft vermischt.

Puddingkäfer | Für Kinder
4 Portionen

Pro Portion:
E: 3 g, F: 10 g, Kh: 67 g, kJ: 1615, kcal: 385

Für den Pudding:
500 ml
    (½ l) *Sauerkirschsaft*
    1 Pck. *Dr. Oetker Pudding-Pulver*
            Erdbeer-Geschmack
75–100 g *Zucker*

Zum Verzieren und Garnieren:
100 g *Schlagsahne*
        Schokostreusel
        Lakritz
        Himbeerkugeln

Zubereitungszeit: 15 Minuten, ohne Kühlzeit

1. Vom Sauerkirschsaft 4 Esslöffel abnehmen und damit das Pudding-Pulver mit dem Zucker anrühren. Die übrige Flüssigkeit zum Kochen bringen, von der Kochstelle nehmen, das angerührte Pudding-Pulver hineingeben und unter Rühren kurz aufkochen lassen.

2. Den Pudding in eine kalt ausgespülte Muschelform füllen, mit Frischhaltefolie zudecken und einige Stunden kalt stellen. Anschließend stürzen.

3. Zum Verzieren und Garnieren die Speise als „Käfer" mit der geschlagenen Sahne verzieren und mit den Schokostreuseln und Süßigkeiten garnieren.

Tipp: Der „Käfer" kann auch mit Rote Grütze Himbeer-Geschmack zubereitet werden.

Pudding-Rum-Fondue I
Für Gäste – mit Alkohol
4 Portionen

Pro Portion:
E: 2 g, F: 20 g, Kh: 23 g, kJ: 1265, kcal: 302

250 g	*Schlagsahne oder 250 ml (¹/₄ l) Milch*
¹/₂ Pck.	*Dr. Oetker Pudding-Pulver Vanille-Geschmack*
250 ml (¹/₄ l)	*Rumtopf-Flüssigkeit*

Makronen
Knuspergebäck
Früchte aus dem Rumtopf
Orangenspalten

Kiwischeiben
Aprikosen- und Ananasstücke

Zubereitungszeit: 15 Minuten

1. Die Schlagsahne oder Milch in einem Fonduetopf auf der Kochstelle zum Kochen bringen.

2. Das Pudding-Pulver mit Rumtopf-Flüssigkeit anrühren, unter Rühren in die von der Kochstelle genommene Sahne (Milch) geben, aufkochen lassen.

3. Das Fondue auf dem Rechaud weiterköcheln lassen. Das Gebäck und das Obst auf Fonduegabeln spießen und in das Pudding-Rum-Fondue tauchen.

Tipp: Wer keine Rumtopf-Flüssigkeit hat, kann 150 g Schlagsahne und 100 ml Rum verwenden.

Pumpernickelcreme mit Erdbeeren I

Gut vorzubereiten – raffiniert – mit Alkohol

6 Portionen

Pro Portion:
E: 9 g, F: 19 g, Kh: 44 g, kJ: 1742, kcal: 416

Für die Creme:

1	Vanilleschote
500 ml	
(½ l)	Milch
1 Prise	Salz
10 Blatt	weiße Gelatine
3	Eigelb (Größe M)
120 g	Zucker
150 g	Pumpernickel
250 g	Schlagsahne
500 g	Erdbeeren
3–4 EL	Orangenlikör
25 g	Zucker

Zubereitungszeit: 35 Minuten, ohne Durchzieh- und Kühlzeit

1. Für die Creme die Vanilleschote der Länge nach aufschneiden, das Mark herauskratzen. Milch mit Vanillemark und -schote und dem Salz bis kurz vor den Kochpunkt bringen, etwas ziehen lassen. Die Gelatine in kaltem Wasser nach Packungsanleitung einweichen.

2. Das Eigelb mit dem Zucker in einer Schüssel im Wasserbad mit Handrührgerät mit Rührbesen etwa 2 Minuten schaumig schlagen. 100 ml von der heißen Milch unter Rühren zur Eier-Zucker-Masse geben und noch etwa 5 Minuten weiterrühren, bis die Masse dicklich wird.

3. Die Gelatine ausdrücken und in der heißen Milch auflösen, dann in die Eigelb-Zucker-Masse rühren. Die Masse in den Kühlschrank stellen, zwischendurch umrühren.

4. Den Pumpernickel zerbröseln. Anschließend die Sahne steifschlagen. Wenn die Masse anfängt dick-lich zu werden, Pumpernickelbrösel und Sahne unterheben.

5. Die Pumpernickelcreme in 6 Förmchen füllen und etwa 3 Stunden kalt stellen.

6. Erdbeeren abspülen, gut abtropfen lassen und entstielen. Die Hälfte der Früchte pürieren, die andere Hälfte halbieren. Das Erdbeerpüree mit Orangenlikör aromatisieren und eventuell mit Zucker abschmecken.

7. Zum Stürzen die Förmchen mit der Pumpernickelcreme kurz in heißes Wasser stellen, dann in die Mitte eines Tellers stürzen, mit dem Erdbeerpüree und den Erdbeeren anrichten.

Quarkcreme, gekocht I

Preiswert – gut vorzubereiten – mit Alkohol

4–6 Portionen

Pro Portion:

E: 12 g, F: 10 g, Kh: 34 g, kJ: 1174, kcal: 280

1 Pck.	*Saucen-Pulver Vanille-Geschmack*
20 g	*Speisestärke*
375 ml	
(³/₈ l)	*kalte Milch*
2	*Eigelb (Größe M)*
25 g	*Butter, Salz*
2	*Eiweiß (Größe M)*
250 g	*Magerquark*
75 g	*Zucker*
einige	
Tropfen	*Rum-Aroma*
	weiße und dunkle geschabte
	Schokolade

Zubereitungszeit: 20 Minuten, ohne Kühlzeit

1. Saucen-Pulver und Speisestärke mit 6 Esslöffeln von der Milch und dem Eigelb verrühren.

2. Die übrige Milch mit Butter und Salz zum Kochen bringen. Die Milch von der Kochstelle nehmen und das angerührte Saucen-Pulver einrühren. Die Sauce zum Kochen bringen, kurz aufkochen lassen.

3. Eiweiß steifschlagen und unter den noch heißen Pudding heben. Pudding kalt stellen und ab und zu durchrühren.

4. Quark mit Zucker geschmeidig rühren, die erkaltete Creme esslöffelweise unterrühren und mit Rum-Aroma abschmecken.

5. Die Speise in Glasschalen füllen und mit geschabter Schokolade bestreuen.

Quarkcremeauflauf mit Sauerkirschen | Für Gäste – mit Alkohol

4 Portionen

Pro Portion:
E: 23 g, F: 6 g, Kh: 94 g, kJ: 2434, kcal: 580

2 Gläser	Sauerkirschen (Abtropfgewicht je 350 g)
1 Pck.	Dr. Oetker Pudding-Pulver Vanille-Geschmack
125 g	Zucker
250 ml (¼ l)	Milch
2	Eigelb (Größe M)
2 Tropfen	Zitronen-Aroma
500 g	Magerquark
2	Eiweiß (Größe M)
500 ml (½ l)	Kirschsaft aus den Gläsern, mit Rotwein aufgefüllt
20 g	Speisestärke
15 g	Zucker

Zubereitungszeit: 35 Minuten
Backzeit: etwa 45 Minuten

1. Die Sauerkirschen zum Abtropfen auf ein Sieb geben, dabei den Saft auffangen.

2. Das Pudding-Pulver mit 80 g des Zuckers, der Hälfte der Milch und Eigelb anrühren, die übrige Milch zum Kochen bringen. Das Pudding-Pulver in die von der Kochstelle genommene Milch rühren und unter ständigem Rühren einmal aufkochen lassen.

3. Zitronen-Aroma und Quark unterrühren. Eiweiß steifschlagen, dabei nach und nach den restlichen Zucker unterschlagen. Den Eischnee unter den Pudding heben.

4. Die Kirschen in einen gewässerten Römertopf® geben, die Puddingmasse darauf verteilen und glattstreichen. Den Römertopf® mit dem Deckel verschließen, auf dem Rost in den kalten Backofen schieben.

Ober-/Unterhitze: etwa 200 °C
Heißluft: etwa 180 °C
Backzeit: etwa 45 Minuten.

5. Den aufgefangenen Kirschsaft mit Rotwein auf 500 ml (½ l) auffüllen. Die Speisestärke mit Zucker und 2 Esslöffeln von dem Kirschsaft-Rotwein-Gemisch anrühren. Die übrige Flüssigkeit zum Kochen bringen und mit der angerührten Speisestärke binden. Die Sauce heiß zu dem Auflauf reichen.

Tipp: Sie können die Creme auch in eine Auflaufform füllen. Dann etwa 40 Minuten garen.

Quark-Flammeri | Für Kinder
4 Portionen

Pro Portion:
E: 10 g, F: 11 g, Kh: 13 g, kJ: 853, kcal: 203

250 ml	
(¹/₄ l)	Milch
1 TL	Butter
1 Prise	Salz
1–2 EL	Zucker
1 Pck.	Dr. Oetker Vanillin-Zucker
1 EL	Speisestärke
2 EL	Wasser
1	Eigelb (Größe M)
250 g	Speisequark (40 % Fett i. Tr.)

Zubereitungszeit: 35 Minuten, ohne Abkühlzeit

1. Milch mit Butter, Salz, Zucker und Vanillin-Zucker zum Kochen bringen. Speisestärke mit Wasser anrühren und mit Eigelb verrühren. Milch von der Kochstelle nehmen und angerührte Speisestärke unter Rühren in die kochende Milch geben, aufkochen und etwas abkühlen lassen.

2. Quark unter den Flammeri rühren. Quark-Flammeri in eine Glasschale oder Portionsgläser füllen und kalt stellen.

Tipp: Gedünstetes Obst, Apfelmus oder gezuckerte, frische Johannisbeeren, Himbeeren, Erdbeeren oder Heidelbeeren dazureichen.

Quarkknödel mit Zwetschenkompott I

Beliebt – mit Alkohol

4 Portionen

Pro Portion:

E: 24 g, F: 41 g, Kh: 95 g, kJ: 3764, kcal: 899

Für die Knödel:

1	Bio-Orange (unbehandelt, ungewachst)
1	Vanilleschote
60 g	weiche Butter
60 g	Zucker
2	Eier (Größe M)
2	Eigelb (Größe M)
400 g	Magerquark
180 g	gewürfeltes Weißbrot (ohne Rinde)
	Salzwasser

Für das Zwetschenkompott:

400 g	Zwetschen
100 g	Zucker
100 ml	Orangensaft
100 ml	Rotwein
2	Zimtstangen
1 Msp.	gemahlene Gewürznelken
10 g	Speisestärke
2–3 EL	Wasser
4 cl	Zwetschenwasser

Für die Bröselmasse:

100 g	Butter
50 g	Semmelbrösel
1 EL	Zucker

Zubereitungszeit: 70 Minuten, ohne Kühl- und Abkühlzeit

1. Für die Knödel Orange heiß abwaschen, abtrocknen und die Schale abreiben. Orange auspressen. Vanilleschote aufschneiden, das Mark herauskratzen (die Schote für das Kompott beiseitelegen).

2. Butter, Zucker und Vanillemark in einer Rührschüssel mit Handrührgerat mit Ruhrbesen schaumlg schlagen. Eier und Eigelb nach und nach unterrühren.

Orangenschale und 3–4 Esslöffel Orangensaft hinzugeben. Quark und Weißbrotwürfel unterrühren und Quarkmasse zugedeckt etwa 2 Stunden in den Kühlschrank stellen.

3. In der Zwischenzeit die Zwetschen für das Kompott abspülen, abtrocknen, halbieren, entsteinen und in Spalten schneiden. Zucker in einem Topf karamellisieren lassen. Mit Orangensaft und Rotwein ablöschen. Zimtstangen, aufgeschnittene Vanilleschote (von der Knödelmasse) und Nelken hinzugeben. Das Wein-Saft-Gemisch zum Kochen bringen und etwa 30 Minuten köcheln lassen.

4. Speisestärke mit 2–3 Esslöffeln Wasser anrühren, in den Sud geben und kurz aufkochen. Zwetschen und Zwetschenwasser hinzufügen, zum Kochen bringen. Den Topf von der Kochstelle nehmen. Die Zwetschenspalten in dem Sud erkalten lassen. Zimtstange und Vanilleschote entfernen.

5. In einem großen Topf so viel Salzwasser zum Kochen bringen dass die Knödel in dem Wasser „schwimmen" können.

6. Aus der Quarkmasse mit angefeuchteten Händen gleich große Knödel (Ø etwa 5 cm) formen. Die Knödel in das kochende Salzwasser geben, wieder zum Kochen bringen und in etwa 10 Minuten ohne Deckel gar ziehen lassen (das Wasser muss sich leicht bewegen). Die Knödel mit einer Schaumkelle aus dem Wasser nehmen und gut abtropfen lassen.

7. Butter in einer Pfanne zerlassen. Semmelbrösel und Zucker hinzugeben, unter Rühren anrösten. Knödel darin wälzen, herausnehmen.

8. Für jede Portion etwas Kompott auf einen Teller geben, heiße Knödel darauflegen und sofort servieren.

Tipp: Die Quarkknödel kann man auch in einer Mischung aus Kokosraspeln und gerösteten, gemahlenen Koriandersamen wälzen. Dazu passt noch ein Orangen-Sabayon aus 2 Eigelb (Größe M), 80 g Zucker, 150 ml Orangensaft und 1 Teelöffel Grand Manier. Die Zutaten Im heißen Wasserbad cremig aufschlagen und heiß servieren.

Quark-Ofenschlupfer | Preiswert
4 Portionen

Pro Portion:
E: 19 g, F: 9 g, Kh: 52 g, kJ: 1616, kcal: 385

4	**Brötchen (Semmeln, vom Vortag)**
50 g	**Rosinen**
250 g	**Speisequark (20 % Fett i. Tr.)**
2	**Eier (Größe M)**
375 ml	
(³/₈ l)	**Buttermilch**
3 EL	**Zucker**
1 EL	**Butter**

Zubereitungszeit: 20 Minuten
Backzeit: etwa 45 Minuten

1. Den Backofen vorheizen. Brötchen in Scheiben schneiden. Abwechselnd mit Rosinen und Quark in eine Auflaufform (gefettet) schichten (erste und letzte Schicht sollte aus Brötchenscheiben bestehen).

2. Eier mit Buttermilch und Zucker verschlagen und darübergießen. Butter in Flöckchen daraufsetzen. Form auf dem Rost in den vorgeheizten Backofen schieben.

Ober-/Unterhitze: etwa 200 °C
Heißluft: etwa 180 °C
Backzeit: etwa 45 Minuten.

Tipp: Orangenfilets mit etwas angedickter Orangensauce, die mit Cointreau abgeschmeckt wurde, dazureichen.

Quarkschmarrn | Schnell

4 Portionen

Pro Portion:
E: 19 g, F: 18 g, Kh: 18 g, kJ: 1338, kcal: 320

400 g	*Speisequark (20 % Fett i. Tr.)*
3	*Eigelb (Größe M)*
4 EL	*gesiebtes Weizenmehl*
½ TL	*Salz*
3	*Eiweiß (Größe M)*
2 EL	*Butter*
	gesiebter Puderzucker

Zubereitungszeit: 20 Minuten

1. Für den Quarkschmarrn Quark mit Eigelb, Mehl und Salz gut verrühren. Das Eiweiß steifschlagen und unterheben.

2. Etwas Butter in einer Pfanne zerlassen, die Quarkmasse etwa 1 cm dick hineingeben und von beiden Seiten goldgelb backen. Den Eierkuchen dann mit zwei Gabeln in kleine Stücke zerreißen und diese unter Wenden gut bräunen, evtl. noch etwas Butter hinzufügen.

3. Den Quarkschmarrn mit Puderzucker bestäuben und sofort servieren.

Tipp: Dazu Kirschkompott servieren.

Quarkspeise „Birne Helene" I
Für Kinder – raffiniert
4 Portionen

Pro Portion:
E: 10 g, F: 10 g, Kh: 29 g, kJ: 1071, kcal: 256

1 Dose	Birnenhälften
	(Abtropfgewicht 240 g)
250 g	Speisequark (20 % Fett i. Tr.)
150 g	Joghurt
50 g	Zucker
etwa 125 ml	
(⅛ l)	Milch, 125 g Schlagsahne oder
	125 ml (⅛ l) Birnensaft aus der
	Dose
4 EL	Schokoladensauce (Fertigprodukt)

Zubereitungszeit: 15 Minuten

1. Birnen auf einem Sieb abtropfen lassen, dabei den Saft auffangen. Quark, Joghurt, Zucker und Milch, Sahne oder Birnensaft gut verrühren.

2. Die Quarkspeise auf 4 Teller verteilen und die Birnen in die Mitte daraufgeben. Mit der Schokoladensauce beträufeln.

Tipp: Wer keine gekaufte Schokoladensauce verwenden möchte, kann auch selbst eine zubereiten. Dazu 100 g Zartbitter-Schokolade grob zerkleinern und mit 125 g Schlagsahne unter Rühren erhitzen, bis die Schokolade aufgelöst ist. Die Schokoladensauce etwas abkühlen lassen und anschließend über die Birnenhälften träufeln.

Quark-Trifle | Für Kinder

4 Portionen

Pro Portion:
E: 22 g, F: 26 g, Kh: 46 g, kJ: 2196, kcal: 524

500 g *Magerquark*
1 Becher
(125 g) *Crème double*
40 g *Zucker*
100 ml *Zitronensaft*
100 ml *Blutorangensaft*
150 g *Löffelbiskuits*
8 EL *Maracujasaft*
125 g *Schlagsahne*
1 EL *Zucker*
1 *Bio-Orange (unbehandelt, ungewachst)*

Zubereitungszeit: 45 Minuten, ohne Kühlzeit

1. Quark und Crème double mit Zucker verrühren und in 2 Portionen teilen. Eine Hälfte mit Zitronensaft vermischen, die andere mit Blutorangensaft verrühren.

2. Eine hohe Glasschüssel (etwa 1 l Inhalt) mit ¼ der Löffelbiskuits auslegen und mit 2 Esslöffeln Maracujasaft beträufeln.

3. Die Hälfte Blutorangencreme daraufstreichen, wieder mit ¼ der Biskuits belegen, mit Saft beträufeln und die Hälfte der Zitronencreme darauf verteilen. Wieder Biskuits, Orangencreme, Biskuits und schließlich Zitronencreme einschichten. Dabei die Biskuits jeweils mit je 2 Esslöffeln Saft beträufeln. Anschließend Trifle mit Frischhaltefolie abdecken und 3 Stunden gut kühlen.

4. Zum Garnieren Sahne mit Zucker steifschlagen und in großen Tupfen rundherum auf die Creme setzen. Die Orange heiß abspülen und trocken tupfen. Mit einem Zestenreißer die Schale der Orange in dünnen Streifen abziehen und auf die Tuffs streuen.

Tipp: Statt der Orangenschale können Sie auch sehr gut kandierte Orangenscheiben vierteln und auf die Tuffs setzen. Wenn der Blutorangensaft nicht ausreichend intensiv ist, lässt sich die Creme wunderbar mit Rote-Bete-Saft färben.

Reis Trauttmannsdorff I

Klassisch – mit Alkohol

6 Portionen

Pro Portion:
E: 5 g, F: 15 g, Kh: 47 g, kJ: 1479, kcal: 353

500 ml	
(½ l)	Milch
250 g	Schlagsahne
½	Vanilleschote
1 Prise	Salz
75 g	Zucker
160 g	Milchreis (Rundkornreis)
250 g	Schlagsahne
1 Glas	Sauerkirschen (Abtropfgewicht 370 g)
2 EL	Kirschwasser Sauerkirschen Minzeblättchen

Zubereitungszeit: 50 Minuten, ohne Quell- und Abkühlzeit

1. Milch mit Sahne, aufgeschlitzter Vanilleschote, Salz und Zucker zum Kochen bringen.

2. Den Milchreis hinzufügen, bei schwacher Hitze im offenen Topf ausquellen lassen, dabei ab und zu umrühren.

3. Vanilleschote entfernen. Reisbrei etwas abkühlen lassen. Sahne steifschlagen und unter den Milchreis heben.

4. Sauerkirschen abtropfen lassen. Kirschen mit Kirschwasser beträufeln, im Wechsel mit dem Reis in Gläser schichten. Den Reis mit Sauerkirschen und Minzeblättchen garnieren und kalt stellen.

Tipp: Wenn der Reis auch für Kinder gedacht ist, statt Kirschwasser Kirschsaft verwenden. Statt 160 g Milchreis nur 125 g Milchreis nehmen und zusätzlich 4 Blatt eingeweichte, ausgedrückte weiße Gelatine unter den heißen Reisbrei rühren. Sie können den Reis auch mit Erdbeer- oder Himbeerpüree anrichten. Das schmeckt ebenfalls sehr gut.

Reiscreme mit Erdbeersauce I

Klassisch

4 Portionen

Pro Portion:
E: 11 g, F: 26 g, Kh: 75 g, kJ: 2556, kcal: 611

Für die Reiscreme:

750 ml
(¾ l) *Milch*
1 Prise *Salz*
75 g *Zucker*
1 Pck. *Dr. Oetker Vanillin-Zucker*
150 g *Milchreis (Rundkornreis)*
2 Blatt *weiße Gelatine*
250 g *Schlagsahne*

Für die Erdbeersauce:

500 g *Erdbeeren*
1 Pck. *Dr. Oetker Vanillin-Zucker*
25 g *Zucker*

Zum Garnieren:

Limettenscheiben
Erdbeeren

Zubereitungszeit: 30 Minuten,
ohne Quell- und Kühlzeit

1. Für die Reiscreme Milch mit Salz, Zucker und Vanillin-Zucker zum Kochen bringen. Milchreis hineingeben, mit geschlossenem Deckel bei schwacher Hitze in 30–40 Minuten ausquellen lassen, dabei ab und zu umrühren (der Reis muss noch körnig sein).

2. Gelatine nach Packungsanleitung einweichen, ausdrücken, zu dem Reisbrei geben und so lange rühren, bis sie völlig gelöst ist. Reisbrei kalt stellen.

3. Sahne steifschlagen und unter den kalten Reisbrei heben. Creme in eine Schale füllen und bis zum Verzehr kalt stellen.

4. Für die Erdbeersauce Erdbeeren abspülen, gut abtropfen lassen, entstielen und pürieren, bis eine dickflüssige Sauce mit Fruchtstückchen entstanden ist. Pürierte Erdbeeren mit Vanillin-Zucker und Zucker verrühren.

5. Die Reiscreme mit Limettenscheiben und Erdbeeren garnieren und mit der Erdbeersauce servieren.

Reiscreme mit Schokolade I

Mit Alkohol

4 Portionen

Pro Portion:

E: 5 g, F: 18 g, Kh: 33 g, kJ: 1402, kcal: 335

250 ml	
(¹/₄ l)	*Milch*
1 EL	*Butter*
1 EL	*Zucker, Salz*
1 Pck.	*Dr. Oetker Vanillin-Zucker*
75 g	*Milchreis (Rundkornreis)*
2 Blatt	*weiße Gelatine*
50 g	*Zartbitter-Schokolade*
1 kleine	
Dose	*Fruchtcocktail*
	(Abtropfgewicht 145 g)
1–2 EL	*brauner Rum*
100 g	*Schlagsahne*

Zubereitungszeit: 30 Minuten,
ohne Quell-, Abkühl- und Kühlzeit

1. Milch mit Butter, Zucker, Salz und Vanillin-Zucker aufkochen. Reis dazugeben und unter Rühren aufkochen lassen. Reis im geschlossenen Topf bei schwacher Hitze etwa 30 Minuten ausquellen lassen, gelegentlich umrühren.

2. Gelatine nach Packungsanleitung einweichen. Schokolade raspeln. Gelatine ausdrücken und unter Rühren in dem heißen Reis auflösen.

3. Fruchtcocktail abtropfen lassen und mit der geraspelten Zartbitter-Schokolade unter den Reis heben. Mit Rum abschmecken. Reis abkühlen lassen und zugedeckt kalt stellen.

4. Sahne steifschlagen und unter den vollständig erkalteten Reis heben.

Reisgelee „Sarah Bernhard" I
Für Gäste – mit Alkohol
4–6 Portionen

Pro Portion:
E: 13 g, F: 36 g, Kh: 85 g, kJ: 3606, kcal: 862

Für den Reis:

¹⁄₂	*Vanilleschote*
700 ml	*Milch*
80 g	*Zucker*
170 g	*Milchreis (Rundkornreis)*
4 Blatt	*weiße Gelatine*
2 cl	*Kirschwasser*
250 g	*Schlagsahne*

Für das Weißwein- und Rotweingelee:

4 Blatt	*weiße Gelatine*
5 Blatt	*rote Gelatine*
325 ml	*Weißwein*
50 g	*Zucker*
425 ml	*Roséwein*
50 g	*Zucker*

Für die Beerensahne:

125 g	*Walderdbeeren oder kleine Erdbeeren*
125 g	*Heidelbeeren*
250 g	*Schlagsahne*
3 EL	*Zucker*

Zubereitungszeit: 70 Minuten, ohne Quell-, Abkühl- und Kühlzeit

1. Die Vanilleschote der Länge nach aufschneiden, das Mark herauskratzen. Milch, Zucker, Vanillemark und -schote zum Kochen bringen. Den Reis hinzugeben, unter Rühren aufkochen, dann bei schwacher Hitze etwa 30 Minuten im geschlossenen Topf ausquellen lassen, gelegentlich umrühren.

2. Die Gelatine nach Packungsanleitung einweichen. Vanilleschote entfernen. Gelatine ausdrücken und unter Rühren in dem heißen Reis auflösen. Kirschwasser dazugeben. Reis erkalten lassen, dabei gelegentlich umrühren.

3. Sahne steifschlagen und unter den erkalteten Reis heben.

4. Weiße und rote Gelatine getrennt nach Packungsanleitung einweichen. 2 Esslöffel des Weißweins erhitzen, weiße Gelatine ausdrücken und darin auflösen. Nach und nach mit dem übrigen Weißwein und Zucker verrühren. In eine Rundform geben und kalt stellen.

5. 2 Esslöffel des Roséweins erhitzen, rote Gelatine ausdrücken und darin auflösen. Nach und nach mit dem übrigen Roséwein und Zucker verrühren. Abkühlen lassen.

6. Sobald das Weißweingelee fest ist, den Reis darauf schichten und leicht andrücken. Darauf das Rosé-Gelee geben. 4–6 Stunden kalt stellen.

7. Erdbeeren und Heidelbeeren abspülen, trocken tupfen und putzen. Sahne mit Zucker steifschlagen. Die Beeren unterziehen. Die Kranzform kurz in heißes Wasser tauchen, den Kranz aus der Form stürzen und mit Beerensahne servieren.

Reismehl-Crêpes | Raffiniert

4 Portionen

Pro Portion:
E: 10 g, F: 27 g, Kh: 70 g, kJ: 2459, kcal: 588

100 g	*Reismehl (aus dem Reformhaus)*
125 ml	
(⅛ l)	*Milch*
2	*Eier (Größe M)*
1 EL	*Zucker*
30 g	*Butterschmalz*
250 g	*Schmand (Sauerrahm)*
5 EL	*Waldmeistersirup*
4	*Bananen*
4 EL	*Zartbitter-Raspelschokolade*

Zubereitungszeit: 30 Minuten, ohne Quellzeit

1. Reismehl, Milch, Eier und Zucker zu einem glatten Teig verrühren und etwa 10 Minuten ausquellen lassen.

2. Etwas Butterschmalz in einer Pfanne erhitzen und 1 kleine Kelle Teig hineingeben. Bei mittlerer Hitze goldbraun backen, wenden und fertig backen. Auf diese Weise etwa 8 Crêpes zubereiten.

3. Schmand mit 3 Esslöffeln Waldmeistersirup verrühren. Bananen schälen, in dicke Scheiben schneiden. Auf jede Crêpe 1 Esslöffel Waldmeister-Schmand geben, darauf einige Bananenscheiben legen, mit Schokoraspeln bestreuen und mit restlichem Waldmeistersirup beträufeln. Zusammenklappen und je 2 Crêpes auf einem Teller servieren.

Tipp: Den Waldmeistersirup durch Himbeersirup ersetzen und zusätzlich einige frische Himbeeren oder Erdbeerscheiben auf die Crêpes streuen.

Abwandlung: Statt Reismehl kann auch Weizenmehl verwendet werden, dann die Milchmenge verdoppeln und zum Schluss 30 g zerlassene Butter unterrühren. Den Teig etwa 15 Minuten quellen lassen.

Reispudding | Für Kinder
4 Portionen

Pro Portion:
E: 11 g, F: 26 g, Kh: 46 g, kJ: 2001, kcal: 478

      500 ml
        (½ l) *Milch*
               Salz
     1 Pck. *Dr. Oetker Vanillin-Zucker*
       50 g *Butter*
      100 g *Milchreis (Rundkornreis)*
          2 *Eigelb (Größe M)*
       50 g *Zucker*
  4 Tropfen *Zitronen-Aroma*
       30 g *abgezogene, gemahlene Mandeln*
       25 g *Korinthen*
          2 *Eiweiß (Größe M)*
               Semmelbrösel

Zubereitungszeit: 25 Minuten,
ohne Quell- und Abkühlzeit
Garzeit: etwa 45 Minuten

1. Die Milch mit Salz, Vanillin-Zucker und Butter aufkochen. Den Reis hineingeben und unter Rühren zum Kochen bringen. Den Reis bei schwacher Hitze im geschlossenen Topf etwa 30 Minuten ausquellen lassen, dabei gelegentlich umrühren, den Milchreis erkalten lassen.

2. Eigelb schaumig schlagen. Nach und nach Zucker und Zitronen-Aroma hinzufügen und so lange schlagen, bis eine cremeartige Masse entstanden ist. Reis, Mandeln und Korinthen unterrühren.

3. Eiweiß steifschlagen, unter die Reismasse heben, in eine Puddingform (Wasserbadform, gut gefettet, mit Semmelbröseln ausgestreut) füllen. Die Form mit dem Deckel oder Alufolie verschließen und in einen Topf setzen. So viel heißes Wasser in den Topf gießen, dass die Form zu mindestens ⅓ im Wasser steht. Reismasse bei mittlerer Hitze etwa 45 Minuten garen.

4. Den Pudding aus der Form stürzen und anschließend heiß oder kalt mit Kompott oder frischen Früchten servieren.

Reispudding mit heißen Kirschen I

Preiswert – für Kinder
4 Portionen

Pro Portion:
E: 18 g, F: 20 g, Kh: 64 g, kJ: 2277, kcal: 543

500 ml	
(½ l)	*Milch*
1 Prise	*Salz*
1 Pck.	*Dr. Oetker Vanillin-Zucker*
1 Stück	*Zimtstange*
150 g	*Milchreis (Rundkornreis)*
3	*Eigelb (Größe M)*
75 g	*Zucker*
	abgeriebene Schale von
½	*Bio-Zitrone (unbehandelt, ungewachst)*
2 EL	*Zitronensaft*
75 g	*abgezogene, gehackte oder gemahlene Mandeln*
3	*Eiweiß (Größe M)*
	Semmelbrösel
450 g	*entsteinte Kirschen (aus dem Glas)*
	Kirschsaft aus dem Glas
2 EL	*Speisestärke*
evtl.	*Zucker*

Zubereitungszeit: 45 Minuten,
ohne Quell- und Abkühlzeit
Garzeit: etwa 60 Minuten

1. Die Milch mit Salz, Vanillin-Zucker und Zimt zum Kochen bringen, Milchreis hineingeben, unter Rühren zum Kochen bringen. Reis bei schwacher Hitze im geschlossenen Topf etwa 30 Minuten ausquellen lassen. Gelegentlich umrühren und den Milchreis erkalten lassen.

2. Eigelb schaumig schlagen. Nach und nach Zucker, Zitronenschale und Zitronensaft hinzufügen und so lange schlagen, bis eine cremeartige Masse entstanden ist. Reis und Mandeln unterrühren.

3. Eiweiß steifschlagen, unter die Reismasse heben und in eine Puddingform (Wasserbadform, gut ge-

fettet, mit Semmelbröseln ausgestreut) füllen. Die Form mit dem Deckel verschließen und in einen Topf setzen. So viel heißes Wasser in den Topf gießen, dass die Form zu mindestens ⅓ im Wasser steht. Reismasse bei mittlerer Hitze etwa 1 Stunde garen.

4. Den erkalteten Pudding auf einen Teller stürzen. Kirschen abtropfen lassen, Saft dabei auffangen und die Kirschen etwas zerkleinern.

5. Speisestärke mit etwas Kirschsaft anrühren. Den restlichen Saft zum Kochen bringen, mit der angerührten Stärke binden. Die Kirschen hinzufügen, kurze Zeit miterhitzen und nach Belieben mit Zucker abschmecken. Die Kirschen heiß zu dem Reispudding servieren.

Rhabarbercreme im Erdbeerbett I
Fruchtig – für Kinder
4 Portionen

Pro Portion:
E: 10 g, F: 20 g, Kh: 51 g, kJ: 1826, kcal: 437

300 g	Rhabarber
150 g	Zucker
3 Blatt	weiße Gelatine
250 g	Schlagsahne
250 g	Erdbeeren
2 EL	Mandelsirup
1 ½ TL	Limettensaft
1 TL	Wasser
2 TL	gehackte Pistazienkerne

Zubereitungszeit: 15 Minuten,
ohne Abkühl-, Kühl- und Marinierzeit

1. Rhabarber putzen, abspülen (nicht abziehen) und abtropfen lassen. Rhabarber in kleine Würfel schneiden und mit dem Zucker bei geringer Hitzezufuhr in etwa 10 Minuten zu Mus kochen.

2. Gelatine nach Packungsanleitung in kaltem Wasser einweichen, ausdrücken und zu dem heißen Rhabarbermus geben, nicht mehr kochen. Unter mehrmaligem Rühren erkalten lassen.

3. Sahne steifschlagen. Wenn die Rhabarbermasse anfängt dicklich zu werden, Sahne unterheben.

4. Masse in kleine Förmchen füllen und für mindestens 2 Stunden kalt stellen.

5. Erdbeeren kurz vor dem Anrichten abspülen, gut abtropfen lassen, entstielen und halbieren.

6. Mandelsirup mit Limettensaft und Wasser verrühren und die Erdbeeren darin etwa 30 Minuten marinieren.

7. Förmchen kurz in heißes Wasser tauchen, die Creme auf Teller stürzen. Erdbeeren um die Creme anrichten. Mit gehackten Pistazien garnieren.

Tipp: Nach Belieben kann zum Marinieren der Erdbeeren auch Orangenlikör verwendet werden.

Rhabarber-Crumble I
Für Kinder – für Gäste
6–8 Portionen

Pro Portion:
E: 4 g, F: 12 g, Kh: 43 g, kJ: 1285, kcal: 307

Für die Rhabarbermasse:
> *etwa 1 kg Rhabarber*
> *80 g brauner Zucker (Rohrzucker)*
> *3 EL Orangensaft*

Für die Streusel:
> *150 g Weizenmehl*
> *25 g kernige Haferflocken*
> *80 g brauner Zucker (Rohrzucker)*
> *100 g weiche Butter*

Zubereitungszeit: 65 Minuten
Backzeit: etwa 30 Minuten

1. Für die Rhabarbermasse Rhabarber abspülen, abtropfen lassen und die Enden abschneiden. Dickere Stangen längs halbieren. Die Stangen in etwa 4 cm lange Stücke schneiden, in eine Gratinform (Ø 32 cm, gefettet) geben und mit Zucker bestreuen. Orangensaft darüber verteilen. Den Backofen vorheizen.

2. Für die Streusel Mehl in eine Rührschüssel sieben, mit Haferflocken und Zucker mischen und Butter hinzufügen. Alle Zutaten mit Handrührgerät mit Rührbesen oder mit den Händen zu Streuseln von gewünschter Größe verarbeiten.

3. Die Streusel auf den Rhabarberstücken verteilen. Die Form auf dem Rost in den vorgeheizten Backofen schieben.

Ober-/Unterhitze: etwa 200 °C
Heißluft: etwa 180 °C
Backzeit: etwa 30 Minuten.

Abwandlung: Der Crumble schmeckt auch lecker, wenn Sie anstelle des Rhabarbers etwa 750 g Johannisbeeren (frisch oder TK) oder 2 Gläser Stachelbeeren (Abtropfgewicht je 370 g) verwenden.

Rhabarber-Dickmilch-Törtchen I

Raffiniert – fruchtig

6 Portionen

Pro Portion:
E: 9 g, F: 25 g, Kh: 43 g, kJ: 1877, kcal: 449

Für den Teig:
- ½ Pck. *Grundmischung Obstkuchenteig (125 g)*
- 50 g *Butter oder Margarine*
- 1 *Ei (Größe M)*

Für den Belag:
- 500 g *Rhabarber*
- 1 *Vanilleschote*
- 8 Blatt *weiße Gelatine*
- 4 EL *Wasser*
- 110 g *Zucker*

Für die Creme:
- 20 g *abgezogene, gehackte Mandeln*
- 20 g *gehackte Pistazienkerne*
- 500 g *Dickmilch*
- 200 g *Schlagsahne*

Zubereitungszeit: 65 Minuten,
ohne Abkühl- und Kühlzeit
Backzeit: etwa 15 Minuten

1. Den Backofen vorheizen. Für den Teig die Grundmischung mit Butter oder Margarine und Ei nach Packungsanleitung zubereiten.

2. Teig auf die Hälfte eines Backbleches (30 x 40 cm, gefettet) streichen. Vor den Teig einen mehrfach umgeknickten Streifen Alufolie legen. Das Backblech in den vorgeheizten Backofen schieben.

Ober-/Unterhitze: etwa 180 °C
Heißluft: etwa 160 °C
Backzeit: etwa 15 Minuten.

3. Das Backblech auf einen Kuchenrost stellen. Kuchen etwas abkühlen lassen. Mit einer runden Form 6 Platten (Ø etwa 10 cm) ausstechen.

4. Für den Belag Rhabarber abspülen, abtropfen lassen. Stielenden und Blattansätze entfernen, Stangen in kleine Stücke schneiden. Vanilleschote längs einritzen, Mark herauskratzen.

5. Gelatine in kaltem Wasser nach Packungsanleitung einweichen. Rhabarber, Wasser, 60 g Zucker, Vanilleschote und -mark in einem Topf aufkochen, unter Rühren etwa 10 Minuten musig einkochen lassen. Vanilleschote entfernen.

6. Rhabarbermus halbieren. Unter eine Hälfte 2 Blatt ausgedrückte Gelatine rühren und unter Rühren darin auflösen. Rhabarber auf 6 Förmchen (Ø etwa 8 cm) verteilen oder in 6 Tassen füllen und im Kühlschrank fest werden lassen.

7. Für die Creme Mandeln und Pistazien in einer Pfanne ohne Fett kurz rösten. Restliche Gelatine in einem kleinen Topf unter Rühren erwärmen (nicht kochen), bis sie völlig gelöst ist, leicht abkühlen lassen.

8. Dickmilch, restliches Rhabarbermus und restlichen Zucker verrühren. 3 Esslöffel davon unter die Gelatine rühren, dann mit der restlichen Rhabarber-Masse verrühren und kalt stellen. Sobald die Masse anfängt dicklich zu werden, Sahne steifschlagen und unterheben. Zuletzt Mandeln und Pistazien unterheben. Creme auf die Förmchen (Tassen) verteilen und glattstreichen.

9. Böden darauflegen und etwas andrücken. Im Kühlschrank mindestens 3 Stunden fest werden lassen. Törtchen aus den Förmchen lösen und auf eine Platte stürzen.

Rhabarber-Himbeer-Suppe mit Erdbeeren | Raffiniert – mit Alkohol

4 Portionen

Pro Portion:
E: 4 g, F: 1 g, Kh: 56 g, kJ: 1223, kcal: 292

500 g	Rhabarber
250 g	Himbeeren (frisch oder TK)
125 g	Zucker
250 ml	
(¼ l)	Weißwein
500 g	Erdbeeren
1	Eiweiß (Größe M)
3 EL	Zucker
1 TL	gemahlener Zimt

Zubereitungszeit: 40 Minuten, ohne Antauzeit

1. Rhabarber putzen (nicht abziehen), abspülen, abtropfen lassen und in kleine Stücke schneiden. Frische Himbeeren verlesen, gefrorene Himbeeren antauen lassen.

2. Zucker erhitzen, unter Rühren leicht braun werden lassen. Weißwein hinzugießen, unter Rühren erhitzen. Die Rhabarberstücke und Himbeeren (einige Himbeeren beiseitelegen) hinzufügen, etwa 10 Minuten kochen lassen. Die Suppe durch ein Sieb streichen.

3. Erdbeeren abspülen, gut abtropfen lassen, entstielen, halbieren, mit den beiseitegelegten Himbeeren in die Suppe geben.

4. Eiweiß steifschlagen, 1 Teelöffel Zucker unterschlagen, kleine Klöße abstechen. Die Klößchen auf kochendes Wasser setzen, im zugedeckten Topf in etwa 5 Minuten fest werden lassen. Die Klöße mit einer Schaumkelle herausnehmen, auf die Suppe setzen.

5. Restlichen Zucker mit Zimt vermischen, auf die Schneeklößchen streuen.

Tipp: Die Suppe kann auch am Vortag gekocht und eisgekühlt serviert werden. Die Schneeklößchen dürfen dann jedoch erst kurz vor dem Anrichten auf die Suppe gesetzt werden.

Rhabarberkompott mit Spätzlehaube | Für Gäste

4 Portionen

Pro Portion:
E: 8 g, F: 10 g, Kh: 93 g, kJ: 2130, kcal: 508

> 750 g *Rhabarber*
> 1 Pck. *Dr. Oetker Pudding-Pulver*
> *Vanille-Geschmack*
> 170 g *Zucker*
> 2–3 EL *Erdbeerkonfitüre*
> 200 g *Spätzle*
> ½ TL *gemahlener Zimt*
> 40 g *Butter*

Zubereitungszeit: 30 Minuten
Garzeit: etwa 50 Minuten

1. Rhabarber abspülen, putzen (nicht schälen) und in etwa 2 cm lange Stücke schneiden. Rhabarber, Pudding-Pulver, 100 g Zucker und Erdbeerkonfitüre verrühren und in einen gewässerten Römertopf® füllen.

2. Den Römertopf® mit dem Deckel verschließen und auf dem Rost in den kalten Backofen schieben.

Ober-/Unterhitze: etwa 200 °C
Heißluft: etwa 180 °C
Garzeit: etwa 50 Minuten.

3. In der Zwischenzeit Spätzle leicht brechen, in reichlich Salzwasser etwa 15 Minuten kochen und in einem Sieb gut abtropfen lassen.

4. Den restlichen Zucker mit Zimt mischen. Spätzle mit Butter und ⅓ des Zimtzuckers mischen.

5. Nach etwa 40 Minuten Garzeit das Rhabarberkompott durchrühren. Die Spätzle darauf verteilen, mit dem restlichen Zimtzucker bestreuen und alles **bei gleicher Backofeneinstellung ohne Deckel fertig garen.**

Tipp: Bei ganz frischem Rhabarber ist keine Flüssigkeitszugabe nötig. Falls der Rhabarber etwas länger gelagert wurde, eventuell zusätzlich 3 Esslöffel Wasser untermischen.

Rhabarberschaum | Gut vorzubereiten
4 Portionen

Pro Portion:
E: 19 g, F: 0 g, Kh: 7 g, kJ: 494, kcal: 117

750 g	*roter Rhabarber (ohne Blätter gewogen)*
100 ml	*Wasser*
100 g	*Zucker*
3 Blatt	*weiße Gelatine*
250 ml (¹/₄ l)	*Saft vom Rhabarber*
250 g	*Magerquark*
2	*Eiweiß (Größe M)*
1 Pck.	*Dr. Oetker Vanillin-Zucker*
evtl.	*Zitronenmelisseblättchen*

Zubereitungszeit: 45 Minuten, ohne Kühlzeit

1. Rhabarber putzen (nicht abziehen), abspülen, abtropfen lassen und klein schneiden. Mit Wasser und Zucker etwa 15 Minuten dünsten lassen.

2. Rhabarberstücke in einem Sieb abtropfen lassen, den Saft dabei auffangen und 250 ml (¹/₄ l) davon abmessen. Abgetropften Rhabarber pürieren.

3. Die Gelatine nach Packungsanleitung einweichen. Gelatine ausdrücken und im warmen Rhabarbersaft auflösen. Saft in 4 Gläser gießen, kalt stellen und fest werden lassen.

4. Quark mit dem Rhabarberpüree cremig rühren und ebenfalls kalt stellen.

5. Eiweiß steifschlagen und unter weiterem Schlagen löffelweise kalten Rhabarberquark unterrühren, mit Vanillin-Zucker abschmecken und auf das Rhabarbergelee geben. Rhabarberschaum nach Belieben mit frischer Zitronenmelisse garnieren.

Hinweis: Nur ganz frische Eier verwenden, die nicht älter als 5 Tage sind (Legedatum beachten!). Die fertige Speise im Kühlschrank aufbewahren und innerhalb von 24 Stunden verzehren.

Rhabarberstrudel | Dauert länger
10 Portionen

Pro Portion:
E: 4 g, F: 16 g, Kh: 22 g, kJ: 1075, kcal: 257

Für den Strudelteig:
- 100 g Weizenmehl
- 1 Prise Salz
- 3 EL lauwarmes Wasser
- 2 EL Speiseöl

Für die Füllung:
- 60 g Butter
- 90 g Semmelbrösel
- 400 g Rhabarber
- 60 g Zucker
- 1 Pck. Dr. Oetker Vanillin-Zucker
- etwas gemahlener Zimt
- 60 g abgezogene, gehobelte Mandeln

Zum Bestreichen:
- 60 g zerlassene, abgekühlte Butter

Zubereitungszeit: 85 Minuten, ohne Ruhezeit
Backzeit: 45–55 Minuten

1. Für den Teig Mehl in eine Rührschüssel sieben, Salz, Wasser und Öl hinzufügen. Die Zutaten mit Handrührgerät mit Knethaken zunächst kurz auf niedrigster, dann auf höchster Stufe gut durcharbeiten. Anschließend auf einer bemehlten Arbeitsfläche zu einem glatten Teig verkneten.

2. Den Teig auf Backpapier in einen heißen, trockenen Kochtopf legen (vorher Wasser darin kochen), mit einem Deckel verschließen, etwa 30 Minuten ruhen lassen.

3. Für die Füllung Butter in einer Pfanne zerlassen, Semmelbrösel darin goldgelb rösten.

4. Rhabarber abspülen, abtropfen lassen, Stielenden und Blattansätze entfernen. Stangen in etwa 2 cm lange Stücke schneiden. Rhabarberstücke mit Zucker, Vanillin-Zucker, Zimt und Mandeln vermengen.

5. Teig auf einem bemehlten, großen Tuch (Geschirrtuch) dünn ausrollen, ihn dann mit den Händen zu einem Rechteck (etwa 25 x 35 cm) ausziehen (er muss durchsichtig sein). Die Ränder, wenn sie etwas dicker sind, abschneiden. Den Backofen vorheizen.

6. Den Teig mit der Hälfte der Butter bestreichen, zunächst die Semmelbrösel, dann die Rhabarbermasse auf zwei Dritteln des Teiges verteilen (an den kürzeren Seiten etwa 3 cm am Rand frei lassen). Die frei gebliebenen Teigränder über die Füllung schlagen.

7. Den Teig mit Hilfe des Tuches von der längeren Seite her, bei der Füllung beginnend, aufrollen, an den Enden gut zusammendrücken. Teigrolle auf ein Backblech (gefettet, mit Backpapier belegt) legen und mit einem Teil der restlichen Butter bestreichen. Das Backblech in den vorgeheizten Backofen schieben.

Ober-/Unterhitze: 180–200 °C
Heißluft: 160–180 °C
Backzeit: 45–55 Minuten.

8. Den Strudel während des Backens mit der restlichen Butter bestreichen.

9. Den Strudel mit dem Backpapier vom Backblech auf einen Kuchenrost ziehen und erkalten lassen.

Ricotta-Törtchen mit Himbeersauce I

Raffiniert – für Gäste – mit Alkohol

4 Portionen

Pro Portion:

E: 10 g, F: 10 g, Kh: 27 g, kJ: 1049, kcal: 250

Für die Ricotta-Törtchen:

      2 Blatt weiße Gelatine
       2 EL Milch
      250 g Ricotta (ital. Frischkäse)
  50–75 g Zucker
       1 EL Vin Santo oder
                 anderer Dessertwein
       2 Eiweiß (Größe M)

Für die Himbeersauce:

      200 g Himbeeren
  1–2 EL Zucker
  2–3 EL Maraschino (ital. Kirschlikör)

Zum Garnieren:

      einige Himbeeren
      einige Minzeblättchen

Zubereitungszeit: 30 Minuten, ohne Kühlzeit

1. Gelatine nach Packungsanleitung in kaltem Wasser einweichen, ausdrücken, in Milch erwärmen und auflösen.

2. Ricotta mit Zucker und Vin Santo cremig rühren. 4 Esslöffel Ricottamasse unter die aufgelöste Gelatine rühren und anschließend mit restlicher Ricottamasse verrühren.

3. Eiweiß zu Schnee schlagen, unter die Creme heben und in 4 Förmchen (z.B. für Crème Caramel) füllen. Die Förmchen für 2 Stunden in den Kühlschrank stellen.

4. Für die Sauce die Himbeeren verlesen. Mit Zucker und Likör im Mixer pürieren und dann durch ein Sieb streichen.

5. Die Törtchen auf je 1 Teller stürzen und etwas Sauce (Zimmertemperatur) darüber- und danebengießen. Nach Belieben mit Himbeeren und Minzeblättchen garnieren.

Hinweis: Nur ganz frische Eier verwenden, die nicht älter als 5 Tage sind (Legedatum beachten!). Die fertige Speise im Kühlschrank aufbewahren und innerhalb von 24 Stunden verzehren.

Rossumada | Mit Alkohol

4 Portionen

Pro Portion:
E: 7 g, F: 11 g, Kh: 39 g, kJ: 1354, kcal: 323

2	*Eiweiß (Größe M)*
5	*Eigelb (Größe M)*
120 g	*Zucker*
1 Prise	*gemahlener Zimt*
300 ml	*Rotwein*
50 g	*Zartbitter-Raspelschokolade*

Zubereitungszeit: 20 Minuten, ohne Kühlzeit

1. Eiweiß steifschlagen. Eigelb, Zucker und Zimt in einer Schüssel im heißen Wasserbad mit Handrührgerät mit Rührbesen schaumig schlagen. Unter ständigem Schlagen nach und nach Rotwein hinzugießen. So lange weiterschlagen, bis die Creme anfängt fest zu werden. (Die Creme darf nicht kochen!) Eischnee hinzufügen und in etwa 1 Minute unterschlagen.

2. Die Creme in 4 Portionsgläser füllen und kalt stellen. Mit Raspelschokolade bestreut servieren.

Hinweis: Nur ganz frische Eier verwenden, die nicht älter als 5 Tage sind (Legedatum beachten!). Die fertige Speise im Kühlschrank aufbewahren und innerhalb von 24 Stunden verzehren.

Rote Grütze | Klassisch

6 Portionen

Pro Portion:
E: 3 g, F: 1 g, Kh: 40 g, kJ: 813, kcal: 194

> 250 g **Brombeeren**
> 250 g **Heidelbeeren**
> 250 g **Himbeeren**
> 250 g **Erdbeeren (alle Früchte**
>   **vorbereitet gewogen)**
> 35 g **Speisestärke**
> 100 g **Zucker**
> 500 ml
> (½ l) **Fruchtsaft**
>   **(z. B. Sauerkirsch- oder**
>   **Johannisbeersaft)**

Zubereitungszeit: 20 Minuten

1. Brombeeren verlesen, eventuell vorsichtig waschen und gut abtropfen lassen. Heidelbeeren verlesen, waschen, gut abtropfen lassen und die Beeren von den Stielen streifen. Himbeeren verlesen, nicht waschen. Erdbeeren waschen, abtropfen lassen, entstielen und je nach Größe der Früchte halbieren oder vierteln.

2. Speisestärke mit Zucker vermischen, dann mit 4 Esslöffeln von dem Saft anrühren. Den übrigen Saft in einem Topf zum Kochen bringen. Die angerührte Stärke unterrühren, aufkochen lassen und den Topf von der Kochstelle nehmen. Die vorbereiteten Beeren unterrühren.

3. Die Rote Grütze in eine Glasschale oder in Dessertschälchen füllen und kalt stellen.

Tipp: Die Rote Grütze als Dessert mit Vanillesauce oder Sahne oder als süße Mahlzeit für 4 Portionen mit Milch servieren. Sie eignet sich gut als Partydessert. Sie können die Grütze auch mit TK-Beeren zubereiten. Die gefrorenen Früchte dann in den heißen, angedickten Saft rühren.

Rote Grütze mit Perlsago
| Raffiniert

4–6 Portionen

Pro Portion:
E: 3 g, F: 1 g, Kh: 55 g, kJ: 1050, kcal: 251

750 g	Erdbeeren
250 g	Rhabarber
250 g	schwarze Johannisbeeren
150 g	Zucker
60 g	Perlsago (gekörnte Stärke)
120–150 g	verlesene Himbeeren
	evtl. Zucker

Zubereltungszeit: 35 Minuten,
ohne Quell- und Kühlzeit

1. Erdbeeren abspülen, abtropfen lassen, entstielen, 250 g davon beiseitestellen. Rhabarber abspülen, abtropfen lassen, nicht abziehen, in etwa 1,5 cm lange Stücke schneiden. Johannisbeeren abspülen, abtropfen lassen und die Beeren von den Stielen streifen.

2. Das Obst mit Zucker zum Kochen bringen, Perlsago unter Rühren einstreuen, zum Kochen bringen, etwa 20 Minuten ausquellen lassen, dabei gelegentlich umrühren.

3. Himbeeren mit den beiseitegestellten Erdbeeren hinzufügen, evtl. mit Zucker abschmecken, dann erkalten lassen.

Tipp: Dazu kalte Milch, leicht geschlagene Sahne oder Vanillecremesauce servieren.

Rotweincreme I

Gut vorzubereiten – mit Alkohol

4 Portionen

Pro Portion:
E: 2 g, F: 19 g, Kh: 28 g, kJ: 1388, kcal: 332

> 250 ml
> (¹/₄ l) *Wasser*
> 1 Pck. *Rote Grütze Himbeer-Geschmack*
> 100 g *Zucker*
> 250 ml
> (¹/₄ l) *Rotwein*
> 250 g *Schlagsahne*

Zubereitungszeit: 20 Minuten, ohne Kühlzeit

1. Wasser zum Kochen bringen. Rote Grütze mit Zucker mischen und mit Wein anrühren. Das Wasser von der Kochstelle nehmen, angerührte Rote Grütze in das Wasser geben und unter Rühren kurz aufkochen lassen, kalt stellen, ab und zu durchrühren.

2. Sahne steifschlagen, die Hälfte davon unter die abgekühlte Rotweincreme heben. Restliche Sahne in einen Spritzbeutel mit kleiner Sterntülle füllen. Sahne spiralförmig in Portionsgläser spritzen. Rotweincreme in die Gläser füllen. Bis zum Servieren kühl stellen.

Tipp: Nach Belieben mit gezuckerten blauen Weintrauben garnieren. Soll die Creme mehrere Stunden kühl stehen, die Sahne mit ¹/₂ Päckchen Dr. Oetker Sahnesteif steifschlagen.

Rotweincreme mit schwarzen Johannisbeeren | Mit Alkohol – für Gäste
4 Portionen

Pro Portion:
E: 6 g, F: 23 g, Kh: 39 g, kJ: 1794, kcal: 428

200 g schwarze Johannisbeeren
2 EL gesiebter Puderzucker
1 Pck. Dr. Oetker Rotwein-
       creme
75 ml Wasser
200 g Schlagsahne
100 g Doppelrahm-Frischkäse
1 EL Zucker
1 TL Dr. Oetker Bourbon-
      Vanille-Zucker

Zubereitungszeit: 30 Minuten

1. Johannisbeeren abspülen, abtropfen lassen, von den Rispen streifen. Die Beeren mit Puderzucker mischen und Saft ziehen lassen.

2. Rotwein (aus der Packung) und Wasser (beides Zimmertemperatur) in eine fettfreie Rührschüssel füllen. Dessertpulver dazugeben und mit Handrührgerät mit Rührbesen kurz auf niedrigster Stufe verrühren. Dann etwa 2 Minuten auf höchster Stufe aufschlagen, bis die Masse schaumig und dicklich wird.

3. Schlagsahne steifschlagen. Frischkäse mit Zucker, Vanille-Zucker und 3 Esslöffeln der Sahne verrühren, restliche Sahne unterheben. Die Hälfte der Frischkäse-Sahne unter die Rotweincreme heben.

4. Rotweincreme und vorbereitete Beeren schichtweise in Dessertgläser füllen. Mit restlicher Frischkäse-Sahne garnieren.

Rotweinkirschen mit Mandelsahne | Für Gäste – mit Alkohol
4 Portionen

Pro Portion:
E: 5 g, F: 26 g, Kh: 34 g, kJ: 1995, kcal: 476

Für die Rotweinkirschen:

500 g	*Sauerkirschen*
50 g	*Zucker*
500 ml	
(½ l)	*Rotwein*
	abgeriebene Schale von
1	*Bio-Zitrone (unbehandelt,*
	ungewachst)

Für die Mandelsahne:

250 g	*Schlagsahne*
1 EL	*Zucker*
2 EL	*abgezogene, gemahlene Mandeln*
einige	*nicht abgezogene, ganze Mandeln*

Zubereitungszeit: 25 Minuten, ohne Kühlzeit

1. Für die Rotweinkirschen die Sauerkirschen abspülen, gut abtropfen lassen, entstielen, entsteinen, mit Zucker bestreuen, mit Wein übergießen und die Zitronenschale hinzufügen. Die Kirschen zugedeckt etwa 2 Stunden kalt stellen.

2. Für die Mandelsahne die Sahne steifschlagen und danach den Zucker und gemahlene Mandeln unterheben.

3. Die Sahne mit den ganzen Mandeln garnieren und zu den Rotweinkirschen servieren.

Tipp: Das Rezept können Sie anstelle von Kirschen auch mit reifen Birnen zubereiten. Dafür die Birnen abspülen, schälen, vierteln und die Kerngehäuse entfernen. Die Birnen in etwa 2 cm große Stücke schneiden und wie beschrieben im Rotwein ziehen lassen. Für ein Schichtdessert 3 Lagen eines Wiener Bodens (fertig gekauft) nacheinander mit Rotweinkirschen und Sahne in eine Form schichten und zusätzlich noch 250 g Speisequark (20 % Fett i. Tr.) und 1–2 Esslöffel Zucker unter die Mandelsahne rühren. Mit Mandeln garnieren.

Rumcreme | Mit Alkohol
14–16 Portionen

Pro Portion:
E: 13 g, F: 29 g, Kh: 14 g, kJ: 1645, kcal: 393

8	Eier (Größe M)
8 EL	heißes Wasser
8 EL	Zucker
10 Blatt	weiße Gelatine
8 EL	brauner Rum
1 kg	Schlagsahne
100 g	Zartbitter-Schokolade
8 EL	Schlagsahne

Zubereitungszeit: 50 Minuten, ohne Kühlzeit

1. Eier trennen. Eigelb mit Wasser in eine Metall-schüssel geben und im heißen Wasserbad zu einer cremigen Masse aufschlagen. Nach und nach den Zucker unterrühren.

2. Gelatine nach Packungsanleitung in kaltem Wasser einweichen. Dann die Gelatine ausdrücken, in dem Rum bei schwacher Hitze auflösen und unter die Eiermasse rühren. Die Masse aus dem Wasserbad nehmen.

3. Eiweiß steifschlagen und unter die Eigelb-Rum-Masse heben. Nach einigen Minuten die Creme noch ein paar Mal umrühren, damit sie sich nicht absetzt. Die Masse kalt stellen.

4. Die Sahne in 2 Portionen steifschlagen. Sobald die Eier-Rum-Masse beginnt dicklich zu werden, die Sahne unterheben. Die Creme mindestens 1 Stunde kalt stellen.

5. Zartbitter-Schokolade in Stücke brechen und in der Sahne unter Rühren erwärmen, bis eine dickliche Masse entstanden ist. Die Schokoladensahne dann auf die Rumcreme geben. Die Creme bis zum Servieren kalt stellen.

Hinweis: Nur ganz frische Eier verwenden, die nicht älter als 5 Tage sind (Legedatum beachten!). Die fertige Speise im Kühlschrank aufbewahren und innerhalb von 24 Stunden verzehren.

Salzburger Nockerln | Schnell
4 Portionen

Pro Portion:
E: 7 g, F: 10 g, Kh: 16 g, kJ: 782, kcal: 187

4 *Eigelb (Größe M)*
2 EL *Weizenmehl*
1 Prise *Salz*
3 Tropfen *Butter-Vanille-Aroma*
4 *Eiweiß (Größe M)*
2 EL *feiner Zucker*
2 EL *Puderzucker*

Zubereitungszeit: 20 Minuten
Backzeit: etwa 10 Minuten

1. Den Backofen vorheizen. Eigelb mit Mehl, Salz und Butter-Vanille-Aroma verrühren. Eiweiß steifschlagen, nach und nach Zucker unterschlagen.

2. Einen Esslöffel Eischnee mit der Eigelbmasse verrühren, dann Eigelbmasse unter den Schnee ziehen.

3. Die Masse in 4 Hügeln in eine flache Auflaufform (gefettet) geben. Die Form auf der mittleren Schiene auf dem Rost in den vorgeheizten Backofen schieben.

Ober-/Unterhitze: etwa 200 °C
Heißluft: etwa 180 °C
Backzeit: etwa 10 Minuten.

4. Nockerln mit Puderzucker bestäuben und sofort servieren.

Hinweis: Nur ganz frische Eier verwenden, die nicht älter als 5 Tage sind (Legedatum beachten!).

Tipp: Die Nockerln fallen schnell zusammen, da sie nur außen gebräunt sind, innen aber noch feucht und weich sein sollen.

Scheiterhaufen mit Glühwein I

Raffiniert – mit Alkohol
6 Portionen

Pro Portion:
E: 8 g, F: 10 g, Kh: 39 g, kJ: 1318, kcal: 315

2 EL	Butterschmalz
6 Scheiben	Weißbrot
100 g	Preiselbeerkonfitüre
250 ml	
(¹/₄ l)	heißer Glühwein
4	Eier (Größe M)
50 g	gesiebter Puderzucker
1 EL	Weizenmehl
1 EL	Puderzucker

Zubereitungszeit: 35 Minuten
Backzeit: etwa 10 Minuten

1. In einer Pfanne Schmalz erhitzen, Brotscheiben darin von beiden Seiten goldgelb backen.

2. Drei Brotscheiben in eine Auflaufform (gefettet) legen, Preiselbeerkonfitüre auf das Brot verteilen, dann restliches Brot darauflegen.

3. Glühwein darübergießen, bis das Brot vollgesogen ist. Den Backofen vorheizen.

4. Eier trennen, Eiweiß und Puderzucker mit Handrührgerät mit Rührbesen zu Schnee schlagen. Eigelb mit Handrührgerät mit Rührbesen aufschlagen.

5. Den Schnee mit Eigelb verrühren, Mehl darübersieben, vorsichtig unterheben. Mit einem Teigschaber kleine Häufchen auf das Brot geben, bis es bedeckt ist. Die Auflaufform auf dem Rost in den vorgeheizten Backofen schieben.

Ober-/Unterhitze: etwa 180 °C
Heißluft: etwa 160 °C
Backzeit: etwa 10 Minuten.

6. Den Scheiterhaufen mit Puderzucker bestäuben.

Schichtdessert | Raffiniert

8 Portionen

Pro Portion:
E: 4 g, F: 4 g, Kh: 34 g, kJ: 832, kcal: 199

Für die Rote Grütze:
½ Pck. Rote Grütze
Himbeer-Geschmack
2 gut geh.
EL (50 g) Zucker
250 ml
(¼ l) Wasser

Für den Vanillepudding:
1 Pck. Dr. Oetker Pudding-Pulver
Vanille-Geschmack
2 gut geh.
EL (50 g) Zucker
500 ml
(½ l) Milch

Für den Schokoladenpudding:
1 Pck. Dr. Oetker Pudding-Pulver
Schokoladen-Geschmack

2 gut geh.
EL (50 g) Zucker
500 ml
(½ l) Milch

Zubereitungszeit: 20 Minuten, ohne Abkühlzeit

1. Für die Rote Grütze aus Rote-Grütze-Pulver, Zucker und Wasser nach Packungsanleitung einen Pudding zubereiten, etwas abkühlen lassen. Den Pudding in 8 Gläser füllen und abkühlen lassen.

2. Für den Vanillepudding aus den angegebenen Zutaten nach Packungsanleitung einen Pudding zubereiten und vorsichtig auf der Roten Grütze verteilen, abkühlen lassen.

3. Für den Schokoladenpudding ebenfalls aus Pudding-Pulver, Zucker und Milch nach Packungsanleitung einen Pudding zubereiten und vorsichtig auf den Vanillepudding geben. Schichtdessert kalt stellen.

Tipp: Nach Belieben mit steifgeschlagener Schlagsahne und frischen Früchten oder gut abgetropften Früchten aus der Dose verzieren und garnieren.

Schichtkäsestrudel I
Dauert länger
8 Portionen

Pro Portion:
E: 19 g, F: 34 g, Kh: 54 g, kJ: 2511, kcal: 600

Für den Teig:
- 250 g Weizenmehl
- 1 Prise Salz
- 125 ml
- (¹/₈ l) lauwarmes Wasser
- 5 EL neutrales Speiseöl

Für die Füllung:
- 130 g Butter
- 1 Pck. Dr. Oetker Vanillin-Zucker
- 120 g brauner Zucker (Kandisfarin)
- ½ TL gemahlener Zimt
- 30 g Hartweizengrieß
- 100 g Semmelbrösel
- 100 g abgezogene, gestiftelte Mandeln
- 800 g Schichtkäse oder
  Speisequark (20 % Fett i. Tr.)

Zum Bestreichen:
- 20 g Butter

Zubereitungszeit: 90 Minuten,
ohne Ruhe-, Abkühl- und Kühlzeit
Backzeit: 45–55 Minuten

1. Für den Teig Mehl in eine Rührschüssel sieben, Salz, Wasser und Speiseöl hinzufügen. Die Zutaten mit Handrührgerät mit Knethaken zunächst kurz auf niedrigster, dann auf höchster Stufe gut durcharbeiten, anschließend auf der Arbeitsfläche zu einem glatten Teig verkneten. Den Teig auf Backpapier in einen heißen, trockenen Kochtopf (vorher Wasser darin kochen) legen, mit einem Deckel verschließen. Etwa 30 Minuten ruhen lassen.

2. Für die Füllung 70 g Butter schmelzen, etwas abkühlen lassen. Vanillin-Zucker, Zucker, Zimt, Grieß, Semmelbrösel und Mandeln mischen, lauwarme Butter dazugeben und untermischen. Den Backofen vorheizen.

3. Teig auf einem bemehlten, großen Tuch (Geschirrtuch) ausrollen und dünn mit etwas Fett bestreichen. Den Teig anheben und über den Handrücken zu einem Rechteck (etwa 50 x 70 cm) ausziehen. Teig muss durchsichtig sein. Restliche Butter schmelzen und lauwarm auf den Teig streichen. Semmelbrösel-Zucker-Mischung auf das untere Teigdrittel streuen, dabei an den Kanten einen etwa 2 cm breiten Rand lassen. Schichtkäse oder Quark mit einem Teelöffel abstechen und darauf verteilen.

4. Strudel mit Hilfe des Tuches von der gefüllten, kurzen Seite her aufrollen. Strudel auf ein Backblech (mit Backpapier belegt) legen. Teigenden unter den Strudel legen. Übrige Butter schmelzen und auf den Strudel streichen. Den Strudel in den vorgeheizten Backofen schieben.

Ober-/Unterhitze: etwa 200 °C
Heißluft: etwa 180 °C
Backzeit: 45–55 Minuten.

Schmarrnauflauf | Einfach

4 Portionen

Pro Portion:
E: 14 g, F: 36 g, Kh: 34 g, kJ: 2269, kcal: 542

Für den Schmarrn:

1 Glas	Pflaumen (Abtropfgewicht 395 g)
2 Pck.	Süße Mahlzeit Kaiserschmarrn Klassische Art
400 ml	Milch
20 g	Butter
50 g	abgezogene, gehobelte Mandeln

Für den Guss:

3	Eier (Größe M)
200 g	Schlagsahne
100 ml	Milch
1–2 EL	Zucker

Zubereitungszeit: 45 Minuten
Backzeit: etwa 30 Minuten

1. Pflaumen in einem Sieb abtropfen lassen. Den Backofen vorheizen.

2. Kaiserschmarrn nach Packungsanleitung mit Milch und Butter zubereiten. ⅔ davon in 4 flache kleine Auflaufformen (gefettet) füllen. Nacheinander die Hälfte der Mandeln und die Pflaumen darauf verteilen. Mit restlichem Kaiserschmarrn und restlichen Mandeln bestreuen.

3. Für den Guss Eier, Sahne, Milch und Zucker verrühren und in die Formen gießen. Die Formen auf dem Rost in den vorgeheizten Backofen schieben.

Ober-/Unterhitze: etwa 200 °C
Heißluft: etwa 180 °C
Backzeit: etwa 30 Minuten.

Tipp: Wer kein Päckchen Kaiserschmarrn zur Hand hat, kann das Gericht auch folgendermaßen zubereiten: 6 Eigelb (Größe M) mit etwas Salz und 150 g Zucker cremig schlagen. 6 Eiweiß (Größe M) steifschlagen, mit 40 g Speisestärke unterheben und wie oben angegeben backen.

Schnelle Birnenschnitten I
Für Kinder
4 Portionen

Pro Portion:
E: 17 g, F: 22 g, Kh: 68 g, kJ: 2361, kcal: 564

4	Birnenhälften
	(aus der Dose, je 80 g)
200 g	Doppelrahm-Frischkäse
50 g	Joghurt
100 g	Nuss-Nougat-Creme
8 Scheiben	dünnes, finnisches
	Vollkornbrot
100 g	Sauerkirschkonfitüre

Zubereitungszeit: 15 Minuten

1. Birnen abtropfen lassen. Jede Birnenhälfte der Länge nach in 8 Spalten schneiden. Doppelrahm-Frischkäse und Joghurt mit Handrührgerät mit Rührbesen aufschlagen.

2. Nuss-Nougat-Creme und Frischkäse nacheinander auf die Brotscheiben streichen. Jeweils 4 Birnenspalten darauflegen. Mit Kirschkonfitüre garnieren.

Tipp: Den Doppelrahm-Frischkäse durch fettreduzierten Frischkäse, Magerquark und besonders fettarmen Buttermilchquark ersetzen. Mit Quark weichen die Brote schneller durch. Deshalb rasch verzehren.

Schnelle Kirsch-Eistüten | Schnell

4 Portionen

Pro Portion:
E: 6 g, F: 25 g, Kh: 52 g, kJ: 1959, kcal: 464

12	Amarenakirschen (aus dem Glas)
125 ml	
(1/8 l)	Vanillesauce (aus dem Kühlregal)
150 g	Sahnejoghurt
1 Pck.	
(500 ml)	Kirsch-Eis
4	Waffeltüten
	(ohne Füllung, Fertigprodukt)

Zubereitungszeit: 20 Minuten

1. Kirschen abtropfen lassen, einige davon in Viertel schneiden. Mit Vanillesauce und Joghurt verrühren.

2. Mit einem Eisportionierer aus dem Kirsch-Eis 4 große Kugeln formen und auf Dessertteller geben. Mit der Sauce und den ganzen Kirschen anrichten. Waffeltüten auf die Eiskugeln setzen.

Tipp: Statt der Waffeltüten können Sie auch Waffel-becher oder Blätterteig-Schillerlocken verwenden. Für die Schillerlocken je 2 kleine Eiskugeln in die Schillerlocken geben.

Schokofondue, weiß | Für Kinder

8–10 Portionen

Pro Portion:
E: 3 g, F: 22 g, Kh: 39 g, kJ: 1597, kcal: 382

400 g weiße Schokolade
650 ml Maracujanektar
250 g Schlagsahne
40 g Speisestärke

Zubereitungszeit: 15 Minuten

1. Schokolade in Stücke brechen und in einen Fonduetopf geben. Maracujanektar und 100 g Sahne unter Rühren hinzufügen und alles erhitzen, bis die Schokolade geschmolzen ist.

2. Speisestärke mit der restlichen Sahne verrühren, in die kochende Schokoladen-Saft-Mischung rühren und kurze Zeit köcheln lassen.

Beilage: Zum Eintauchen in das Schokofondue eignen sich z. B. Eiswaffeln in Herzform, Biskuitspieße (gekaufter Biskuitboden in Stücke geschnitten und auf Spieße gesteckt), Kokos-Mandel-Konfektkugeln, in Stücke geschnittene Berliner, Cigarettes Russes, eine geschälte, in Würfel geschnittene Mango, Mini-Äpfel und -Birnen (aus der Dose) oder auch frische, verlesene Erdbeeren.

Schokokuss-Schichtspeise I

Für Gäste – mit Alkohol

12 Portionen

Pro Portion:
E: 5 g, F: 21 g, Kh: 48 g, kJ: 1782, kcal: 423

100 g	Kokosraspel
16	Schokoküsse
3–4 EL	Kirschwasser
250 g	Magerquark
500 g	Schlagsahne
2 Pck.	Dr. Oetker Sahnesteif
2–3 EL	Puderzucker
2 Becher	
(je 500 g)	Rote Grütze
	(aus dem Kühlregal)

Zubereitungszeit: 20 Minuten, ohne Abkühlzeit

1. Kokosraspel in einer Pfanne ohne Fett goldbraun rösten, auf einen Teller geben und abkühlen lassen. Die Waffelböden von den Schokoküssen ablösen, hacken und anschließend mit dem Kirschwasser vermischen.

2. Die Schaummasse der Schokoküsse in eine Schüssel geben, grob zerkleinern und mit dem Quark verrühren. Die Sahne mit Sahnesteif und gesiebtem Puderzucker mit dem Handrührgerät mit Rührbesen steifschlagen und unterrühren.

3. Kokosraspel mit der Waffelmasse vermengen und abwechselnd mit Roter Grütze und der Quark-Sahne-Mischung portionsweise in eine große Glasschüssel schichten.

Tipp: Wenn Kinder mitessen, das Kirschwasser durch Apfel- oder Orangensaft ersetzen.

Schokoladenauflauf I

Für Kinder
4 Portionen

Pro Portion:
E: 14 g, F: 22 g, Kh: 35 g, kJ: 1691, kcal: 404

70 g	*Zartbitter-Schokolade*
125 ml	
(¹/₈ l)	*Milch*
40 g	*weiche Butter*
80 g	*Zucker*
4	*Eigelb (Größe M)*
20 g	*Speisestärke*
4	*Eiweiß (Größe M)*

Zubereitungszeit: 35 Minuten, ohne Abkühlzeit
Garzeit: etwa 40 Minuten

1. Schokolade grob raspeln, mit der Milch erwärmen, bis die Schokolade geschmolzen ist. Abkühlen lassen, dabei gelegentlich umrühren. Den Backofen vorheizen.

2. Butter schaumig rühren, Zucker unterrühren. Nach und nach Eigelb und Speisestärke unterrühren. Dann Schokoladenmilch hinzufügen und mit einem Schneebesen durchschlagen. Eiweiß steifschlagen und unter die Schokoladenmasse ziehen.

3. Schokoladenmasse in eine Auflaufform (gefettet) füllen. Die Form in eine Fettfangschale stellen. Die Fettfangschale in den vorgeheizten Backofen schieben und etwa 2 cm hoch mit heißem Wasser füllen.

Ober-/Unterhitze: etwa 200 °C
Heißluft: etwa 180 °C
Garzeit: etwa 40 Minuten.

Schokoladenauflauf mit Aprikosen | Für Kinder

8 Portionen

Pro Portion:
E: 12 g, F: 18 g, Kh: 62 g, kJ: 1992, kcal: 475

2 Dosen	Aprikosen
	(Abtropfgewicht je 480 g)
200 g	Zartbitter-Schokolade
2 Pck.	Gala Pudding-Pulver Schokolade
130 g	Zucker
1 l	Milch
4	Eigelb (Größe M)
4	Eiweiß (Größe M)
40 g	abgezogene, gehobelte Mandeln

Zubereitungszeit: 25 Minuten
Backzeit: etwa 10 Minuten

1. Aprikosen in einem Sieb abtropfen lassen. Zartbitter-Schokolade grob raspeln. Den Backofen vorheizen.

2. Pudding-Pulver, 100 g Zucker, 250 ml (¼ l) Milch und Eigelb in einer kleinen Schüssel verrühren.

3. Restliche Milch in einem Topf zum Kochen bringen, von der Kochstelle nehmen. Angerührtes Pudding-Pulver unter Rühren hineingeben und unter Rühren gut aufkochen lassen. Pudding wieder von der Kochstelle nehmen und geraspelte Schokolade sofort unterrühren. Eiweiß steifschlagen und ebenfalls unter den heißen Pudding heben.

4. Die Hälfte der Aprikosenhälften in eine große Auflaufform (gefettet) oder in mehrere kleine Auflaufformen (gefettet) geben. Den Pudding darauf verteilen. Restliche Aprikosenhälften, Mandeln und restlichen Zucker daraufgeben. Die Form oder Formen auf dem Rost in den vorgeheizten Backofen schieben.

Ober-/Unterhitze: etwa 200 °C
Heißluft: etwa 180 °C
Backzeit: etwa 10 Minuten.

Tipp: Der Auflauf kann auch mit 2 Dosen (Abtropfgewicht je 480 g) in Spalten geschnittenen Birnenhälften und 3 Esslöffeln Birnengeist oder 500 g gemischten Rumtopffrüchten und 500 g frischen Früchten zubereitet werden. Sie können den Auflauf auch unter dem heißen Grill etwa 5 Minuten überbacken.

Schokoladencreme mit Rum I
Für Gäste – mit Alkohol
4 Portionen

Pro Portion:
E: 9 g, F: 34 g, Kh: 49 g, kJ: 2427, kcal: 580

    2 Blatt weiße Gelatine
     100 g Zartbitter-Schokolade
    500 ml
       (½ l) Milch
    1 Pck. Dr. Oetker Pudding-Pulver
             Schokoladen-Geschmack
      75 g Zucker
     250 g Schlagsahne
      4 EL brauner Rum

      30 g gehobelte Schokolade

Zubereitungszeit: 35 Minuten, ohne Abkühlzeit

1. Gelatine nach Packungsanleitung in kaltem Wasser einweichen. Schokolade in kleine Stücke brechen. 6 Esslöffel von der Milch mit Pudding-Pulver und Zucker anrühren. Die restliche Milch zum Kochen bringen, von der Kochstelle nehmen und angerührtes Pulver einrühren. Pudding unter Rühren etwa 1 Minute kochen lassen.

2. Den Pudding von der Kochstelle nehmen. Die Schokolade unter den Pudding rühren und schmelzen lassen. Gelatine ausdrücken und unter Rühren im heißen Pudding auflösen. Den Pudding unter gelegentlichem Rühren abkühlen lassen.

3. Sahne steifschlagen. Mit dem Rum unter den erkalteten Pudding rühren. In Schälchen füllen und fest werden lassen. Mit gehobelter Schokolade bestreuen.

Tipp: Für Kinder den Rum weglassen und stattdessen 2 Esslöffel Nuss-Nougat-Masse unterrühren.

Schokoladen-Crêpes mit Vanillecreme | Für Gäste – mit Alkohol

4 Portionen

Pro Portion:
E: 15 g, F: 37 g, Kh: 60 g, kJ: 2777, kcal: 663

Für den Crêpes-Teig:

40 g	Butter
150 g	Weizenmehl
30 g	Kakaopulver
3	Eier (Größe M)
150 ml	Milch
150 ml	Mineralwasser
2 EL	Zucker

Für die Vanillecreme:

1 Pck.	Gala Pudding-Pulver Bourbon-Vanille
400 ml	Milch
2–3 EL	Zucker
100 g	Schlagsahne
2 cl	Orangenlikör (z. B. Cointreau)
40 g	Butterschmalz
	Kakaopulver
evtl. einige	Zitronenmelisseblättchen

Zubereitungszeit: 60 Minuten, ohne Abkühl- und Ruhezeit

1. Für den Crêpes-Teig Butter in einer kleinen Pfanne zerlassen und etwas abkühlen lassen. Mehl mit Kakao in eine Rührschüssel sieben. Eier mit Milch und Mineralwasser verschlagen. Zucker unterrühren. Eiermilch und flüssige Butter nach und nach unter die Mehl-Kakao-Mischung rühren, darauf achten, dass keine Klümpchen entstehen. Teig mindestens 30 Minuten ruhen lassen.

2. Für die Vanillecreme Pudding nach Packungsanleitung, aber mit 400 ml Milch und 2–3 Esslöffeln Zucker zubereiten. Pudding unter gelegentlichem Rühren erkalten lassen. Sahne steifschlagen. Den erkalteten Pudding mit Handrührgerät mit Rührbesen cremig rühren, dann die Sahne und den Orangenlikör vorsichtig unterheben.

3. Butterschmalz in einem kleinen Topf schmelzen. Eine kleine Pfanne (Ø 16–18 cm) erhitzen, mit Fett auspinseln. Eine dünne Teiglage hineingeben, bei schwacher bis mittlerer Hitze backen, auf einen Teller stürzen. Die Pfanne wieder mit etwas Fett auspinseln, die Crêpe in die Pfanne gleiten lassen und fertig backen. Aus dem restlichen Teig wie beschrieben weitere 12–14 Crêpes zubereiten und warm halten.

4. Auf jede Crêpe mehrere Kleckse Vanillecreme geben. Die Crêpes zur Hälfte oder zu Vierteln zusammenlegen, mit Kakao bestäuben, anrichten und nach Belieben mit Melisse garnieren.

Schokoladennudeln mit Bourbon-Vanille-Schaum | Raffiniert

4 Portionen

Pro Portion:
E: 22 g, F: 35 g, Kh: 82 g, kJ: 3104, kcal: 742

Für die Nudeln:

260 g	Weizenmehl
80 g	Kakaopulver
40 g	Puderzucker
3	Eier (Größe M)
50 g	Mascarpone (ital. Frischkäse)
1 Prise	Salz
40 g	Butter
3 EL	Zucker

Für den Vanilleschaum:

4	Eigelb (Größe M)
80 g	Zucker
200 ml	Milch
150 g	Schlagsahne
1	Vanilleschote
	Minzeblättchen

Zubereitungszeit: 60 Minuten, ohne Ruhezeit

1. Mehl, Kakao und Puderzucker in eine Schüssel sieben. Eier, Mascarpone und Salz dazugeben, mit Handrührgerät mit Knethaken zu einem glatten Teig verkneten. Den Teig in Frischhaltefolie wickeln und etwa 30 Minuten ruhen lassen.

2. In einem Topf etwa 4 l Wasser mit Butter und Zucker zum Kochen bringen. Den Teig dünn ausrollen, in Streifen schneiden, in dem kochenden Wasser etwa 4 Minuten garen. Die Nudeln abgießen und abtropfen lassen.

3. Für den Vanilleschaum Eigelb mit Zucker schaumig rühren. Milch und Sahne verrühren, Vanilleschote einritzen, das Mark herauskratzen, zu der Milch-Sahne-Mischung geben und aufkochen lassen. Die Milch-Sahne-Mischung zu der Eimasse geben, alles zurück in den Topf schütten. Mit dem Schneebesen unter Rühren aufschlagen, bis die Sauce dicklich wird. Nicht mehr kochen!

4. Die Nudeln auf Teller verteilen, den Vanilleschaum über die Nudeln geben und mit Minzeblättchen garniert servieren.

Schokoladen-Parfait mit Aprikosensahne I

Dauert länger – mit Alkohol

6 Portionen

Pro Portion:
E: 8 g, F: 42 g, Kh: 32 g, kJ: 2371, kcal: 566

Für das Parfait:

100 g	Vollmilch-Schokolade
50 g	Zartbitter-Schokolade
5	Eigelb (Größe M)
4 EL	Marillenlikör
250 g	Schlagsahne

Für die Sauce:

1 Dose	Aprikosen (Abtropfgewicht 240 g)
1 EL	Marillenlikör
250 g	Schlagsahne
1 Pck.	Dr. Oetker Vanillin-Zucker

Zum Garnieren:

Schokoröllchen

Zubereitungszeit: 50 Minuten, ohne Abkühl- und Gefrierzeit

1. Für das Parfait Vollmilch-Schokolade halbieren, eine Hälfte mit der Zartbitter-Schokolade zerkleinern und im heißen Wasserbad schmelzen lassen. Mit Eigelb cremig rühren, Marillenlikör unterrühren, abkühlen lassen.

2. Sahne steifschlagen, restliche Vollmilch-Schokolade hacken und mit der Sahne unter die Schokoladenmasse ziehen, in einen gefriergeeigneten Behälter geben und einfrieren.

3. Für die Sauce Aprikosenhälften abtropfen lassen, einige zum Garnieren zurücklassen. Übrige Aprikosen pürieren, durch ein Sieb geben, mit dem Likör verrühren.

4. Sahne mit Vanillin-Zucker nur leicht aufschlagen und auf 6 Teller verteilen. Aprikosenpüree jeweils mittig daraufgeben. Von der Mitte aus mit einem Stäbchen Muster ziehen.

5. Mit dem Eisportionierer Kugeln vom Schokoladen-Parfait abstechen, auf die Sauce geben. Restliche Aprikosenhälften in Spalten schneiden und mit Schokoröllchen auf die Teller verteilen.

Hinweis: Nur ganz frische Eier verwenden, die nicht älter als 5 Tage sind (Legedatum beachten!).

Schokoladenpudding | Mit Alkohol

4 Portionen

Pro Portion:
E: 13 g, F: 23 g, Kh: 74 g, kJ: 2414, kcal: 577

50 g	weiche Butter
150 g	Zucker
1 Pck.	Dr. Oetker Vanillin-Zucker
3	Eier (Größe M)
4 Tropfen	Rum-Aroma
1 Prise	Salz
1 TL	Instant-Kaffeepulver
40 g	Speisestärke
2–3 gestr.	
EL	Kakaopulver
1 gestr. TL	Dr. Oetker Backin
100 g	Zwiebackbrösel
4 EL	Milch
30 g	abgezogene, gemahlene Mandeln
20 g	Zwiebackbrösel

Zubereitungszeit: 40 Minuten
Garzeit: etwa 60 Minuten

1. Butter geschmeidig rühren. Nach und nach Zucker, Vanillin-Zucker, Eier, Rum-Aroma, Salz und Kaffeepulver hinzufügen.

2. Speisestärke mit Kakao und Backpulver mischen, sieben und unterrühren.

3. Zwiebackbrösel abwechselnd mit der Milch unterrühren. Mandeln unter die Masse heben.

4. Masse in eine Puddingform (Wasserbadform, gefettet, mit Zwiebackbröseln ausgestreut) füllen. Die Form mit dem Deckel verschließen und in einen Topf setzen. So viel heißes Wasser in den Topf gießen, dass die Form mindestens zu 1/3 im Wasser steht. Teig bei mittlerer Hitze etwa 1 Stunde garen.

Tipp: Dazu passt Vanillesauce.

Schokoladen-Tiramisu | **Für Kinder**

6 Portionen

Pro Portion:
E: 12 g, F: 48 g, Kh: 45 g, kJ: 2849, kcal: 681

200 g	*Zartbitter-Schokolade*
250 g	*Schlagsahne*
1 Dose	*Aprikosen*
	(Abtropfgewicht 240 g)
100–125 g	*Löffelbiskuits*
250 g	*Mascarpone (ital. Frischkäse)*
250 g	*Speisequark (20 % Fett i. Tr.)*
150 g	*Joghurt*
1 Pck.	*Dr. Oetker Vanillin-Zucker*
30 g	*Zucker*

Zubereitungszeit: 25 Minuten,
ohne Abkühl- und Kühlzeit

1. Schokolade in Stücke brechen, mit der Sahne in einen kleinen Topf geben und unter Rühren erhitzen, bis die Schokolade geschmolzen ist. Die Schokoladensahne abkühlen lassen, gelegentlich umrühren.

2. Aprikosen in einem Sieb abtropfen lassen, dabei den Saft auffangen. Löffelbiskuits in eine große oder mehrere kleine, flache Formen geben und mit etwas Aprikosensaft beträufeln.

3. Mascarpone, Quark, Joghurt, Vanillin-Zucker und Zucker mit der Schokosahne verrühren und auf den Löffelbiskuits verteilen. Aprikosen eventuell halbieren und darauf anrichten. Das Tiramisu kalt stellen und mindestens 2 Stunden durchziehen lassen.

Tipp: Nach Belieben die Aprikosen in Spalten schneiden und einen Teil davon mit einschichten.

Schwarzbrotpudding I
Preiswert – mit Alkohol
8 Portionen

Pro Portion:
E: 13 g, F: 17 g, Kh: 38 g, kJ: 1595, kcal: 381

250 ml	
(¹⁄₄ l)	*Milch*
400 g	*Schwarzbrot oder*
	Pumpernickel
100 g	*Sauerkirschen*
	(frisch oder aus dem Glas)
5	*Eier (Größe M)*
50 g	*Zucker*
100 g	*geriebene Zartbitter-Schokolade*
30 ml	*Amaretto (Mandellikör)*
1 Msp.	*gemahlener Zimt*
100 g	*abgezogene, gemahlene Mandeln*
2 EL	*Semmelbrösel*

Zubereitungszeit: 35 Minuten, ohne Durchziehzeit
Garzeit: etwa 60 Minuten

1. Die Milch erhitzen. Schwarzbrot oder Pumpernickel fein zerbröseln, in eine Schüssel geben, mit der Milch übergießen, durchrühren und etwa 1 Stunde ziehen lassen. Frische Kirschen abspülen, abtropfen lassen und entsteinen. Die Kirschen aus dem Glas abtropfen lassen.

2. Die Eier trennen. Eigelb mit dem Zucker schaumig rühren. Schokolade, Amaretto, Zimt und Mandeln dazugeben und gut vermischen. Die eingeweichten Schwarzbrotbrösel ebenfalls untermischen.

3. Eiweiß steifschlagen und unter die Masse heben. Sauerkirschen unterheben.

4. Die Masse in eine Puddingform (Wasserbadform, gefettet, mit Semmelbröseln ausstreut, 1,5 l Inhalt) füllen. Die Masse hineinfüllen (maximal bis zu ³⁄₄ Höhe). Die Form mit dem Deckel verschließen und in einen Topf setzen. So viel heißes Wasser in den Topf gießen, dass die Form mindestens zu ¹⁄₃ im Wasser steht. Teig bei mittlerer Hitze etwa 1 Stunde garen.

5. Den garen Schwarzbrotpudding auf einen Teller stürzen.

Tipp: Lauwarm mit Vanillesauce servieren. Statt der Sauerkirschen können auch in Rum eingeweichte und abgetropfte Rosinen, Zitronat und Orangeat oder gehackte Haselnusskerne verwendet werden.

Schwarzwälder Kirschcreme I

Für Gäste – mit Alkohol

8 Portionen

Pro Portion:
E: 7 g, F: 18 g, Kh: 43 g, kJ: 1635, kcal: 390

2 schwach geh. TL	gemahlene, weiße Gelatine
4 EL	kaltes Wasser
1 l	Milch
2 Pck.	Dr. Oetker Pudding-Pulver Vanille-Geschmack
150 g	Zucker
125 ml (¹/₈ l)	kalte Milch
etwa 3 EL	Kirschwasser
350 g	Schlagsahne
1 Pck.	Dr. Oetker Vanillin-Zucker
1 Glas	Sauerkirschen (Abtropfgewicht 350 g)

Zubereitungszeit: 35 Minuten, ohne Kühlzeit

1. Gelatine mit Wasser in einem kleinen Topf anrühren, etwa 10 Minuten zum Quellen stehen lassen.

2. Milch zum Kochen bringen. Pudding-Pulver und Zucker mischen, mit der kalten Milch anrühren. Die kochende Milch von der Kochstelle nehmen, angerührtes Pudding-Pulver einrühren und unter Rühren kurz aufkochen lassen. Die gequollene Gelatine hinzufügen, so lange rühren, bis sie aufgelöst ist. Den Pudding kalt stellen und ab und zu durchrühren.

3. Das Kirschwasser unter den erkalteten, aber noch nicht fest gewordenen Pudding rühren. Sahne mit Vanillin-Zucker verrühren, steifschlagen, unter den Pudding heben (etwa ¹/₃ zum Garnieren zurücklassen).

4. Die Sauerkirschen gut abtropfen lassen (einige zum Garnieren zurücklassen), mit der Sahnecreme abwechselnd in Dessertschalen schichten. Die oberste Schicht sollte aus Sahnecreme bestehen.

5. Die Kirschcreme mit der zurückgelassenen Sahne verzieren, mit den restlichen Kirschen garnieren.

Soja-Schoko-Crêpes mit Mandarinenquark | Raffiniert

8 Stück

Pro Stück:
E: 11 g, F: 17 g, Kh: 30 g, kJ: 1322, kcal: 316

Für die Crêpes:

180 g	Weizenmehl
3	Eier (Größe M)
300 ml	Soja-Schoko-Drink
100 ml	Mineralwasser
2 TL	Zucker
8 EL	Speiseöl (z. B. Rapsöl)
30 g	abgezogene, gehobelte Mandeln

Für den Mandarinenquark:

1 Dose	Mandarinen
	(Abtropfgewicht 175 g)
250 g	Speisequark (20 % Fett i. Tr.)
5 EL	Mandarinensaft aus der Dose
1 Pck.	Dr. Oetker Vanillin-Zucker
1 EL	flüssiger Honig
1 EL	Zitronensaft

2 Stängel Zitronenmelisse

Zubereitungszeit: 35 Minuten, ohne Ruhezeit

1. Für den Crêpes-Teig Mehl in eine Rührschüssel sieben. Eier mit dem Soja-Schoko-Drink, Mineral-wasser und Zucker verschlagen, nach und nach unter Rühren zum Mehl geben. Darauf achten, dass keine Klümpchen entstehen. Teig etwa 30 Minuten ruhen lassen.

2. Für den Mandarinenquark Mandarinen in einem Sieb abtropfen lassen, den Saft dabei auffangen und 5 Esslöffel abmessen.

3. Quark mit dem abgemessenen Mandarinensaft, Vanillin-Zucker, Honig und Zitronensaft verrühren. Mandarinen vorsichtig unter die Quarkmasse heben.

4. Zitronenmelisse abspülen und trocken tupfen. Die Blättchen von den Stängeln zupfen und danach bei-seitelegen.

5. Etwas von dem Speiseöl in einer beschichteten Pfanne (Ø 28 cm) erhitzen. Teig gut durchrühren und eine dünne Teiglage mit einer drehenden Bewegung auf dem Boden der Pfanne verteilen. Einige gehobelte Mandeln auf den noch flüssigen Teig streuen. Crêpe von beiden Seiten etwa 2 Minuten backen. Bevor die Crêpe gewendet wird, etwas Öl in die Pfanne geben. Warm stellen. Weitere 7 Crêpes aus dem restlichen Teig zubereiten.

6. Mandarinenquark gleichmäßig auf die Crêpes verteilen und die Crêpes zu einer Spitztüte zu-sammenlegen. Die Soja-Schoko-Crêpes mit den Zitronenmelisseblättchen garnieren.

Sommerkompott mit Haube I

Fruchtig
4 Portionen

Pro Portion:
E: 5 g, F: 5 g, Kh: 42 g, kJ: 1018, kcal: 243

500 g	*Süßkirschen*
500 g	*Aprikosen*
250 ml	
(¹/₄ l)	*heller Traubensaft*
1 EL	*Speisestärke*
1 EL	*Wasser*
1	*Eiweiß (Größe M)*
40 g	*Puderzucker*
30 g	*abgezogene, gemahlene Mandeln*

Zubereitungszeit: 40 Minuten
Backzeit: etwa 5 Minuten

1. Süßkirschen abspülen, abtropfen lassen, entstielen und entsteinen. Aprikosen abspülen, an der Unterseite kreuzweise einritzen, kurz in kochendes Wasser tauchen. Aprikosen in kaltem Wasser abschrecken, enthäuten, halbieren und entsteinen.

2. Den Backofen vorheizen. Traubensaft erhitzen, Speisestärke mit Wasser anrühren, unter Rühren in den Saft geben und zum Kochen bringen.

3. Obst etwa 5 Minuten im Saft bei schwacher Hitze ziehen lassen, in eine ofenfeste Form (gefettet) geben.

4. Eiweiß mit Puderzucker steifschlagen, Mandeln unterziehen und in die Mitte der Form geben. Dann die Form auf dem Rost in den vorgeheizten Backofen schieben.

Ober-/Unterhitze: etwa 250 °C
Heißluft: etwa 220 °C
Backzeit: etwa 5 Minuten.

5. Sommerkompott nach Belieben erkalten lassen, dann servieren.

Stracciatella-Joghurt-Bällchen mit Erdbeeren | Raffiniert – fruchtig

4 Portionen

Pro Portion:
E: 9 g, F: 28 g, Kh: 43 g, kJ: 1994, kcal: 477

Für die Erdbeeren:

500 g Erdbeeren
30 g Zucker
3–4 EL Orangensaft

Für die Stracciatella-Joghurt-Bällchen:

5 Blatt weiße Gelatine
500 g Vanillejoghurt
250 g Schlagsahne
50 g Raspelschokolade

Zubereitungszeit: 25 Minuten,
ohne Abkühl- und Kühlzeit

1. Erdbeeren abspülen, gut abtropfen lassen, entstielen und halbieren oder vierteln. Die Erdbeeren vorsichtig mit Zucker und Orangensaft vermischen und bis zur weiteren Verwendung durchziehen lassen.

2. Für die Stracciatella-Joghurt-Bällchen Gelatine in kaltem Wasser nach Packungsanleitung einweichen. Gelatine leicht ausdrücken, in einem kleinen Topf unter Rühren erwärmen (nicht kochen lassen), bis sie völlig gelöst ist. Gelatine etwas abkühlen lassen und mit etwas von dem Joghurt verrühren, dann unter den restlichen Joghurt rühren.

3. Sahne steifschlagen und mit der Raspelschokolade unterrühren. Die Creme kalt stellen, bis sie fest geworden ist.

4. Die Stracciatella-Joghurt-Creme mit Hilfe eines Eisportionierers zu Kugeln formen und danach mit den Erdbeeren auf Desserttellern oder -schälchen anrichten.

Tipp: Statt der Erdbeeren können Sie auch sehr gut 1 Dose Cocktailfrüchte (Abtropfgewicht 250 g) verwenden.

Süße Frühlingsrollen I
Für Gäste – dauert länger
4 Portionen

Pro Portion:
E: 1 g, F: 51 g, Kh: 32 g, kJ: 2489, kcal: 595

12 Blätter	TK-Frühlingsrollenteig (25 x 25 cm, aus dem Asia-Laden)
250 g	Möhren
125 ml (¹/₈ l)	Wasser
4 EL	Orangensaft
½ TL	gemahlener Anis
50 g	Zucker
1 Dose	Fruchtcocktail (Abtropfgewicht 250 g) abgeriebene Schale von
1	Bio-Limette (unbehandelt, ungewachst)
1 l	Speiseöl zum Frittieren Puderzucker oder Ahornsirup

Zubereitungszeit: 40 Minuten, ohne Auftauzeit

1. Frühlingsrollenteig in der Packung auftauen lassen. Möhren schälen, waschen und in dünne, etwa 4 cm lange Streifen schneiden. Wasser, Orangensaft, Anis und Zucker aufkochen. Möhrenstreifen hinzufügen und etwa 10 Minuten darin garen.

2. Fruchtcocktail in einem Sieb abtropfen lassen und, falls nötig, klein schneiden. Möhren abtropfen lassen, dabei den Sud auffangen. Möhrensud etwa 5 Minuten offen zu etwa 1 Esslöffel Sirup einkochen lassen. Fruchtcocktail, Möhren, Sirup und Limettenschale mischen. Füllung in 12 Portionen teilen.

3. Ein Blatt Frühlingsrollenteig so auf die Arbeitsfläche legen, dass eine Ecke nach unten zeigt. 1 Portion Füllung auf das untere Teigviertel geben. Teigränder rundherum dünn mit Wasser bestreichen. Den Teig von unten nach oben, bis zur Hälfte aufrollen, dann die Seiten zur Mitte hin einschlagen. Seiten leicht mit Wasser bestreichen. Teig fertig aufrollen. Die obere Spitze leicht andrücken. Restliche Teigblätter auf die gleiche Weise füllen. (Teigblätter bis zum Gebrauch in der Packung lassen, damit sie nicht antrocknen.)

4. Rollen in heißem Fett (etwa 180 °C) goldbraun frittieren, dabei gelegentlich wenden.

5. Rollen auf Küchenpapier abtropfen lassen. Mit Puderzucker oder Ahornsirup servieren.

Süße Lasagne | Raffiniert

Pro Portion:
E: 9 g, F: 23 g, Kh: 54 g, kJ: 2011, kcal: 481

Für die Lasagne:

1 Pck.	Saucen-Pulver Vanille-Geschmack
250 ml	
(¼ l)	Milch
250 g	Schlagsahne
3 EL	Zucker
2	Eier (Größe M)
1 Dose	Tortenpfirsiche (Abtropfgewicht 500 g)
1 Glas	Stachelbeeren (Abtropfgewicht 390 g)
6	Lasagneplatten (ohne Vorkochen)
50 g	abgezogene, gehobelte Mandeln

Für die Kirschsauce:

1 Pck.	Saucen-Pulver Vanille-Geschmack
500 ml	
(½ l)	Kirschsaft
1	Zimtstange
1 TL	Dr. Oetker Finesse Geriebene Zitronenschale
1 EL	Puderzucker

Zubereitungszeit: 45 Minuten, ohne Abkühlzeit
Backzeit: etwa 35 Minuten

1. Für die Lasagne Saucen-Pulver mit 4 Esslöffeln von der Milch glattrühren. Die restliche Milch mit Sahne und Zucker zum Kochen bringen. Das angerührte Saucen-Pulver einrühren und alles nochmals kurz aufkochen lassen. Den Backofen vorheizen.

2. Eier verschlagen, mit etwas heißer Sauce verrühren, dann in die übrige Sauce rühren (nicht mehr kochen lassen).

3. Pfirsiche und Stachelbeeren getrennt in Sieben abtropfen lassen. Etwas von der Sauce auf den Boden einer rechteckigen Auflaufform (gefettet) streichen. 3 Lasagneplatten nebeneinander darauflegen. Die Pfirsiche darauf verteilen und mit Sauce knapp bedecken.

4. Die restlichen Lasagneplatten darauflegen. Die Stachelbeeren darauf verteilen, mit der restlichen Sauce begießen und mit Mandeln bestreuen. Die Auflaufform auf dem Rost in den vorgeheizten Backofen schieben.

Ober-/Unterhitze: etwa 200 °C
Heißluft: etwa 180 °C
Backzeit: etwa 35 Minuten.

5. In der Zwischenzeit für die Kirschsauce Saucen-Pulver mit 4 Esslöffeln von dem Kirschsaft glattrühren. Den restlichen Kirschsaft mit Zimtstange und Zitronenschale zum Kochen bringen und einmal aufkochen lassen.

6. Zimtstange entfernen. Das angerührte Saucen-Pulver einrühren und alles nochmals aufkochen lassen. Die Sauce etwas abkühlen lassen.

7. Lasagne mit Puderzucker bestäuben und mit der Kirschsauce servieren.

Süße Paella | Für Gäste – mit Alkohol
4 Portionen

Pro Portion:
E: 13 g, F: 38 g, Kh: 92 g, kJ: 3381, kcal: 806

100 g	nicht abgezogene, ganze Mandeln
30 g	Butter
200 g	Risotto-Reis (z. B. Arborio)
150 ml	Weißwein
250 ml	
(¼ l)	Milch
1 Pck.	
(0,2 g)	Safran
100 g	Zucker
200 g	Schlagsahne
2	Orangen
1	rosa Grapefruit
je 100 g	grüne und blaue Trauben
2	Feigen

Zubereitungszeit: 40 Minuten

1. Mandeln hacken, in einer Pfanne ohne Fett rösten. ⅓ der Mandeln aus der Pfanne nehmen. Butter in der Pfanne zerlassen. Reis dazugeben und kurz anrösten. Mit 125 ml (⅛ l) des Weins ablöschen. Die Hälfte der Milch, Safran und Zucker hinzufügen.

2. Reis bei mittlerer Hitze etwa 30 Minuten ohne Deckel garen. Gelegentlich umrühren. Restliche Milch und Sahne nach und nach dazugießen.

3. Orangen und Grapefruit so schälen, dass die weiße Haut mit entfernt wird. Die Früchte filetieren, dabei den heraustropfenden Saft auffangen.

4. Trauben heiß abspülen, trocken tupfen, halbieren und entkernen. Feigen abspülen, trocken tupfen, putzen und in Spalten schneiden.

5. Aufgefangenen Obstsaft zum Risotto geben. Mit dem restlichen Wein abschmecken. Die Hälfte des Obstes unterheben. Übriges Obst und restliche Mandeln auf dem Risotto verteilen und servieren.

Süßer Gazpacho | Raffiniert – für Gäste

4 Portionen

Pro Portion:
E: 9 g, F: 32 g, Kh: 54 g, kJ: 2338, kcal: 559

20 g	*Speisestärke*
150 ml	*kaltes Wasser*
500 ml	
(½ l)	*Orangensaft*
3	*Gewürznelken*
40 g	*neutraler Honig (z. B. Blütenhonig)*
	abgeriebene Schale von
½	*Bio-Zitrone (unbehandelt, ungewachst)*
4 Scheiben	*Toastbrot*
30 g	*Butter*
30 g	*Zucker*
25 g	*gehackte Pistazienkerne*
200 g	*Joghurt*
150 g	*Himbeeren*
2	*reife Avocados (je 250 g)*
3–4 EL	*Zitronensaft*

Zubereitungszeit: 30 Minuten, ohne Abkühlzeit

1. Stärke und Wasser verrühren. Orangensaft, Nelken, Honig und Zitronenschale aufkochen. Die angerührte Stärke einrühren und unter Rühren aufkochen. Dann abkühlen lassen.

2. Toastbrot entrinden und in kleine Würfel schneiden. Butter in einer Pfanne schmelzen. Toastbrotwürfel darin bei milder Hitze goldbraun rösten. Zucker darüberstreuen und schmelzen lassen. Pistazien dazugeben und kurz anrösten. Aus der Pfanne nehmen und abkühlen lassen.

3. Joghurt glattrühren. Himbeeren verlesen, falls nötig abspülen. Avocados halbieren und die Steine entfernen. Fruchtfleisch mit einem Löffel aus der Schale lösen. Mit Zitronensaft beträufeln und mit dem Stabmixer pürieren.

4. Nelken aus dem abgekühlten Saft nehmen. Avocadopüree unterrühren. Gazpacho mit Joghurt beträufeln. Toastbrotwürfel und Himbeeren daraufstreuen.

Süßer Spätzleauflauf | Preiswert

12 Portionen

Pro Portion:
E: 19 g, F: 36 g, Kh: 93 g, kJ: 3314, kcal: 791

3 l	Wasser
3 TL	Salz
1 kg	Spätzle
4 Gläser	entsteinte Sauerkirschen
	(Abtropfgewicht je 360 g)
1 kg	Schlagsahne
10	Eier (Größe M)
120 g	Zucker
etwas	gemahlener Zimt

Zubereitungszeit: 65 Minuten
Backzeit: etwa 60 Minuten je Form

1. Wasser in einem großen Topf mit geschlossenem Deckel zum Kochen bringen. Dann Salz und Spätzle zugeben. Die Spätzle in 2 Portionen im geöffneten Topf bei mittlerer Hitze nach Packungsanleitung kochen lassen, zwischendurch 4–5-mal umrühren. Den Backofen vorheizen.

2. Anschließend die Spätzle in ein Sieb geben, mit heißem Wasser abspülen und abtropfen lassen.

3. Sauerkirschen in einem Sieb abtropfen lassen. Sauerkirschen und Spätzle vermischen. Sahne und Eier verschlagen. Zucker und Zimt unterrühren.

4. Die Spätzle-Sauerkirsch-Mischung in 2 große, flache Auflaufformen (gefettet) verteilen und jeweils mit der Hälfte der Eiersahne übergießen.

5. Die Formen nacheinander (bei Heißluft zusammen) auf dem Rost in den vorgeheizten Backofen schieben.

Ober-/Unterhitze: etwa 180 °C
Heißluft: etwa 160 °C
Backzeit: etwa 60 Minuten je Form.

Beilage: Nuss-, Vanille- oder Frucht-Eis.

Tipp: Dieser Auflauf kann je nach Geschmack zusätzlich mit Quark und Vanillin-Zucker verfeinert werden, dann zusätzlich 250 g Speisequark und 2 Päckchen Vanillin-Zucker unter die Eiersahne rühren. Der Auflauf kann auch in einer Fettfangschale zubereitet werden.

Abwandlung: Gut schmeckt der Auflauf auch mit Milchreis. Dann aus 500 g Milchreis, 3 l Milch und 100 g Zucker in 2 Portionen nach Packungsanleitung Milchreis kochen und mit den übrigen Zutaten vermischen.

Süßes Raclette | Raffiniert – mit Alkohol

6–8 Portionen

Pro Portion:
E: 14 g, F: 70 g, Kh: 122 g, kJ: 5043, kcal: 1206

Zum Überbacken:

Pflaumenkompott
(siehe Rezept Seite 215)
Kaiserschmarrn
(siehe Rezept Seite 141)
360 g Apfelkompott
300 g in Würfel geschnittener
Sandkuchen
Filets von
3 Orangen
8 Ananasscheiben (aus der Dose),
in 2 EL braunem Rum
mariniert
4 geviertelte Feigen

150 g Himbeeren
je 100 g grüne und blaue Weintrauben
200 g gekochte oder geröstete,
geschälte Maronen
8 Butterkekse
8 Vollkornkekse

Für die Creme:

500 g Crème fraîche
500 g Mascarpone
(ital. Frischkäse)

Zubereitungszeit: 5 Minuten

1. Nach Belieben Zutaten zum Überbacken in die Pfännchen geben. Crème fraîche oder Mascarpone darauf verteilen und überbacken.

Bellage: Ahornsirup, bunte Zuckerstreusel, gehackte Pistazienkerne, Zimtzucker und Eis.

Tee-Parfait | Gut vorzubereiten

4 Portionen

Pro Portion:
E: 6 g, F: 41 g, Kh: 52 g, kJ: 2596, kcal: 621

Für das Parfait:

        8 TL schwarzer Tee
    100 ml Wasser
        4 Eigelb (Größe M)
    100 g Zucker
    400 g Schlagsahne

Zum Garnieren:

    50 g Zartbitter-Schokolade
        8 Pralinen

Zubereitungszeit: 25 Minuten,
ohne Zieh-, Abkühl- und Gefrierzeit

1. Tee mit sprudelnd kochendem Wasser übergießen und etwa 10 Minuten ziehen lassen.

2. Eigelb mit Zucker im heißen Wasserbad schaumig rühren. Aus dem Wasserbad nehmen. Tee durch ein Sieb geben, unter die Eigelbmasse rühren. Die Tee-Eigelb-Masse abkühlen lassen, gelegentlich umrühren.

3. Die Sahne steifschlagen, zügig unter die Tee-Eigelb-Masse heben und in einer gefrierfesten, länglichen Form zugedeckt etwa 4 Stunden gefrieren lassen.

4. Parfait stürzen und in Scheiben schneiden. Schokolade erwärmen, in einen kleinen Spritzbeutel füllen, auf Dessertteller Gitter spritzen und das Parfait darauf anrichten. Mit Pralinen garnieren.

Hinweis: Nur ganz frische Eier verwenden, die nicht älter als 5 Tage sind (Legedatum beachten!).

Tiramisu | Beliebt – mit Alkohol

6 Portionen

Pro Portion:
E: 9 g, F: 39 g, Kh: 45 g, kJ: 2466, kcal: 589

500 g	*Mascarpone (ital. Frischkäse)*
150 ml	*Milch*
75 g	*Zucker*
1 Pck.	*Dr. Oetker Bourbon-Vanille-Zucker*
40 ml	*Amaretto (Mandellikör)*
250 ml	
(¼ l)	*kalter Espresso oder starker Kaffee*
200 g	*Löffelbiskuits*
2 EL	*Kakaopulver*

Zubereitungszeit: 30 Minuten, ohne Durchziehzeit

1. Mascarpone mit Milch, Zucker, Vanille-Zucker und der Hälfte des Amarettos sorgfältig in einer Schüssel glattrühren.

2. Übrigen Amaretto mit Espresso oder Kaffee verrühren. Die Hälfte der Löffelbiskuits in eine flache, eckige Auflaufform (etwa 30 x 18 cm, gefettet) legen, mit der Hälfte der Kaffee-Amaretto-Mischung beträufeln und mit der Hälfte der Mascarponemasse bedecken. Die restlichen Zutaten in gleicher Reihenfolge darauf schichten.

3. Tiramisu in den Kühlschrank stellen und einige Stunden durchziehen lassen. Vor dem Servieren die Creme dick mit Kakao bestäuben.

Abwandlung 1: Ersetzen Sie die Hälfte des Mascarpones durch 250 g Speisequark (20 % Fett i. Tr.).

Abwandlung 2: Für ein **Tiramisu mit Pfirsichen** zusätzlich 1 Dose Pfirsichhälften (Abtropfgewicht 470 g) abtropfen lassen und in dünne Scheiben schneiden. Die Mascarponecreme wie oben angegeben zubereiten. Die Hälfte der Löffelbiskuits in die Form schichten, mit der Hälfte der Kaffee-Amaretto-Mischung beträufeln. Die Hälfte der Pfirsiche drauflegen. Die übrigen Zutaten in gleicher Reihenfolge darauf schichten. Wie unter Punkt 3 angegeben fortfahren.

Topfenpalatschinken I
Klassisch – für Kinder
4 Portionen

Pro Portion:
E: 20 g, F: 36 g, Kh: 69 g, kJ: 2982, kcal: 712

Für die Palatschinken:
3	Eier (Größe M)
100 g	Weizenmehl
125 ml	
(⅛ l)	Milch
1 Prise	Salz
	Mineralwasser
50 g	Butter

Für die Füllung:
300 g	Magerquark (Topfen)
30 g	Honig
40 g	Sultaninen
200 g	Aprikosenkonfitüre

Für den Guss:
150 g	saure Sahne
100 g	Schlagsahne
	Puderzucker

Zubereitungszeit: 40 Minuten
Backzeit: 15–20 Minuten

1. Für die Palatschinken Eier mit Mehl verrühren, nach und nach Milch zugeben, mit Salz würzen, mit einem Schuss Mineralwasser aufgießen, so dass ein dünnflüssiger Teig entsteht. Butter portionsweise in einer Pfanne erhitzen und 8 dünne Pfannkuchen aus dem Teig ausbacken. Den Backofen vorheizen.

2. Für die Füllung Quark mit Honig und Sultaninen verrühren. Palatschinken mit Konfitüre bestreichen, die Quarkmasse darauf verteilen. Palatschinken zusammenrollen und in eine flache Auflaufform (gefettet) dicht nebeneinander einschichten.

3. Für den Guss saure Sahne und Schlagsahne verrühren, über die Palatschinken gießen und danach die Form auf dem Rost in den vorgeheizten Backofen schieben.

Ober-/Unterhitze: etwa 220 °C
Heißluft: etwa 200 °C
Backzeit: 15–20 Minuten.

4. Die Topfenpalatschinken mit Puderzucker bestäuben und sofort servieren.

Tuttifrutti mit Schokosauce I

Für Kinder – schnell

4 Portionen

Pro Portion:
E: 8 g, F: 9 g, Kh: 50 g, kJ: 1337, kcal: 320

Für die Früchte:

    150 g Löffelbiskuits
    1 Dose Fruchtcocktail
         (Abtropfgewicht 500 g)

Für die Schokoladensauce:

    200 ml Milch
     50 g Zartbitter-Schokolade
     10 g Speisestärke

Zubereitungszeit: 20 Minuten, ohne Durchziehzeit

1. Löffelbiskuits nach Bedarf ein- oder zweimal durchschneiden, damit sie in 4 Glasschälchen passen. Löffelbiskuits dann abwechselnd mit den gemischten Früchten (mit etwa 4 Esslöffeln Saft) in die Schälchen schichten und einige Zeit durchziehen lassen.

2. Für die Schokoladensauce von der Milch 3 Esslöffel zurücklassen, restliche Milch in einem Topf erwärmen, Schokolade grob zerkleinern, in der Milch auflösen.

3. Speisestärke mit der zurückbehaltenen Milch anrühren, in die Schokoladenmilch einrühren und aufkochen lassen. Die Sauce heiß oder kalt zu der Löffelbiskuit-Früchte-Mischung servieren.

Vanilleberg mit Erdbeeren | Einfach
6 Portionen

Pro Portion:
E: 7 g, F: 32 g, Kh: 58 g, kJ: 2401, kcal: 573

500 g	Erdbeeren
4 EL	Zucker
2–3 EL	Zitronensaft
100 g	Butterkekse oder
	70 g Spritzgebäck
2 Pck.	Dr. Oetker Pudding-Pulver
	Vanille-Geschmack
100 g	Zucker
500 ml	
(½ l)	Milch
500 g	Schlagsahne

Zubereitungszeit: 30 Minuten, ohne Durchziehzeit

1. Erdbeeren abspülen. 6 schöne Erdbeeren zum Garnieren beiseitelegen. Die übrigen Erdbeeren entstielen, vierteln, mit Zucker mischen und 10–15 Minuten in Zitronensaft ziehen lassen.

2. Inzwischen 6 Dessertschälchen oder eine Glasschüssel mit Keksen auslegen. Vanille-Pudding nach Packungsanleitung mit Zucker und der hier angegebenen Menge Milch und Schlagsahne zubereiten.

3. Zuerst die marinierten Erdbeeren, dann den noch warmen Pudding auf den Keksen verteilen. Mit den beiseitegelegten Erdbeeren garnieren. Das Dessert zugedeckt kalt stellen.

Tipp: Die Erdbeeren zusätzlich mit 2 Esslöffeln Orangenlikör (z.B. Cointreau oder Grand Marnier) marinieren. Wenn es schnell gehen soll, 2 Becher (je 500 g) Vanillepudding aus dem Kühlregal verwenden.

Vanillebirnen mit Brombeersauce I
Für Gäste – mit Alkohol
6 Portionen

Pro Portion:
E: 4 g, F: 6 g, Kh: 60 g, kJ: 1472, kcal: 352

6	*Birnen*
1	*Vanilleschote*
1	*Bio-Zitrone (unbehandelt,*
	ungewachst)
75 g	*Zucker*
500 ml	
(¹/₂ l)	*Wasser*

Für die Brombeersauce:

500 g	*TK-Brombeeren*
75 g	*gesiebter Puderzucker*
125 ml	
(¹/₈ l)	*Rotwein*
1	*Bio-Orange (unbehandelt,*
	ungewachst)
2 EL	*Kirschwasser*

500 ml	
(¹/₂ l)	*Vanille-Eis*

Zubereitungszeit: 30 Minuten,
ohne Abkühl-, Auftau- und Kühlzeit

1. Birnen schälen, halbieren und das Kerngehäuse mit einem Kugelausstecher entfernen. Vanilleschote längs aufschneiden. Zitrone heiß abspülen, trocken tupfen und in Scheiben schneiden. Birnen, Vanilleschote und Zitrone mit Zucker und Wasser zum Kochen bringen. Birnen 8–10 Minuten darin dünsten und in der Flüssigkeit abkühlen lassen.

2. Für die Brombeersauce Brombeeren bei Zimmertemperatur auftauen lassen. Puderzucker in einer Pfanne hellbraun karamellisieren lassen, Wein hinzugeben und so lange kochen, bis der Karamell gelöst ist. Die Hälfte der Brombeeren dazugeben und etwa 2 Minuten darin ziehen lassen.

3. Brombeeren mit der Karamellsauce durch ein Sieb streichen. Die restlichen Brombeeren in die Sauce geben und zum Kochen bringen.

4. Orange gründlich heiß abspülen, dünn schälen, die Schale in feine Streifen schneiden, mit kochendem Wasser übergießen und abtropfen lassen. 2 Teelöffel der Schale und Kirschwasser unter die Sauce rühren und die Sauce kalt stellen.

5. Das Eis mit einem Eisportionierer auf 6 Dessertteller verteilen, je 2 Birnenhälften mit etwas Brombeersauce daraufgeben und mit der restlichen Orangenschale garnieren.

Vanillecreme, abgebrannt mit Zitrusfrüchten (Crème brûlée) | Für Gäste

4 Portionen

Pro Portion:
E: 6 g, F: 23 g, Kh: 44 g, kJ: 1749, kcal: 418

Für die Vanillecreme:

60 g	Zucker
100 ml	Milch
½	aufgeschlitzte Vanilleschote
200 g	Schlagsahne
1 Prise	Salz
5	Eigelb (Größe M)
80 g	brauner Zucker (Rohrzucker)
je 1	Orange, Limette und rosa Grapefruit

Zubereitungszeit: 50 Minuten, ohne Abkühl- und Kühlzeit
Garzeit: etwa 20 Minuten

1. Für die Vanillecreme die Hälfte des Zuckers in einer Kasserolle karamellisieren lassen und mit der Milch ablöschen. Vanilleschote und Sahne zugeben und mit Salz aufkochen. Von der Kochstelle nehmen. Den Backofen vorheizen.

2. Eigelb mit dem restlichen Zucker schaumig rühren, mit der heißen Flüssigkeit begießen und auf maximal 85 °C erhitzen. Die Masse durch ein Sieb geben und in 4 feuerfeste Schalen (gefettet) verteilen.

3. Die Schalen in die Fettpfanne des Backofens setzen. Die Fettpfanne in den vorgeheizten Backofen schieben, je nach Höhe der Schalen 1–2 cm hoch heißes Wasser in die Fettpfanne gießen. Die Creme stocken lassen.

Ober-/Unterhitze: 140–150 °C
Heißluft: 120–130 °C
Garzeit: etwa 20 Minuten.

4. Die Creme aus dem Backofen nehmen, abkühlen lassen und kalt stellen.

5. Orange, Limette und Grapefruit so schälen, dass auch die weiße Haut entfernt wird. Die Fruchtfilets herausschneiden. Den Backofengrill vorheizen.

6. Oberfläche der gekühlten Creme mit Rohrzucker bestreuen. Die Formen auf dem Rost unter den Grill des Backofens schieben. Den Zucker 3–5 Minuten hellbraun karamellisieren lassen.

7. Die knusprige Oberfläche mit den Zitrusfilets belegen und sofort servieren.

Vanillecreme mit Beeren | Schnell
4 Portionen

Pro Portion:
E: 3 g, F: 3 g, Kh: 29 g, kJ: 676, kcal: 161

> *300 g gemischte Beeren der Saison*
> *(z. B. Brombeeren, Himbeeren,*
> *Johannisbeeren)*

Für die Vanillecreme:
> *1 Pck. Paradiescreme Vanille-*
> *Geschmack (Dessertpulver)*
> *300 ml Milch*

Zubereitungszeit: 15 Minuten

1. Die Beeren putzen, bis auf die Himbeeren abspülen und gut abtropfen lassen. Die Paradiescreme mit der Milch nach Packungsanleitung zubereiten.

2. Die Creme abwechselnd mit den Beeren (einige Beeren zum Garnieren zurücklassen) in 4 hohe Portionsschälchen schichten und mit den zurückgelassenen Beeren garnieren.

Abwandlung: Für eine **Schokocreme mit Birnen** 1 Päckchen Paradiescreme Schokoladen-Geschmack mit 300 ml Milch nach Packungsanleitung zubereiten. In 4 Schälchen je 1 Birnenhälfte (aus der Dose) geben, die Creme darauf verteilen und einige Zeit kühl stellen. Mit je 1 Kugel Vanille-Eis oder etwas geschlagener Sahne servieren.

Vanillecreme mit geeisten Rosinen | Für Gäste – mit Alkohol

4 Portionen

Pro Portion:
E: 22 g, F: 20 g, Kh: 45 g, kJ: 2215, kcal: 528

100 g	Rosinen
125 ml	
(⅛ l)	Rum
4	Eigelb (Größe M)
1 Pck.	Dr. Oetker Vanillin-Zucker
75 g	Zucker
500 ml	
(½ l)	Milch
6 Blatt	weiße Gelatine
4	Eiweiß (Größe M)
125 g	Schlagsahne

Zubereitungszeit: 40 Minuten,
ohne Einweich-, Abkühl- und Kühlzeit

1. Rosinen für 2–3 Stunden im Rum einweichen.

2. Eigelb mit Vanillin-Zucker, Zucker und Milch im heißen Wasserbad unter ständigem Schlagen etwa 10 Minuten erhitzen, bis eine dickliche Creme entstanden ist.

3. Gelatine nach Packungsanleitung in kaltem Wasser einweichen, ausdrücken, in einen Topf geben und bei schwacher Hitze unter Rühren auflösen. 4 Esslöffel von der Creme mit der Gelatine verrühren, dann mit der restlichen Creme verrühren. Die Creme abkühlen lassen und kalt stellen.

4. Wenn die Creme anfängt dicklich zu werden, nacheinander Eiweiß und Sahne steifschlagen. Die Hälfte der Rosinen abtropfen lassen und mit der Sahne unter die Creme ziehen. Anschließend den Eischnee unterheben. Die Vanillecreme in Schälchen füllen und kalt stellen.

5. Die restlichen Rosinen mit dem Rum für etwa 30 Minuten in das Gefrierfach stellen und Rosinen anfrieren lassen. Die Creme mit den geeisten Rumrosinen servieren.

Hinweis: Nur ganz frische Eier verwenden, die nicht älter als 5 Tage sind (Legedatum beachten!). Die fertige Speise im Kühlschrank aufbewahren und innerhalb von 24 Stunden verzehren.

Vanille-Kirsch-Speise mit
Eierlikör | Für Gäste – schnell – mit Alkohol
12 Portionen

Pro Portion:
E: 13 g, F: 5 g, Kh: 52 g, kJ: 1525, kcal: 363

2 Pck.	Dr. Oetker Pudding-Pulver Vanille-Geschmack
80 g	Zucker
1 l	Milch
2 Gläser	Sauerkirschen (Abtropfgewicht je 370 g)
750 g	Magerquark
60 g	Zucker
125 ml	
(¹/₈ l)	frisch gepresster Orangensaft (von etwa 4 Orangen)
½ Flasche	
(375 ml)	Eierlikör
50 g	Vollmilch-Raspelschokolade

Zubereitungszeit: 30 Minuten, ohne Abkühlzeit

1. Aus Pudding-Pulver, Zucker und Milch nach Packungsanleitung einen Pudding kochen und erkalten lassen. Dabei ab und zu umrühren, damit sich keine Haut bildet, oder den Pudding mit Klarsichtfolie zudecken.

2. Sauerkirschen in einem Sieb gut abtropfen lassen. Quark mit Zucker und frisch gepresstem Orangensaft verrühren.

3. Die Hälfte der Sauerkirschen in eine große, breite Glasschüssel geben. Erst die Hälfte des Puddings daraufgeben und glattstreichen, dann die Hälfte des Quarks. Danach die restlichen Kirschen, den restlichen Pudding und Quark einschichten.

4. Eierlikör vorsichtig auf die obere Quarkschicht gießen und mit Raspelschokolade bestreuen. Die Speise bis zum Verzehr kalt stellen.

Tipp: Noch schneller geht's, wenn Sie 2 Becher (je 500 g) fertigen Vanillepudding aus dem Kühlregal verwenden.

Vanillepudding und
Schokoladenpudding | Einfach
8 Portionen

Pro Portion:
E: 5 g, F: 16 g, Kh: 33 g, kJ: 1303, kcal: 311

Für den Vanillepudding:
- 1 Pck. *Gala Pudding-Pulver Bourbon-Vanille*
- 40 g *Zucker*
- 500 ml *(¹/₂ l) Milch*

Für den Schokoladenpudding:
- 100 g *Edelbitter-Schokolade (mindestens 50 % Kakao)*
- 300 ml *Milch*
- 200 g *Schlagsahne*
- 1 Pck. *Gala Pudding-Pulver Schokolade*
- 50 g *Zucker*

Zum Garnieren:
- 500 g *gemischte Beeren (z. B. Himbeeren und Heidelbeeren)*
- einige *Zitronenmelisseblättchen*

Zubereitungszeit: 35 Minuten,
ohne Abkühl- und Kühlzeit

1. Für den Vanillepudding Pudding-Pulver mit Zucker und 6 Esslöffeln der Milch anrühren. Übrige Milch aufkochen, von der Kochstelle nehmen und angerührtes Pulver einrühren. Pudding unter Rühren mindestens 1 Minute kochen.

2. Den Pudding in eine Schüssel füllen, die Oberfläche mit Frischhaltefolie belegen, damit sich keine Haut bildet. Den Pudding abkühlen lassen, dann etwa 3 Stunden kalt stellen.

3. Für den Schokoladenpudding die Schokolade in kleine Stücke brechen. Milch und Sahne verrühren. 6 Esslöffel davon mit Pudding-Pulver und Zucker verrühren. Übriges Milch-Sahne-Gemisch aufkochen, von der Kochstelle nehmen und angerührtes Pulver einrühren. Pudding unter Rühren mindestens 1 Minute kochen. Von der Kochstelle nehmen. Schokolade unter den heißen Pudding rühren und darin schmelzen lassen.

4. Den Pudding in eine Schüssel füllen und wie beschrieben zudecken, abkühlen lassen und kalt stellen.

5. Früchte verlesen. Heidelbeeren und Melisseblätter abspülen und trocken tupfen. Beide Sorten Pudding mit kalt abgespülten Esslöffeln in Schälchen füllen. Beeren mit dem Pudding anrichten, mit Melisseblättern garnieren.

Vanillewaffeln mit Nougatfüllung I

Für Kinder

10 Doppelwaffeln (Brüsseler Waffeleisen)

Pro Stück:
E: 7 g, F: 26 g, Kh: 42 g, kJ: 1826, kcal: 436

Für den Rührteig:

125 g	weiche Butter oder Margarine
75 g	gesiebter Puderzucker
3	Eier (Größe M)
225 g	Weizenmehl
½ gestr. TL	Dr. Oetker Backin
250 ml	
(¼ l)	Bourbon-Vanille-Sauce mit Sahne (aus dem Kühlregal)

Für die Füllung:

100 g	Haselnusskerne
150 g	Nuss-Nougat
75 g	Speisefettglasur, Vollmilch
evtl.	Puderzucker

Zubereitungszeit: 50 Minuten,
ohne Abkühl- und Kühlzeit

1. Für den Teig Butter oder Margarine mit Handrührgerät mit Rührbesen auf höchster Stufe geschmeidig rühren. Nach und nach Puderzucker unterrühren. So lange rühren, bis eine gebundene Masse entstanden ist.

2. Die Eier nach und nach unterrühren (jedes Ei etwa ½ Minute). Mehl mit Backpulver mischen, sieben, abwechselnd mit der Vanille-Sauce in 2 Portionen auf mittlerer Stufe unterrühren.

3. Jeweils 2 Esslöffel Teig in ein gut erhitztes, gefettetes Waffeleisen füllen und verstreichen. Die Waffeln goldbraun backen, dann mit einer Gabel oder einem Pfannenwender herausnehmen, einzeln auf einem Kuchenrost erkalten lassen.

4. Für die Füllung Haselnusskerne (10 Haselnusskerne beiseitelegen) in kleine Würfel hacken, in einer

Pfanne ohne Fett goldgelb rösten, herausnehmen und auf einem Teller erkalten lassen.

5. Nuss-Nougat und Speisefettglasur in einem kleinen Topf im Wasserbad bei schwacher Hitze schmelzen (gut 1 Esslöffel der Masse in eine Papier-Spritztüte geben). Die gerösteten Haselnusskerne unterheben.

6. Die Waffeln halbieren. Eine Hälfte der halbierten Waffeln mit der Nuss-Nougat-Creme bestreichen und jeweils die zweite Waffelhälfte darauflegen, leicht andrücken.

7. Die beiseitegelegten Haselnusskerne halbieren, auf den gefüllten Waffeln verteilen und mit der Nuss-Nougat-Creme aus dem Papiertütchen bespritzen. Waffeln bis zum Verzehr kalt stellen. Die Waffeln nach Belieben mit Puderzucker bestäubt servieren.

Waffel-Eis-Burger | Einfach

4 Portionen

Pro Portion:
E: 4 g, F: 12 g, Kh: 49 g, kJ: 1381, kcal: 330

150 g	*Himbeeren*
30 g	*gesiebter Puderzucker*
4	*doppelte Toastwaffeln*
	(Fertigprodukt, je etwa 35 g)
4	*Ananasscheiben (aus der Dose)*
150 ml	*Schokoladen-Eis*
	Puderzucker

Zubereitungszeit: 20 Minuten

1. Himbeeren verlesen (nicht waschen), durch ein Sieb streichen und mit Puderzucker verrühren. Die Toastwaffeln im Toaster aufbacken und dann quer halbieren.

2. Die Ananasscheiben in einem Sieb abtropfen lassen. Aus dem Schokoladen-Eis mit einem Eisportionierer 4 Kugeln formen.

3. Vier der Waffelhälften mit je 1 Ananasscheibe und 1 Kugel Eis belegen. Etwas Himbeerpüree daraufträufeln und mit den restlichen Waffelhälften bedecken.

4. Puderzucker über den Burger und den Teller stäuben. Die Waffel-Eis-Burger mit dem restlichen Himbeerpüree servieren.

Waldbeeren mit Mandelcreme I

Für Kinder
4 Portionen

Pro Portion:
E: 14 g, F: 47 g, Kh: 14 g, kJ: 2358, kcal: 564

Für die Mandelcreme:

100 g	abgezogene, gehackte Mandeln
600 g	Schlagsahne
6	Eier (Größe M)
2 EL	Zucker

200 g	gemischte Waldbeeren (z. B. Brombeeren, Erdbeeren, Himbeeren, Heidelbeeren)

Zum Garnieren:

Puderzucker
einige Zitronenmelissezweige

Zubereitungszeit: 30 Minuten, ohne Abkühlzeit
Garzeit: etwa 45 Minuten

1. Mandeln in die Sahne geben, zum Kochen bringen, bei schwacher Hitze etwa 15 Minuten kochen. Mandelmilch abkühlen lassen.

2. Den Backofen vorheizen. Eier und Zucker verquirlen, unter die ausgekühlte Sahne rühren und in 4 kleine Auflaufförmchen (gefettet) gießen. Die Förmchen in die Fettpfanne des Backofens setzen. Die Fettpfanne in den vorgeheizten Backofen schieben. Je nach Höhe der Förmchen 2–3 cm hoch heißes Wasser in die Fettpfanne gießen. Die Creme stocken lassen.

Ober-/Unterhitze: etwa 180 °C
Heißluft: etwa 160 °C
Garzeit: etwa 45 Minuten.

3. Mandelcreme gut auskühlen lassen, anschließend mit einem Messer vom Rand lösen und auf Dessertteller stürzen.

4. Waldbeeren verlesen, putzen, bis auf Himbeeren abspülen und abtropfen lassen. Die Beeren um die Mandelcreme herum anrichten. Mit Puderzucker bestäuben und mit Zitronenmelissezweigen garnieren.

Walnuss-Eis-Parfait I

Gut vorzubereiten – mit Alkohol

4 Portionen

Pro Portion:

E: 12 g, F: 48 g, Kh: 42 g, kJ: 2835, kcal: 677

       2 *Eier (Größe M)*
       4 *Eigelb (Größe M)*
  130 g *Zucker*
   70 g *Walnusskerne*
    2 EL *Wasser*
    2 EL *Nuss-Nougat*
    2 TL *brauner Rum*
    2 TL *Schokoladenlikör*
  350 g *Schlagsahne*

Zubereitungszeit: 30 Minuten,
ohne Abkühl- und Gefrierzeit

1. Eier, Eigelb und 100 g Zucker in einer Schüssel im heißen Wasserbad zu einer Creme aufschlagen. Die Schüssel in Eiswasser setzen. Die Creme weiterschlagen, bis sie kalt ist.

2. Walnusskerne grob hacken. Aus dem restlichen Zucker und Wasser einen Karamell kochen. Walnusskerne unterrühren. Karamellisierte Nüsse auf Backpapier geben, erkalten lassen, zerteilen und unter die Creme heben.

3. Nuss-Nougat in einer Schüssel im heißen Wasserbad auflösen. Rum und Schokoladenlikör dazugeben und unterrühren. Alles unter die Nussmasse rühren.

4. Sahne steifschlagen, unterheben. Die Masse in eine mit Frischhaltefolie ausgelegte Parfaitform (1 l Inhalt) füllen, zugedeckt 4–5 Stunden gefrieren lassen.

5. Das Parfait vor dem Servieren aus der Form stürzen und nach Belieben dekorieren.

Hinweis: Nur ganz frische Eier verwenden, die nicht älter als 5 Tage sind (Legedatum beachten!).

Weihnachtspudding I
Dauert länger – mit Alkohol
4–6 Portionen

Pro Portion:
E: 9 g, F: 27 g, Kh: 79 g, kJ: 2614, kcal: 625

Für den Pudding:
80 g	Butter
100 g	Gewürzspekulatius
200 g	Honigkuchen
100 g	rote Belegkirschen
3	Eier (Größe M)
1 EL	Zucker
25 g	gehackte Pistazienkerne
1–2 EL	Semmelbrösel

Für die Sauce:
250 ml	
(¼ l)	Apfelsaft
20 g	Speisestärke
1–2 EL	Zucker
1–2 EL	Zitronensaft
250 ml	
(¼ l)	Glühwein (Fertigprodukt)

Außerdem:
Puderzucker
Alufolie

Zubereitungszeit: 45 Minuten, ohne Abkühlzeit
Garzeit: etwa 35 Minuten

1. Butter zerlassen und abkühlen lassen. Spekulatius und Honigkuchen im Mixer fein zerkrümeln. Einige Belegkirschen zum Garnieren beiseitelegen. Restliche Belegkirschen halbieren. Den Backofen vorheizen.

2. Eier trennen. Eiweiß zu steifem Schnee schlagen. Eigelb und Zucker zu einer dicken Creme aufschlagen.

3. Gebäckkrümel, abgekühlte Butter, Belegkirschen und ⅔ der Pistazien mischen. Eigelbcreme und Eischnee nacheinander unterheben. Teig in 4–6 kleine Metallformen (gefettet, mit Semmelbröseln ausgestreut) füllen. Anschließend die Formen mit Alufolie verschließen.

4. Die Formen in die Fettpfanne des Backofens setzen. Die Fettpfanne in den vorgeheizten Backofen schieben. Je nach Höhe der Formen 1–2 cm hoch heißes Wasser in die Fettpfanne gießen. Die Puddingmasse garen.

Ober-/Unterhitze: etwa 160 °C
Heißluft: etwa 140 °C
Garzeit: etwa 35 Minuten.

5. Für die Sauce die Hälfte des Apfelsafts mit der Stärke verrühren. Restlichen Saft, Zucker, Zitronensaft und Glühwein aufkochen. Angerührte Stärke dazugeben und unter Rühren aufkochen lassen.

6. Puddinge aus dem Wasserbad nehmen. Auf einem Kuchenrost etwa 5 Minuten stehen lassen. Puddinge aus den Formen stürzen, mit Puderzucker bestäuben, mit restlichen Pistazien und Belegkirschen garnieren und mit der Sauce servieren.

Tipp: Für eine alkoholfreie Sauce Glühwein durch Johannisbeernektar ersetzen. Dafür den Nektar vorher mit 1 Beutel Glühweingewürz aufkochen und etwa 10 Minuten ziehen lassen. Den Beutel entfernen.

Weißweinsahne mit Erdbeeren I

Schnell – mit Alkohol

4 Portionen

Pro Portion:
E: 4 g, F: 21 g, Kh: 43 g, kJ: 1680, kcal: 400

Für die Weißweinsahne:

2 TL Speisestärke
20 g Zucker
100 ml Weißwein
250 g Schlagsahne

2 Stängel Zitronenmelisse
500 g Erdbeeren
25 g Zucker
100 g Amarettini (ital. Mandelmakronen)

Zubereitungszeit: 25 Minuten, ohne Abkühlzeit

1. Stärke mit Zucker und Weißwein verrühren und unter Rühren aufkochen lassen. Von der Kochstelle nehmen, abkühlen lassen, dabei gelegentlich umrühren.

2. Zitronenmelisse abspülen und trocken tupfen. Erdbeeren abspülen, abtropfen lassen und entstielen. Große Erdbeeren klein schneiden. Erdbeeren mit Zucker mischen.

3. Einige Erdbeeren und einige Amarettini zum Garnieren beiseitelegen. Restliche Erdbeeren mit den restlichen Amarettini in Portionsgläser füllen.

4. Sahne steifschlagen. 4 Esslöffel der Sahne unter die erkaltete Weißwein-Masse rühren, dann mit der restlichen Sahne verrühren. Die Weißweinsahne auf die Erdbeeren geben. Mit beiseitegelegten Amarettini und Erdbeeren garnieren. Melisse abzupfen, fein schneiden und auf die Desserts streuen.

Welfenspeise I

Klassisch – mit Alkohol

4 Portionen

Pro Portion:
E: 8 g, F: 9 g, Kh: 48 g, kJ: 1490, kcal: 355

Für den Flammeri:

2 *Eiweiß (Größe M)*
35 g *Speisestärke*
40 g *Zucker*
1 Pck. *Dr. Oetker Vanillin-Zucker*
500 ml
(½ l) *Milch*

Für den Weinschaum:

3 *Eigelb (Größe M)*
80 g *Zucker*
10 g *Speisestärke*
250 ml
(¼ l) *Weißwein*

Zubereitungszeit: 35 Minuten,
ohne Kühl- und Abkühlzeit

1. Für den Flammeri Eiweiß steifschlagen. Speisestärke, Zucker und Vanillin-Zucker mit 6 Esslöffeln von
der Milch anrühren.

2. Die übrige Milch zum Kochen bringen, von der
Kochstelle nehmen, die angerührte Speisestärke unter
Rühren hineingeben und kurz aufkochen lassen.

3. Den Eischnee unter den kochend heißen Flammeri
rühren und alles nochmals kurz aufkochen lassen. Die
Speise in eine Glasschale oder in Dessertgläser füllen
(nur zur Hälfte füllen!) und kalt stellen.

4. Für den Weinschaum Eigelb mit Zucker, Speisestärke und Weißwein in eine Edelstahlschüssel geben
und die Schüssel in einen Topf mit heißem Wasser
stellen. Die Zutaten mit Handrührgerät mit Rührbesen
auf höchster Stufe im Wasserbad so lange durchschlagen, bis die Masse durch und durch schaumig
ist (das Volumen muss sich etwa verdoppeln– nicht
kochen lassen!). Anschließend den Weinschaum erkalten lassen.

5. Den Weinschaum vorsichtig auf die Creme geben.

Tipp: Die Welfenspeise mit Sahnetuffs verzieren und
mit Schokoladenstreuseln garnieren.

Hinweis: Nur ganz frische Eier verwenden, die nicht
älter als 5 Tage sind (Legedatum beachten!). Die fertige Speise im Kühlschrank aufbewahren und innerhalb von 24 Stunden verzehren.

Wiener Beerenkaltschale I

Für Gäste – mit Alkohol

8 Portionen

Pro Portion:

E: 6 g, F: 8 g, Kh: 34 g, kJ: 1029, kcal: 246

750 g	gemischte Beeren
	(z. B. Erdbeeren, Johannisbeeren,
	Himbeeren, Brombeeren,
	Heidelbeeren)
100–150 g	gesiebter Puderzucker
2 EL	Zitronensaft
1 EL	Orangenlikör
etwas	gemahlener Zimt
1 kg	Dickmilch (3,5 % Fett)
500 ml	
(½ l)	Vanille-Eis

Zubereitungszeit: 40 Minuten, ohne Durchziehzeit

1. Die Beeren vorbereiten: Erdbeeren abspülen, abtropfen lassen und entstielen. Johannisbeeren ab-
spülen, abtropfen lassen und die Beeren von den Rispen streifen. Himbeeren verlesen. Brombeeren und Heidelbeeren putzen, evtl. abspülen und abtropfen lassen. Einige Beeren zum Garnieren beiseitestellen.

2. Die Beeren in einer großen Schüssel vorsichtig mit Puderzucker, Zitronensaft, Orangenlikör und Zimt vermischen und zugedeckt etwa 30 Minuten durchziehen lassen.

3. Dickmilch vor dem Verzehr unter die Beerenmischung rühren.

4. Die Kaltschale in Dessertgläser füllen. Das Eis mit dem Eisportionierer als Kugeln abstechen und auf der Kaltschale anrichten. Anschließend mit den zurückgelassenen Beeren garnieren.

Tipp: Anstelle der frischen Früchte können Sie auch tiefgekühltes Beerenobst verwenden. Dann die Beeren mit dem Puderzucker bestäuben, zugedeckt auftauen lassen und erst anschließend Orangenlikör und Zitronensaft unterrühren.

Wiener Törtchen I

Gut vorzubereiten – mit Alkohol

6 Portionen

Pro Portion:

E: 6 g, F: 34 g, Kh: 72 g, kJ: 2773, kcal: 663

Für den Rührteig:

200 g	weiche Butter oder Margarine
125 g	Zucker
2 Pck.	Dr. Oetker Vanillin-Zucker
1 EL	brauner Rum
4	Eier (Größe M)
250 g	Weizenmehl

Für die Füllung:

125 g	Brotaufstrich Aprikose (Gourmet Frühstück)
6	kleine Stückchen Schokolade (etwa 35 g)

Puderzucker

Zubereitungszeit: 40 Minuten, ohne Abkühlzeit
Backzeit: etwa 30 Minuten

1. Den Backofen vorheizen. Für den Teig Fett mit Handrührgerät mit Rührbesen auf höchster Stufe geschmeidig rühren. Nach und nach Zucker, Vanillin-Zucker und Rum unterrühren. So lange rühren, bis eine gebundene Masse entstanden ist.

2. Eier nach und nach unterrühren (jedes Ei etwa ½ Minute). Mehl sieben und portionsweise auf mittlerer Stufe unterrühren.

3. Jeweils 2 Esslöffel von dem Teig in 6 kleine Napfkuchenförmchen (Ø 10 cm, gefettet) geben. In die Mitte jeweils eine kleine Vertiefung drücken. Etwas von dem Brotaufstrich und je 1 Stückchen Schokolade hineingeben. Den restlichen Teig darauf verteilen und glattstreichen. Die Förmchen auf dem Rost in den vorgeheizten Backofen schieben.

Ober-/Unterhitze: etwa 180 °C
Heißluft: etwa 160 °C
Backzeit: etwa 30 Minuten.

4. Die Törtchen etwa 5 Minuten in den Förmchen stehen lassen, dann auf einen Kuchenrost stürzen. Die Törtchen sofort mit Puderzucker bestäuben und erkalten lassen.

Zabaione | Klassisch – mit Alkohol

4 Portionen

Pro Portion:
E: 3 g, F: 7 g, Kh: 13 g, kJ: 522, kcal: 124

4 Eigelb (Größe M)
50 g Zucker
100 ml Marsala (ital. Dessertwein)
oder Portwein

Zubereitungszeit: 15 Minuten

1. Eigelb mit Zucker und Wein im heißen Wasserbad schaumig schlagen, bis die Masse dickflüssig wird.

2. Zabaione sofort in Gläser füllen, heiß servieren.

3. Soll sie kalt gereicht werden, im kalten Wasserbad weiterschlagen, bis sie die richtige Temperatur hat.

Hinweis: Nur ganz frische Eier verwenden, die nicht älter als 5 Tage sind (Legedatum beachten!). Die fertige Speise im Kühlschrank aufbewahren und innerhalb von 24 Stunden verzehren.

Zebracreme | Für Kinder
4 Portionen

Pro Portion:
E: 7 g, F: 27 g, Kh: 32 g, kJ: 1777, kcal: 424

Für die Creme:

1 Pck.	*Galetta Cremepudding-Pulver Vanille-Geschmack*
500 ml (¹/₂ l)	*Milch*
250 g	*Schlagsahne*
150 g	*Joghurt*
1 EL (15 g)	*Kakaopulver*

Zum Garnieren:

2 EL	*Zartbitter-Raspelschokolade*

Zubereitungszeit: 10 Minuten

1. Galetta mit Milch und Sahne in eine Rührschüssel geben und mit Handrührgerät mit Rührbesen etwa 1 Minute aufschlagen. Joghurt unterrühren. Die Hälfte der Masse in eine zweite Schüssel geben und den Kakao unterrühren.

2. Zunächst 2 Teelöffel des hellen Puddings in die Mitte eines von 4 Portionsschälchen geben und etwas flach drücken. Darauf (nicht daneben!) abwechselnd je 1–2 Teelöffel von dem dunklen und dem hellen Pudding geben und etwas flach drücken. Die Masse nicht glattstreichen. Die übrigen Schälchen auf dieselbe Weise befüllen.

3. Das Dessert mit Raspelschokolade bestreuen.

Tipp: Einfacher geht's, wenn Sie den hellen und dunklen Pudding abwechselnd in Portionsgläser schichten.

Zimtpudding | Für Gäste
4 Portionen

Pro Portion:
E: 13 g, F: 34 g, Kh: 72 g, kJ: 2801, kcal: 669

375 ml	
(³/₈ l)	*Milch*
	Salz
125 g	*Grieß*
100 g	*Butter*
100 g	*Zucker*
1 Pck.	*Dr. Oetker Vanillin-Zucker*
3	*Eier (Größe M)*
1 Pck.	*Dr. Oetker Pudding-Pulver*
	Vanille-Geschmack
4–5 EL	*Milch*
1 gestr. TL	*gemahlener Zimt*
50 g	*Rosinen*
25 g	*abgezogene,*
	gemahlene Mandeln
	Semmelbrösel

Zubereitungszeit: 30 Minuten,
ohne Quell- und Ruhezeit
Garzeit: etwa 60 Minuten

1. Milch mit Salz zum Kochen bringen, von der Koch-stelle nehmen und den Grieß unter Rühren einstreuen. Den Grieß bei schwacher Hitze etwa 5 Minuten aus-quellen lassen, ab und zu umrühren.

2. Butter geschmeidig rühren. Nach und nach Zucker, Vanillin-Zucker, Eier und den noch warmen Grießbrei unterrühren.

3. Pudding-Pulver mit der Milch anrühren und unter die Grießmasse rühren. Zimt, Rosinen und gemahlene Mandeln unterrühren.

4. Die Grießmasse in eine Puddingform (Wasserbad-form, gefettet, mit Semmelbröseln ausgestreut, etwa 1,5 l Inhalt) einfüllen (die Form sollte nur zu ²/₃ gefüllt sein). Die Form mit dem Deckel verschließen und in einen Topf stellen. So viel heißes Wasser in den Topf gießen, dass die Form mindestens zu ¹/₃ im Wasser steht. Grießmasse bei mittlerer Hitze etwa 1 Stunde garen.

5. Die Form aus dem Topf nehmen, den Pudding etwa 10 Minuten ruhen lassen, auf einen Teller stürzen.

Tipp: Dazu passt Vanille- oder Schokoladensauce.

Zitronencreme | Klassisch

8 Portionen

Pro Portion:
E: 5 g, F: 13 g, Kh: 21 g, kJ: 958, kcal: 229

2 schwach	
geh. TL	*gemahlene, weiße Gelatine*
6 EL	*kaltes Wasser*
4	*Eigelb (Größe M)*
4 EL	*heißes Wasser*
150 g	*Zucker*
	abgeriebene Schale von
1	*Bio-Zitrone (unbehandelt, ungewachst)*
10 EL	*Zitronensaft*
4	*Eiweiß (Größe M)*
250 g	*Schlagsahne*
8	*halbierte Belegkirschen*

Zubereitungszeit: 25 Minuten, ohne Kühlzeit

1. Die Gelatine mit 6 Esslöffeln kaltem Wasser in einem kleinen Topf anrühren, etwa 10 Minuten zum Quellen stehen lassen. Das Eigelb mit 4 Esslöffeln heißem Wasser schaumig schlagen, nach und nach den Zucker unterschlagen und so lange schlagen, bis eine cremige Masse entstanden ist.

2. Zitronenschale und Zitronensaft unterrühren. Die gequollene Gelatine unter Rühren erwärmen, bis sie gelöst ist. Zunächst 3 Esslöffel der Eigelbmasse hinzufügen und verrühren.

3. Die Gelatinemasse unter die übrige Eigelbmasse schlagen, kalt stellen. Wenn die Masse anfängt dicklich zu werden, das Eiweiß und die Sahne getrennt steifschlagen. Beide Zutaten unterheben (etwas Sahne zum Verzieren zurücklassen).

4. Die Creme in eine Schale oder in Dessertgläser füllen, kalt stellen, damit sie fest wird. Die Creme vor dem Servieren mit der zurückgelassenen Sahne verzieren und mit Belegkirschen garnieren.

Tipp: Nur ganz frische Eier verwenden, die nicht älter als 5 Tage sind (Legedatum beachten!). Die fertige Speise im Kühlschrank aufbewahren und innerhalb von 24 Stunden verzehren.

Zitronencreme mit Joghurt I
Fruchtig – leicht
4 Portionen

Pro Portion:
E: 4 g, F: 24 g, Kh: 35 g, kJ: 1662, kcal: 398

> 4 Blatt weiße Gelatine
> 150 ml Zitronensaft
> (von etwa 3 Zitronen)
> 125 g Zucker
> 150 g Joghurt
> 300 g Schlagsahne

Zubereitungszeit: 30 Minuten,
ohne Abkühl- und Kühlzeit

1. Gelatine nach Packungsanleitung in kaltem Wasser einweichen. Zitronensaft in einem kleinen Topf erhitzen (nicht kochen).

2. Gelatine ausdrücken und unter Rühren im heißen Zitronensaft auflösen. Anschließend den Zucker einrühren. Die Gelatine-Flüssigkeit etwas abkühlen lassen, dann mit dem Joghurt verrühren. Die Masse kalt stellen, bis sie anfängt zu gelieren, dabei zwischendurch umrühren.

3. Wenn die Masse anfängt dicklich zu werden, Sahne steifschlagen und unterheben. Die Creme in Portionsgläser füllen und mindestens 3 Stunden kalt stellen.

Tipp: Nach Belieben Waffelgebäck dazu servieren.

Zitronen-Flammeri mit Traubensauce | Für Gäste – mit Alkohol

4 Portionen

Pro Portion:
E: 1 g, F: 10 g, Kh: 53 g, kJ: 1477, kcal: 353

Für den Zitronen-Flammeri:

1 Pck.	*Dr. Oetker Pudding-Pulver Sahne-Geschmack*
100 g	*Zucker*
300 ml	*Wasser*
150 ml	*Zitronensaft (von etwa 3 Zitronen)*
125 g	*Schlagsahne*

Für die Traubensauce:

150 ml	*Weißwein*
100 ml	*Wasser*
½	*Zimtstange*
75 g	*Zucker*
200 g	*kernlose grüne Weintrauben*

Zubereitungszeit: 35 Minuten, ohne Abkühl- und Kühlzeit

1. Für den Zitronen-Flammeri den Pudding mit Zucker, Wasser und Zitronensaft nach Packungsanleitung, aber mit den hier angegebenen Zutaten zubereiten. Etwas abkühlen lassen, dabei gelegentlich umrühren.

2. Sobald der Pudding nur noch leicht lauwarm ist, die Sahne steifschlagen und unterheben. Den Pudding in mit Wasser ausgespülte Förmchen (etwa 200 ml Inhalt) füllen und mindestens 3 Stunden kalt stellen.

3. Für die Traubensauce Wein und Wasser mit Zimtstange und Zucker aufkochen und ohne Deckel etwa 15 Minuten bei mittlerer Hitze auf etwa die Hälfte sirupartig einkochen lassen. Weintrauben abspülen, abtropfen lassen und der Länge nach halbieren. Den Topf von der Kochstelle nehmen. Die Trauben in die Sauce geben, erkalten lassen.

4. Zimtstange entfernen. Den Flammeri aus den Förmchen stürzen und mit der Traubensauce anrichten.

Zitrusfrüchte mit Sahne-Ingwer-Gelee | Für Gäste

4 Portionen

Pro Portion:
E: 14 g, F: 25 g, Kh: 34 g, kJ: 1816, kcal: 434

250 g	Schlagsahne
3 EL	Zucker
2 EL	Ingwersirup
4 Blatt	weiße Gelatine
100 ml	Orangensaft
30 g	Paranusskerne
2	Ingwerstückchen in Sirup
2	Blutorangen
2	Orangen
2	Mandarinen

Zum Garnieren:
etwas Orangeat
einige Zitronenmelisseblättchen

Zubereitungszeit: 30 Minuten,
ohne Abkühl- und Kühlzeit

1. Sahne halb steifschlagen und mit Zucker und Ingwersirup verrühren. Gelatine nach Packungsanleitung in kaltem Wasser einweichen, in Orangensaft bei schwacher Hitze auflösen, abkühlen lassen und unter die Sahne ziehen.

2. Die braune Haut von den Nüssen entfernen und die Nüsse hobeln. Ingwer fein hacken und mit den Nüssen unter die Sahne ziehen.

3. Orangen-Ingwer-Sahne in 4 Puddingförmchen füllen und etwa 4 Stunden kalt stellen.

4. Orangen und Mandarinen so schälen, dass die weiße Haut mit entfernt wird. Orangen in Scheiben schneiden. Die Mandarinen filetieren.

5. Früchte auf 4 Tellern anrichten. Puddingförmchen kurz in heißes Wasser tauchen. Gelee auf die Früchte stürzen und mit Orangeat und Zitronenmelisseblättchen garnieren.

Tipp: Anstelle der Paranüsse, können Sie auch fertig gehobelte Haselnusskerne verwenden.

Zwetschenknödel | Für Gäste

10 Portionen

Pro Portion:
E: 5 g, F: 11 g, Kh: 48 g, kJ: 1349, kcal: 322

Für die Knödel:

700 g	mehligkochende Kartoffeln
	Salz
40 g	Butter
160 g	Weizenmehl
60 g	Weizengrieß
1	Eigelb (Größe M)
20	Zwetschen
20 Stück	Würfelzucker

Für die Brösel-Masse:

80 g	Butter
100 g	Semmelbrösel
	abgeriebene Schale von
½	Bio-Orange (unbehandelt, ungewachst)
	abgeriebene Schale von
½	Bio-Zitrone (unbehandelt, ungewachst)
50 g	Zucker
1 TL	Dr. Oetker Vanillin-Zucker

Zubereitungszeit: 70 Minuten, ohne Abkühlzeit
Garzeit: etwa 10 Minuten

1. Kartoffeln waschen, in Salzwasser zum Kochen bringen, in 20–25 Minuten gar kochen. Den Backofen vorheizen.

2. Anschließend die Kartoffeln abgießen, auf ein Backblech verteilen und im vorgeheizten Backofen abdampfen lassen.

Ober-/Unterhitze: etwa 200 °C
Heißluft: etwa 180 °C
Garzeit: etwa 10 Minuten.

3. Kartoffeln etwas abkühlen lassen und pellen. Die gepellten Kartoffeln durch eine Kartoffelpresse drücken, mit Butter, Mehl, Grieß, Eigelb und 1 Prise Salz zu einem Teig verkneten, zur Seite stellen.

4. Zwetschen abspülen, abtropfen lassen, längs aufschneiden und die Steine entfernen. In jede Zwetsche, an die Stelle des Steins, ein Stück Würfelzucker drücken.

5. Den Teig zu einer Rolle formen, in 20 Scheiben schneiden. Die Teigscheiben flach drücken, mit je 1 Zwetsche belegen und zu einem Knödel formen.

6. Dann die Knödel in kochendem Salzwasser etwa 10 Minuten gar ziehen lassen. Das Wasser sollte nicht sprudelnd kochen.

7. Butter in einer Pfanne erhitzen, Semmelbrösel dazugeben, leicht anrösten, Orangen- und Zitronenschale hineingeben und Zucker und Vanillin-Zucker untermischen.

8. Die Knödel mit einer Schaumkelle aus dem Wasser nehmen, gut abtropfen lassen und in den Bröseln wälzen.

Register

Gut vorzubereiten

Für Gäste

Für Kinder

Mit Alkohol

Für Fragen, Vorschläge oder Anregungen steht Ihnen der Verbraucherservice der Dr. Oetker Versuchsküche Telefon: 00800 71 72 73 74 Mo.–Fr. 8:00–18:00 Uhr, Sa. 9:00–15:00 Uhr (gebührenfrei in Deutschland) oder die Mitarbeiter des Dr. Oetker Verlages Telefon: +49 (0) 521 520650 Mo.-Fr. 9:00–15:00 Uhr zur Verfügung.

Oder schreiben Sie uns:
Dr. Oetker Verlag KG, Am Bach 11, 33602 Bielefeld oder besuchen Sie uns im Internet unter www.oetker-verlag.de oder www.oetker.de.

Umwelthinweis   Dieses Buch und der Einband wurden auf chlorfrei gebleichtem Papier gedruckt. Die Einschrumpffolie – zum Schutz vor Verschmutzung – ist aus umweltfreundlichem und recyclingfähigem PE-Material.

Copyright   © 2008 by Dr. Oetker Verlag KG, Bielefeld

Redaktion   Carola Reich
Anke Rabeler, Berlin

Lektorat   no:vum, Susanne Noll, Leinfelden-Echterdingen

Innenfotos   Fotostudio Diercks, Hamburg (S. 6, 10, 14, 20, 27, 28, 32, 35, 38, 39, 44, 45, 47, 50, 53, 54, 58, 64–66, 68–70, 72, 74, 77–80, 83, 84, 87, 92, 93, 95, 101, 103, 104, 106, 111–113, 118, 119, 122, 126, 127, 130, 132–135, 137–142, 145, 146, 149, 153, 155, 157, 158, 162, 166, 172, 174, 175, 180, 182, 183, 187–190, 192, 197, 198, 206, 208, 213, 217, 220, 224, 227, 237, 239, 241, 246, 258, 259, 267–269, 272, 278, 286, 289, 293, 297, 302, 303, 309, 310, 312)
Ulli Hartman, Halle/Westf. (S. 7, 8, 15, 21, 22, 25, 30, 34, 36, 46, 49, 56, 59, 62, 76, 82, 85, 86, 88, 98, 102, 105, 109, 116, 117, 129, 136, 143, 144, 147, 151, 152, 161, 165, 169, 177, 181, 199, 201, 202, 205, 212, 222, 223, 225, 228, 229, 234, 238, 244, 248, 251, 254, 255, 257, 260, 264, 266, 274, 279, 281, 284, 307)
Ulrich Kopp, Sindelfingen (S. 33, 91, 131, 221, 245, 265, 285, 295, 304)
Bernd Lippert (S. 29, 209, 252, 305)
Herbert Maass, Hamburg (S. 219)
Antje Plewinski, Berlin (S. 164, 195, 200, 290, 296)
Christiane Pries, Borgholzhausen (S. 61, 96, 163, 215, 216, 308, 313)
Hans-Joachim Schmidt, Hamburg (S. 9, 11, 17, 31, 37, 41, 42, 60, 71, 89, 90, 94, 100, 110, 171, 173, 176, 179, 186, 191, 193, 194, 240, 247, 261, 262, 263, 280, 282, 283, 298, 301, 311)
Axel Struwe, Bielefeld (S. 40)
Norbert Toelle, Bielefeld (S. 12, 13, 16, 23, 24, 26, 43, 51, 63, 75, 97, 114, 120, 121, 123, 124, 154, 159, 168, 170, 178, 185, 203, 207, 210, 211, 214, 230, 232, 235, 236, 242, 250, 253, 273, 276, 287, 288, 294, 299, 300)
Brigitte Wegner, Bielefeld (S. 18, 19, 48, 52, 55, 57, 67, 81, 99, 115, 128, 148, 156, 204, 218, 226, 233, 243, 249, 256, 270, 271, 275, 277, 291, 292)
Bernd Wohlgemuth, Hamburg (S. 73)

Nährwertberechnungen   Nutri Service, Hennef

Grafisches Konzept und Gestaltung   MDH Haselhorst, Bielefeld
Titelgestaltung   kontur:design GmbH, Bielefeld
Satz und Layout   MDH Haselhorst, Bielefeld
Druck und Bindung   Mohn media Mohndruck GmbH, Gütersloh

ISBN: 978–3–7670–0516–7